KB165764

이
탁
오
평
전

이탁오 평전

미조구치 유조 지음

임태홍 옮김

정통을 걸어간 이단

글항아리

이탁오 초상화, 중국역사박물관 소장.

요시다 쇼인 초상화(부분). 야마구치현 문서관 소장.

쇼인이 처형 직전에 쓴 절필의 글
야마구치현 문서관 소장.
-

10월 27일, 부르는 소리를
들었다.
노리유키矩之(쇼인의 이름)는
이 정도는 각오를 하고 떠났기에
오늘 그 말을 듣게 되어
기쁘구나.

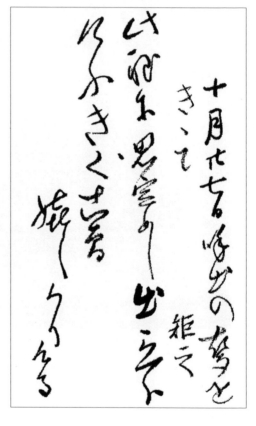

머 리 말

이탁오李卓吾(1527~1602)는 본명이 이지李贄로 명나라 왕조 말엽에 살았던 사람이다.

이 사람의 이름은 중국 바깥에는 거의 알려져 있지 않다. 대체로 명대라는 시대 자체가 외부에는 거의 알려지지 않았다고 할 수 있다.

보통 명나라라고 하면 단편적으로 떠오르는 역사적 사실로 임진왜란 때 조선에 군대를 파견해 도요토미 히데요시豊臣秀吉의 일본군을 막아낸 일을 들 수 있다. 또 명나라가 청나라 만주족에 의해 멸망했을 때 타이완으로 건너가 저항을 계속한 정성공鄭成功 정도를 들 수 있다. 정성공의 이야기는 에도시대의 유명한 작가 지카마쓰 몬자에몬近松門左衛門(1653~1725)이 『국성야합전國姓爺合戰』이란 소설에서 그를 주인공으로 그려 유명하다.

역사적인 인물에 대해서 말하자면, 일반인들이 알고 있는 이들은 압도적으로 당나라 이전의 인물이 많다. 예를 들어 당나라의 양귀비楊貴妃, 이백李白, 두보杜甫가 있으며, 삼국시대의 조조曹操와 제갈량諸葛亮, 한나라의 이릉李陵과 사마천司馬遷이 있다. 그 전시대에는 진시황, 춘추전국시대의 월나라 왕 구천句踐과 오나라 왕 부차夫差 등이 있다.

사상가들의 이름을 들자면 대개 고대 쪽에 치우쳐 있는데, 공자, 맹자, 노자, 장자, 순자, 한비자, 손자, 오자 등이 있다. 대부분 아주 오래전에 살았던 기원전의 인물들이다.

그들을 다 나열한 뒤에는 단번에 송나라로 건너뛴다. 12세기에는 주자朱子가 있으며, 그 뒤 15세기에는 왕양명王陽明이 있다. 이쯤에서 그치고, 더 이상 다른 이름들은 나오지 않는다. 그리고 시대를 한참 뛰어넘어 쑨원孫文과 마오쩌둥毛澤東이 있으며, 현대에 이르러 끝나는 것이 일반적이다.

명대에 알려진 사상가라면 왕양명 정도를 들 수 있다. 그다음 17세기 이후 청나라 시대에 이르러서는 19세기 말의 증국번曾國藩이나 이홍장李鴻章 등의 정치가 이름을 들 수 있을 뿐이다. 사상가 이름은 거의 등장하지 않는다.

이것은 우리가 유럽에 대해서 갖고 있는 사상사의 지식과 비교해볼 때 현격하게 다른 점이다. 사람들이 일반적으로 알고 있는 유럽의 사상가 이름을 들자면 다음과 같다. 고대에 플라톤과 아리스토텔레스가 있다. 그 뒤로 몽테뉴, 데카르트, 파스칼, 루소, 칸트, 헤겔, 밀, 스펜서, 포이어바흐, 마르크스 등 16세기 이후만 하더라도 유명한 이름이 연달아 대량으로 나온다.

이 서양 사상가들의 이름은 특히 일본 사회에 널리 알려진 경우다. 일본은 메이지 시대 이래로 유럽에서 배워야 할 것이 무척 많다고 여겼다. 그에 비해 중국으로부터 배울 것은 거의 없다고 생각했다. 이것이 동양과 서양 사상가들에 대한 지식의 불균형을 초래했다.

사실 일본 사람들은 이미 에도시대부터 동시대의 중국으로부터 배워야 할 필요성을 전혀 느끼지 못했다. 관학官學으로 섭취했던 주자학은 5세기나 지난 남송 시대의 것이었고, 재야에서 널리 읽은 왕양명도 2세기나 지난 사상이었다.

물론 일반적으로 무사 등 지식인 사이에서는 인기가 있었고, 많이 읽었던 책은 사서오경四書五經, 제자백가諸子百家와 『사기史記』 『한서漢書』 『문선文選』 『당시선唐詩選』 혹은 『십팔사략十八史略』 그리고 당송팔가문唐宋八家文 등의 부류였다. 대부분 당나라 이전에 발간된 책이다. 일본의 전통 지식인들은 그러한 책을 통해 배워야 할 것은 배웠지만 메이지 시대 이후에는 유럽 세계와 유럽인들이 만든 세계를 배웠다.

중국과 중국적인 세계를 배우진 않았다. 그들이 배운 것은 한문이고 당나라 시詩였으며, 중국의 고전이었고 경서經書였다. 지식인에게 어울리는 표현 능력을 기르기 위해 시와 문장을 배우고, 모범으로 삼을 만한 교훈적인 역사 인물이나 사건에 대해서 배웠다. 그리고 몸을 수양하고 도덕의 지침이 될 만한 참고서로 『논어』와 『맹자』를 배웠으며, 지적인 관심을 충족시키는 서적으로 『노자』와 『장자』 등의 제자백가를 읽었다. 이는 지식인으로서 일반 교양을 몸에 익히기 위함이었지 중국적인 세계를 배우려고 선택한 도서 목록은 아니었다. 이런 상황은 현대에도 그대로 이어지고 있다. 명나라와 청나라에 대해서는 거의 아는 게 아무것도 없는 채로 현대에 이르렀다.

1945년 이후 일본에서는 현대 중국에 대한 연구가 성행했다. 이에 따라 근대 중국 연구도 비약적으로 발전했는데, 그러한 연구 성과들은 일반 교양서로 출판되어 사람들 눈에 많이 띄기 시작했다. 이런 점은 1945년 이전 상황과는 상당히 다른 것이다. 하지만 근대 중국이라 하더라도 19세기 이후의 중국에 한정된 일이므로, 그 이전인 명·청사에 대해서는 여전히 알려져 있지 않다. 이런 상황은 기본적으로 변하지 않았다. 경위야 어찌되었든 어느 한 나라의 역사를 살펴보면서 근현대사와 이어지는 시기에 대한 지식이 공백으로 남아 있다는 것은 참으로 이상한 일이다.

예를 들면 입장 바꿔서 어느 외국인이 일본 역사에 대해 고대와 메이지 시대 이후는 잘 알고 있다 하더라도, 가마쿠라鎌倉와 전국시대, 에도시대는 잘 알지 못하다면 어떻게 되겠는가? 더구나 그것이 그 나라 사람들의 일반적인 상식이라고 한다면 역시 이상하지 않겠는가? 일본인이라면 근현대에 가까워질수록, 가령 에도시대와 전국시대라면 역사적인 지식도 풍부하고 알고 있는 역사 인물의 수도 고대보다 압도적으로 많은 것이 당연하기 때문이다.

같은 것을 중국에 대해서도 말할 수 있다. 중국인들에게 명·청의 역사는 어제 일어난 일 혹은 엊그제 일어난 일과 같다. 예를 들어 베이징의 톈안먼은 명·청 시대 황제가 머물렀던 고궁의 정문이다. 현재 세계 각국의 여행객이 진시황을 그리워하면서 걷는, 만리장성 중 베이징 교외 팔달령에 해당하는 부분은 명나라 영락제 때 세워진 것이다.

또 중국 강남江南의 예를 들자면, 쑤저우와 항저우를 관광하는 여행객들이 보는 대부분의 유적은 명·청 때의 역사와 관련이 깊다. 마치 일본 도쿄나 닛코, 가마쿠라를 관광하며 걷는 외국인들이 의도하지 않아도 가마쿠라나 에도의 역사를 조금이나마 알게 되는 것과 마찬가지다.

만약 우리가 중국 역사에 조금이라도 관심을 보인다면, 명·청이라는 시대를 공백으로 놔둔 채 역사 상식이 만들어진 것은 지극히 기묘한 일이라고 할 수 있다. 조금만 생각해보면 금방 알 수 있는 일이라는 것을 꼭 지적해두고 싶다.

다시 이탁오의 이야기로 돌아가자. 이탁오라는 사람은 거의 알려져 있지 않다. 혹시 누군가는 이 사람에 대해서 조금이나마 알지 모른다. 그는 이단異端으로 알려져 있다.

여기서 '이단'은 역사의 본류를 무시하거나, 외면하거나, 비협조적인 것을 뜻하지 않는다. 혹은 역사의 본류와는 동떨어진 다른 어떤 곳에 있다는 의미도 아니다. 오히려 반대로 '정통을 걸어간 이단'이라는 이 책의 부제에 잘 나타나 있듯이, 역사의 본류를 걸어간 것을 전제로 한 이단이다.

역사의 본류를 걸어간 사람이 어떻게 이단이라 불리며, 대체 정통을 걸어간 이단이란 어떤 것인가? 이 점에 대해서는 뒤에 차차 설명하기로 한다. 여기서는 그가 이단시되었음에도 불구하고 역사의 흐름이라는 측면에서 볼 때는 본류를 추동해간 사람 중 한 명이었다고 할 수 있다.

본류를 추동하고 본류에 속한 사람이 이단시되었다는 것은 듣기에 이상하지만, 바로 그 점이 명대의 특징 중 하나였다. 예로서 적절할지 모르겠지만, 루터와 칼뱅이 종교개혁을 주창했기 때문에 결국 가톨릭 교단에서는 이단시되었다는 점을 상기해보자. 16세기 전반, 당시 유럽은 커다란 역사의 전환점에서 있었다. 역사적 전환기에는 본류를 추동하는 사람들이 이단시되는 일이 적지 않다.

이탁오가 살았던 명나라 말엽, 때는 16세기 후반으로 중국 역사에서도 하나의 전환기였다. 중국은 넓은 대륙을 하나의 국가로 오랜 역사에 걸쳐서 지속시켜왔다. 세계 역사상 중국을 제외하고는 이런 사례를 찾아볼 수 없다. 하나의 대륙을 여러 국가가 공유하면서 흥망을 반복해온 유럽과는 많은 점에서 역사의 변천과 양상이 다르다. 그렇기 때문에 전환기라 하더라도 유럽과 같이 예리하고 다양한 변화를 볼 수 있는 것은 아니다. 속도도 원만할 뿐 아니라 변화의 폭도 상당히 완만하다. 아울러 매우 장기적으로 조감하지 않으면 그 변화를 알아차릴 수 없다. 그렇더라도 명나라 16세기 후반부터 17세기 전반까지의 한 세기는 중국 역사상 확실히 커다란 전환기 중 하나였다. 이탁오는 그러한 전환기를 선구적으로 살다 간 사람이다.

우리는 이탁오를 통해서 중국 역사상 하나의 전환기가 어떤 모습이었는지를 알 수 있을 것이다. 나는 가능한 한 그것을 알 수 있도록 글을 진척시키고 싶다. 그런데 실제로는 그렇게 쉬운 일이 아니다. 예를 들어 사상계에 대해 말하자면, 유럽에서는 기독교가 계속 존재했다 하더라도, 16세기에는 가톨릭에 대응해서 개신교가 발흥했다. 그와 병행하여 왕권이 교회 권력으로부터 독립하여 기독교는 정치세계에서 후퇴하고 대신 근대적인 정치사상이 역사의 전면으로 걸어 나왔다.

이렇듯 누구의 눈으로 봐도 알기 쉬운 변화가 있는 것이 유럽의 역사다. 반면 중국에서는 사상사적인 전환이 있었다고 하더라도 명·청 시기를 통해 유교가 정치세계에서 주도권을 계속 쥐고 있었다는 점에는 변함이 없다.

일본에서는 유교라고 하면 보통 인간의 본성을 억압하는 봉건 도덕이라고 보는 견해가 일반적이다. 다른 한편 공자의 가르침이 오래도록 끊이지 않고 계속되었다는, 고대 유산의 보수적 계승이라는 이미지가 있다. 이와 같은 인식에서는 근본적으로 새로운 시대를 향한 역사적 전환에 해당되는 변화를 찾아내기 어렵다.

이 때문에 이탁오가 유교의 본류 가운데 있으면서도 사상계에서 역사적인 전환을 초래한 사람임을 이해하려면 우선 유교가 무엇인지 설명하지 않으면 안 된다. 하지만 유교에 대해 자세히 설명하는 것은 이 책의 의도와 어울리지 않는다. 그래서 나는 하나의 방편을 취하도록 하겠다.

일본 에도시대 말엽에 활약한 사상가이자 교육자 요시다 쇼인吉田松陰(1830~1859)의 이야기를 먼저 들려주려 한다. 그는 1858년(안세이 5) 12월 26일 조슈번長州藩의 노야마野山 감옥에 다시 투옥된 뒤 얼마 지나지 않아 에도(지금의 도쿄)로 압송되었다. 그리고 이듬해 10월 27일, 덴마傳馬의 감옥에서 처형되기까지 10개월 정도 이탁오의 주요 저서인『분서焚書』및『속장서續藏書』와 매우 깊은 관계를 맺고 있었다. 이러한 사실을 우선 소개하려고 한다.

나중에 언급할 텐데 그는 제자 다카스기 신사쿠高杉晉作(1839~1867)에게 보낸 편지에서 자신은 감옥에 들어온 이래 "죽음死이라는 글자에 대해 깨달은 바가 있었다"며, 이는 많은 부분 이탁오의『분서』에 의한 것이라고 했다. 때는 1859년 7월 중순으로, 덴마 감옥으로 옮겨간 지 얼마 안 된 시점이었다.

쇼인이 쓴 원문을 보면 그는 "죽음을 발명發明했다"고 했는데, 여기서 '발명'이란 기존 견해에 대해서 새로운 견해를 얻었다는 뜻이다. 즉 새롭게 깨달은 바가 있다는 의미다. 그는 당시 거의 죽는 것을 목적으로 살았다고 할 정도로 '죽음'에 집착하고 있었다. '죽음이라는 글자'에 대해서 깨달았다는 것은 이탁오와 그가 사상 면에서나 심정적인 면에서나 상당히 관계가 깊었음을 나타낸다.

사실 쇼인은 그 자신의 스타일로 이탁오의 세계에 빠져들어 얻어낸 것을 자신의 것으로 삼고 있었다. 쇼인은 역사나 전환과 같은 문제, 그리고 유교가 어떤 것인가 하는 복잡한 문제와는 인연이 없었다. 그러한 문제는 사물이나 사건을 외부에서 바라볼 때 등장하기 때문이다. 쇼인은 이탁오를 바깥에서 바라보지 않았다. 갑자기 내면으로 파고 들어갔다. 300년이라는 시간 간극에 대한 생각도 없었고, 이탁오가 외국인이라는 의식도 없었다. 자신과 같은 인간으로서 마음으로 소통하고 있었던 것이다.

이러한 쇼인의 안내를 받아 우리도 이탁오의 내부로 들어가보자. 우선 인간으로서 공감할 수 있는 것이 있다면 공감해보자. 혹시 그럼에도 역사가 다르고, 민족이 다르기 때문에 아무래도 공유할 수 없는 부분이 있다면 어떻게 할 것인가? 즉 서로 공감하는 만큼 반대로 위화감으로 남는 부분도 있다면, 그것을 확실히 기억해둘 필요가 있다.

그 부분에서 중국 고유의 원리를 찾아야 하기 때문이다. 그러한 원리로 그들은 자기만의 역사를 갖는 것이고, 또 그런 역사 위에 전환도 있었다는 점을 살펴보고자 한다. 위에서 혹은 바깥에서 조감하는 것이 아니라, 아래와 안에서 살펴볼 것이다. 마치 색유리로 만든 커다란 돔을 안에서 올려다보면서 그 천장의 구조와 색채를 보는 듯한 경험을 해보고 싶다.

제2부

이탁오, 그 사람과 사상

요시다 쇼인이 태어난 집에 남아 있는 우물.

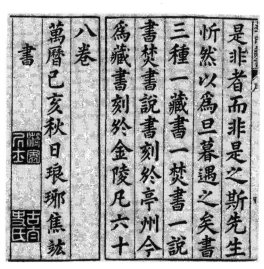

是非者而非是之斯先生

忻然以爲旦暮遇之矣書

三種一藏書一焚書一說

書焚書說書刻於亭州今

爲藏書刻於金陵凡六十

八卷

萬曆己亥秋日琅琊焦竑

書

이탁오의 『장서』 중 초횡焦竑이 쓴 서문 일부.

일러두기

1. 중국인의 이름이나 중국 지명은 신해혁명 이전은 한자 음으로 이후는 국립국어원 외래어표기법에 따라 표기했다.
2. 일본인의 이름은 맨 처음 등장할 때 성씨와 이름을 표기하고, 나중에는 성씨를 생략한다. 예를 들어 '다카스기 신사쿠高杉晉作'는 다카스기를 생략하고 '신사쿠'라고 표기했다.
3. 이 책의 원서는 일본에서 일반 교양서로 출판되었기 때문에 원래 주석이 없다. 책에 나오는 모든 주석은 독자의 이해를 돕기 위해서 옮긴이가 추가한 것이다.

제1부

요시다 쇼인과
이탁오

1.
하나의
만남

———

사람에게는 만남이 있고, 그 형태는 여러 가지다.

요시다 쇼인은 책을 통해 이탁오를 만났지만 그래도 하나의 만남이었다고 할 수 있다. 쇼인이 이탁오의 주요 저서 중 하나인 『분서』를 접한 때는 1859년 정월이었다. 이는 두 번째이자 마지막으로 조슈번의 노야마 감옥에 투옥되고 잠시 뒤의 일이었다. '마지막으로'라고 한 이유는 그해 6월에 에도로 압송되었기 때문이다. 그리고 10월 덴마 감옥에서 처형될 때까지 결국 그는 감옥 바깥으로 나올 수 없었다.

이 최후의 감옥생활 중에 그는 『분서』와 이탁오의 또 다른 저서인 『속장서續藏書』 가운데 몇 편을 직접 발췌하여 옮겨 썼다. 그리고 감옥에서 쓴 저서 『기미문고己未文稿』와 『홍곡지鴻鵠志』 등에도 그때그때 읽은 이탁오의 글을 수록해서 남겼다. 뿐만 아니라 자신이 받은 인상을 이리에 스기조入江杉藏나 시나가와 야지로品川彌二郎를 비롯해 수많은 제자에게 써서 보내기도 했다.

"『분서』에 있는 조공曹公 관련 시 2수. (…) '지기知己(자신을 알아주는 친구)'라는 두 글자에 감동을 받았다. 그래서 나는 눈물을 흘리며 이것을 베껴 쓴다."

"이씨李氏(이탁오)의『분서』를 세 번 정도 읽어봐라. (…) 내 마음과 부합한다. 그러므로 이 책을 읽어보면 내 뜻을 함께 알 수 있을 것이다."

"이씨의『속장서』를 베껴 썼다. 이탁오의 논의는 대략 빠트리지 않았다. 누군가 한번 읽고 나와 마찬가지로 책상을 치는 사람은 없을까? 또 이씨가 쓴『분서』의 초록이 누구의 손에 있을까?『홍곡지』도 끝냈다. 누군가 볼 사람이 있다면 보여주어라. 없다면 두 책 모두 스기杉의 어른에게 보여드려라."

여기서 '스기의 어른'은 스기 쓰네미치杉常道, 즉 쇼인의 부친이다. 보통은 유리노스케百合之助라고 불렸다. 쇼인은 얼마 안 있어 사형되는데, 약간 과장해서 말하자면 그때까지 그의 옥중에서의 생각은 모두 이탁오에게 가탁했다고도 할 수 있다.

이탁오는 이름이 지贄이고, 탁오卓吾는 호다. 별호로 '온릉溫陵'을 사용하기도 했다. 명나라 말기의 만력萬曆 30년, 즉 1602년에 '도를 혼란케 하고 세상을 미혹하게 했다'는 죄목으로 사상범으로 몰려 투옥되었다. 그는 옥중에서 목을 베어 자결했다. 향년 76세였다.

76세라는 고령으로 '도를 혼란케 하고 세상을 미혹하게 했다'는 것도, 또 그 나이에 투옥에까지 이르렀다는 것도, 그 감옥에서 그렇게 고령임에도 스스로 자신의 목을 그었다는 것도, 하나하나가 상식적으로 판단하자면 모두 기이한 일이라고 할 수밖에 없다.

쇼인이 이탁오의 이러한 결말을 어디까지 알고 있었는지는 알 수 없다. 『속분서』까지 읽어봤다면 이단시되어 박해받았던 말년의 상황을 추측할 수 있었을 것이다. 그럼에도 그 내용에서 그의 최후까지는 알 수 없다. 탄핵에 의한 투옥도 본인이나 주위 사람들에게는 갑작스러운 일이었으며, 투옥에서 죽음에 이르기까지도 겨우 한 달 정도밖에 안 걸렸다. 그사이의 일을 이탁오 자신은 아무것도 써서 남기지 않았다. 아마도 쇼인은 거기까지는 알지 못했을 것이다.

옥사獄死라는 두 사람의 공통된 죽음은 우연의 일치에 불과하다.

쇼인이 '죽음이라는 글자'에 대해서 깨달은 바가 있다고 한 것은 이탁오의 옥중 사망과는 전혀 관계없는 일이었다. 나중에도 언급하겠지만 실제로 그가 투옥된 7개월 남짓의 기간에 이탁오로부터 얻은 것은 '죽음'의 의미가 아니었다. 죽음으로 뒷받침되는 '삶'의 무게였다.

그는 『분서』에 서술된 이탁오의 솔직한 심경 토로를 통해서 거기에 담긴 어찌할 수 없는 삶에 대한 긴장을 읽었다. 결국은 탄핵되고, 투옥된 뒤 옥중에서 자결로 삶을 끝내는 과정에 이르기까지 삶에 대한 긴장과 무게감을 쇼인은 처음부터 느끼지 않았을까 생각된다.

쇼인이 처음으로 이탁오를 접했던 당시에 그는 삶보다는 죽음이 더 중요하고, 무겁다고 믿고 있었다. 그는 투옥된 당시, 옹석받이 어린가 나무 쌓기 놀이에 사용하는 나무토막들을 독점하여 쌓아가는 것처럼, 오로지 죽음을 향해 매일매일 자신의 삶을 쌓아가고 있었다. 옹석받이 같다는 말은 그에게는 못마땅할 것이다. 그의 입장에서 말하자면 어쩔 수 없이 궁지에 몰려 죽음을 향해 다가가고 있었다. "대장부가 죽어야 할 때 죽지도 않으면 푸른 하늘을 향해서 뭐라고 할 것인가?" 당시 그가 지은 노래다. 그가 이탁오와 만난 것은 바로 그때였다.

쇼인은 어떻게 궁지에 몰린 것일까? 그것을 알기 위해서는 잠시 이탁오를 떠나, 쇼인의 투옥 전후 상황을 살펴보지 않으면 안 된다.

쇼인이 '지기'라는 두 글자를 보고 눈물을 흘렸다든지, 이탁오의 문장이 자신의 심정과 부합한다든지 하는 말을 하면서 "스기의 어른에게 보여주라"고 편지를 써서 보낸 것은 1859년 3월부터 4월까지의 일이었다. 당시 쇼인은 투옥되고 3, 4개월간 고립되어 있었다.

그러한 고립은 투옥의 이유가 되었던 고위 관료 마베 아키카쓰間部詮勝에 대한 테러 공격 계획에서 비롯되었다. 마베 요격책間部要激策이라 불리는 이것은 미리 매복하여 마베를 습격하자는 계책으로 그가 직접 짜냈다. 애초에 그러한 일의 시작 단계부터 쇼인에게는 다소 지나친 경향, 즉 독주獨走의 기미가 있었다. 당시 에도에 있던 다카스기 신사쿠나 구사카 겐즈이久板玄瑞(1840~1864) 등 자신이 가르치던 쇼카 학당松下村塾 제자들은 그러한 계획을 듣고 몹시 당황했다.

마베 요격책은 1858년 가을에 구상했다. 쇼인은 당시 오와리尾張, 미토水戶, 에치젠越前, 사쓰마薩摩 등 여러 번의 무사들이 막부의 고위 관료인 이이 나오스케井伊直弼를 습격할 거라는 계획을 전해 들었다. 이로부터 촉발되어 그는 조슈번의 무사들만이라도 독자적으로 마베를 치자고 계획했다. 그런데 이 계획을 하필이면 조슈번 수뇌인 스후 마사노스케周布政之助에게 미리 알려 사전에 내부 허락을 얻으려고 했다. 그 정도로 그는 자신의 계획에 자신 있었고, 번에서 많은 지원을 받을 수 있을 거라 여겼다.

1858년이라고 하면 미일수호통상조약에 대한 조인의 가부를 둘러싸고 일본 내부의 국론이 둘로 나뉘어 있던 때다. 그런 가운데 4월에는 이이 나오스케가 고위 관료인 다이로大老로 취임했다. 6월에 그는 일왕(천황)의 칙허를 얻지도 않은 상태에서 독자적으로 조약을 인정하는 조인을 해버렸다. 이와 동시에 잠복해 있던 쇼군 후계자 지명 문제가 표면으로 떠올랐다.

새로운 쇼군으로 오와리, 미토, 에치젠, 사쓰마 등 여러 번의 영주들이 추천한 히도쓰바시 요시노부一橋慶喜는 배척당하고 기슈紀州의 도쿠가와 요시토미德川慶福(이에모치家茂)가 결정되었다. 막부의 이러한 조치에 대하여 많은 지사가 에도 막부로 올라가 항의했다. 그러자 막부는 미토 나리아키水戸齊昭 등 주요 인물들에게 은거와 근신의 명령을 하달했다. 당시 일왕의 권위에 밀리고 있던 막부가 강경 노선을 취한 것이다. 이 때문에 특히 그해 하반기부터는 막부 타도를 공공연하게 부르짖고 있던 존양파尊攘派(일왕을 받들고 서양 세력을 거부하는 존왕양이尊王攘夷를 주창한 사람들)의 반대 운동도 점점 더 격렬해졌다. 이에 따라 막부의 지사들에 대한 탄압도 점점 더 치열해졌다. 결국 9월에는 각 번의 존양파를 잇는 중심적인 조직자 중 한 명인 우메다 운빈梅田雲浜을 체포한 것을 기점으로 소위 '안세이의 대옥大獄'이라 불리는 체포 작전이 시작되었다.

이러한 상황에서 쇼인이 속한 조슈번의 수뇌부는 교토에서 활동하는 겐즈이를 에도로 불러들여 그의 활동을 사전에 막는 등 막부가 추진하는 탄압의 손길이 자신들의 번에 미치지 않도록 조심하고 있었다. 바로 이때 쇼인이 막부의 고위 관료인 마베를 공격하자는 계획을 제시한 것이다.

에도에서 사태의 긴박함을 실감하고 있던 쇼인의 제자 신사쿠와 겐즈이 등은 조슈번에 있던 스승 쇼인에게 편지를 보냈다. "정의의 깃발을 날리는 일은 실로 쉽지 않습니다. 오히려 우리 번에 해를 끼치게 될 것이 분명합니다"라며 쇼인의 계획이 불가능함을 호소했다. 번을 위해서도 '가슴을 억누르고, 칼끝을 거두도록' 자중을 요청하면서 연명으로 붉은 피로 도장을 찍어 보냈다. 당시의 상황을 볼 때 정확한 시국관이었다.

이러한 편지가 쇼인에게 보내진 것은 그해 12월 15일이었다. 하지만 이미 쇼인은 그보다 이른 12월 6일에 마베 요격책이 발각되어 자택에 연금된 상태였다. 사실은 그 스스로가 그러한 계획을 주위에 알려 연금을 당하게 된 것이었다.

쇼인의 계획에 동조한 여덟 명의 문하생도 근신하도록 명을 받았다. 쇼인은 26일 노야마 감옥에 투옥되었던 터라 쇼인이 제자들의 피 도장이 찍힌 편지를 읽은 것은 그 감옥 안에서였다.

에도에서 그 편지를 가져온 이는 가쓰라 고고로桂小五郎였다. 이 제자는 나중에 기도 다카요시木戸孝允라고 불린다. 고고로는 동시에 에도에 있는 여러 친구로부터 조슈번에 있는 동지들에게 혈기를 앞세운 망동妄動을 자제하도록 전하고 오라는 부탁까지 받은 차였다. 고고로는 이런 부탁도 충실히 수행하려고 했다. 고고로가 그대로 일을 추진한다면 쇼인의 고립무원은 피할 수 없는 상황이었다.

쇼인은 스후周布 등 조슈번 수뇌부의 조치가 불만스러웠다. 뿐만 아니라 지인이나 제자들이 제시하는 자중론이 무엇보다 뜻밖이었다. 그래서 그들의 제안을 받아들이기는커녕 그들을 전투에서 도망친 이탈자로 간주하며, 분노를 감추지 않은 채 대응했다.

나약한 일본의 나약한 지방의 번인가, 200년 동안 태평한 끝에 뜻 있는 무사들이 때를 기다린 것인가. (…) 개죽음은 택하지 않는다든가, 원숭이가 나무에 오르는 일을 가르치는 것에 이런 것은 없는가? (…) 고고로 학생은 국가의 일에 대해서 그렇게 방관해서는 안 된다. (…) 나 자신은 심사가 너무나 괴롭고 화가 나 말하는데 앞뒤를 가릴 수 없다.

붉은 피가 묻은 편지를 읽고 쇼인은 분노를 누르며 제자 고고로에게 편지를 쓰기 시작했다. "고고로에게. 다음과 같이 전해주길 바라며"로 시작되는 편지였다. 마베를 공격하기로 함께 약속한 동맹자 중 한 명인 오카베 시슈岡部子楫에게 말을 전하는 형태로 쓴 것이었다. 거기에 추신으로 다음과 같이 덧붙였다.

나카타니 쇼스케中谷正亮, 신사쿠, 겐즈이 등으로부터 관망하자는 의견이 왔네. 모두가 나의 좋은 친구인데 그들의 말은 다 이렇다네. 특히 신사쿠는 사려 깊은 남자임에 틀림없는데, 그렇게 결정이 났다고 하네. 모두 손도 안 대고 코를 풀 생각인가, 어처구니가 없네. 이 편지는 원래 그대에게 의탁하여 고고로에게 보여줄 생각이었네. 하지만 이미 이런 생각을 후회하네. 그대는 이 편지를 한번 보고 바로 불에 태워버리게.

일단 고고로에게 보여줄 생각으로 편지를 쓰기 시작했는데, 생각을 바꿔 읽고 나면 태워버리라고 말하고 있다. 자신의 글을 고고로에게 보여줘도 그들의 생각을 어찌할 수 없다면서, 자신의 처음 생각을 포기할 정도로 쇼인이 느낀 장벽은 절망적이었다.

"모두 손도 안 대고 코를 풀 생각인가"라는 표현에서도 그의 실망감의 깊이를 느낄 수 있다. 그는 투옥되자마자 이렇게 고립되었다. 그러한 심경에 처해 있었다.

그러나 그는 심리적으로 고립에 굴하기는커녕 오히려 점점 더 고립의 길을 자초하며 강화시켜나갔다. 자중하기는커녕 감옥 안에서 그는 더욱더 새로운 계책을 짜내어 실행할 계획을 세웠다. 오하라 시게토미大原重德가 서쪽으로 내려가서 막부 토벌의 깃발을 올리도록 하자는 오하라 서하책大原西下策이 그것이다. 그러한 계획이 좌절되자 다시 후시미 요가책伏見要駕策이라는 방책을 세워 제시했다.

마베 요격책과 함께 당시 쇼인이 계획하고 있었던 것으로 오하라 서하책이 있었다. 근황파勤皇派(일왕 옹립파) 귀족인 오하라 시게토미가 조슈번을 비롯해 서쪽 번 여러 곳을 순방하여 그곳의 지도자들과 면회하고 일왕 옹립의 여론을 고조시키고 있는 데에 호응하자는 것이었다. 적극적으로 오하라 경을 조슈로 맞이하여 그러한 계책을 성공시키자는 것이었다. 쇼인은 이에 대한 준비로 제자들을 분주히 움직이게 했다. 그런데 그 계획에 참여하여 교토로 상경했던 신출내기 다하라 소시로田原莊四郎라는 청년이 조슈번의 교토 수비대에게 추궁받아서 자백해버리고 말았다. 이로 인하여 그 계획도 좌절되었는데, 이것이 쇼인이 투옥되는 또 하나의 원인이 되었다.

쇼인은 투옥 후에도 좌절하지 않고 또다시 일을 꾸몄다. 후시미 요가책이 그것이다. 1859년 3월 조슈번의 번주藩主가 참근參 勤교대를 위해 에도로 가는 기회를 이용하여, 후시미에서 매복해 있다가 그의 가마를 돌려 교토로 이동시킨 뒤, 거기서 오하라 등 근황파의 귀족들과 회담시키는 계획을 꾸몄다. 연락 책임자로는 이 리에 스기조入江杉藏, 노무라 와사쿠野村和作 형제를 삼으려고 했다.

당시에는 앞서 소개한 바와 같은 상황이었기 때문에 쇼인의 책략에 동조하는 제자가 없었다. 오히려 고고로의 설득이 먹혔는 지 그것을 폭거라고 걱정한 제자 오다무라 시키小田村士毅(이노스케) 가 번의 수뇌부에 보고해버렸다. 결국 연락을 담당했던 형제가 체 포, 투옥됨에 따라 모든 계획은 수포로 돌아갔다.

좀더 자세히 설명하자면 처음에는 형인 스기조가 상경할 예 정이었는데, 신분이 낮고 집안도 가난한 데다 노모와 어린 여동생 까지 돌보고 있어서 그럴 형편이 안 되었다. 이에 양자로 나가 있 던 열여덟 살 된 동생 와사쿠가 집안의 재산을 처분하고 노비를 마련해 형 대신 상경했다. 그가 출발한 뒤 시키가 번 수뇌부에 알 려버린 것이다.

스기조는 감옥에 투옥되고, 와사쿠에게도 추격자를 보냈는 데, 와사쿠는 상경 도중에 자수하여 결국 조슈번으로 송환됨으 로써 두 형제 모두 투옥되었다. 두 사람이 투옥된 곳은 노야마 감 옥 옆에 있는 이와쿠라巖倉 감옥이었는데, 노야마 감옥이 무사 전 용이라면, 이와쿠라는 서민용 감옥이었다. 말하자면 두 형제는 낮은 신분 때문에 이곳에 들어간 것이었다. 이와쿠라 감옥은 노야마 감옥과 나란히 있었는데, 지금은 쇼인이 들어가 있던 노야마 감옥의 유적만 하기 시내에 보존되어 있다.

그런데 당시 쇼인의 계획은 와사쿠가 상경하기 전 이미 오하라 자신이 이와쿠라 도모미巖倉具視 등에게 설득당해 생각을 바꿨기 때문에 원래부터 성공할 가능성은 없었다. 시국이 시국인 만큼 자중하고 관망해야 한다는 것이 당시 대부분 사람의 생각이었다. 그러니 굳이 자신의 계획을 밀어붙이려 시도한 것은 정치적으로 보자면 주변 정세에 너무나 둔감하다고 하지 않을 수 없다.

이처럼 그가 처한 고립은 분명히 정세에 둔감했던 쇼인 스스로가 초래한 것이었다고 하지 않을 수 없다.

하지만 쇼인 자신은 꼭 그렇게 생각하지도 않았다. 그에게 관망하고 자중한다는 것은 수수방관과 같았다. 시국이 반동적으로 긴박하게 돌아가고 있다면 방관은 더더욱 있을 수 없는 일이었다. 오히려 더 앞으로 치고 나가지 않으면, 즉 국면을 새롭게 개척해나가지 않으면 사태는 더 악화된다는 것이 그의 시국 인식이었다.

그렇게 본다면 자중론은 실천으로부터의 이탈이라고 할 수밖에 없다. 주위가 모두 이탈했다면 오히려 자신의 사명은 더 막중해졌다고 생각했다. 그렇기 때문에 주위의 자중론은 점점 더 그를 압박하여 어쩔 수 없는 고독한 결행으로 몰아갔다.

사실 그는 앞서 소개했던 피 도장 찍힌 서신에 간접적으로 답하는 형식으로 앞의 것과는 별도로 다른 사람에게 다음과 같이 편지를 썼다.

나 자신이 여러분보다 앞서서 죽는 것을 보여주면 그것을 보고 느껴서 들고일어나는 사람이 있을 것이다. 그런 것이 없다면 아무리 때를 기다린다고 해도 그 때는 오지 않을 것이다. (…) 내가 없다면 이 반역의 기세는 천년을 지나도 나오지 않을 것이다. (…) 충의忠義란 귀신이 없는 사이에 차를 끓여 먹는 그런 것이 아니다. (…) 본인이 다시 일어난다면 반역의 불꽃도 다시 일어날 것이다. (…) 에도에 있는 여러 친구, 겐즈이, 나가타니, 신사쿠 등은 모두 나와 의견이 다르다. 나는 충의를 실천할 생각이고, 여러 친구는 공적을 쌓을 생각이다. 그 점이 서로 다르다.

자중할 것인가, 결행할 것인가를 그는 업적을 쌓을 것인가, 충의를 실천할 것인가라는 말로 바꿨다.

공적이란 말은 앞서 소개한 편지에서도 등장한다. 고고로의 행동에 대해 분노를 감추지 않은 그 편지에서도 그는 "공적, 공적 하면서 그것을 노리는 사람들은 결코 죽음을 감행하면서까지 간언하려고 하지 않는다. (…) 때가 오면 충신이나 의사義士가 아니어도 공적은 이룰 수 있다. 그렇다면 나는 억지로 그때까지 기다릴 필요가 없다"고 했다.

그의 문장을 살펴보면 쇼인이 말한 공적, 즉 업적이란 성공이 예상되지 않으면 행동하지 않는 것이다. 또 분명한 성공이 예견될 때까지 기회를 기다리는 것이다. 일종의 기회주의를 뜻하는 것 같다. 좋은 기회가 온다면 뛰쳐나가 손도 안 대고 코를 풀 생각인가 하고 그는 불로소득의 심사를 개탄했다.

여기에 대응하여 소위 '충의忠義', 즉 충성과 의리란 무엇인가? 그는 또 다른 편지에서 이렇게 썼다.

옛날부터 (…) 누가 (…) 공적이 있고 없음을 생각하고 충의를 실천했는가? 세상 돌아가는 상황을 보고 참을 수 없으니 전후 사정을 돌아보지 않고 충의를 결행한 것은 아닌가?

이렇듯 성공이 예상되는 것을 미리 계산해서가 아니라 상황이 긴박하게 돌아가면 어쩔 수 없이 결행하는 것 아닌가? 그러한 결의는 물론 죽음을 각오한 일이지만, 죽음에 의해 좌절로 끝나기보다 오히려 죽음이 사람들의 영혼에 감명을 줌으로써 새로운 불꽃을 만들어낸다고 쇼인은 말하고 있다.

이렇게 자신의 죽음으로 사람들을 움직이고, 또 번의 수뇌부나 번주까지 움직여보려 한 것이다. 그럼으로써 새로운 국면이 열린다는 것이 쇼인의 유명한, 죽음으로 간언한다는 '간사諫死'의 논리였다. 이 시기에는 그러한 사상이 전면에 나왔다. 충의란 귀신이 없을 때를 보아 차를 마시는 그런 일이 아니라는 것이다. 쇼인은 그러한 표현까지 동원해 주위 사람들을 다그치고 있었다.

하지만 당시 국면에서 그의 판단은 객관적으로 봐도 독선적이었다고 하지 않을 수 없다. 그 때문에 그의 문하생들은 점점 더

발길을 멀리했다. 겐즈이조차 에도에서 고향으로 돌아온 뒤, 잠시 그가 있는 감옥에 면회를 가지 않았다. 고고로는 쇼인이 더 이상 일을 꾸며서 자멸로 빠지지 않도록 쇼인 격리 조치를 취할 정도였다. 말하자면 그는 친구나 동료들이 쇼인에게 면회를 가지 말도록 막고 나섰다.

그 결과 고독한 절망감에 빠진 쇼인은 다음과 같이 여러 글에서 그들과 절교한 상황을 기록했다.

"신사쿠와도 지난번에 절교했다."

"겐즈이 그리고 쇼도松浦松洞와도 절교했다."

"료조良蔵까지도 절교했다."

"고고로 등과도 절교서를 쓴 것은 아니지만 분명히 심적으로 끊어진 것이나 다름없고, 야소로佐世八十郎는 원래부터 그런 상태였다."

"평생의 내 지기라는 사람들이 대개 모두 이렇다. 내가 이들을 끊은 것은 아니다. 그들에게 일왕을 받들고 서양 오랑캐를 거부하는 존왕양이의 마음이 없으니 저절로 끊어진 것이다."

쇼인은 주위 사람들과 차례로 절교했다. 그러한 상태가 1859년 봄까지 계속되었다. 뿐만 아니라 정월 23일경에는 스기조에게 "자네도 여러 친구와 절교해라. 동지들을 엄하게 거절해버려"라고 다짜고짜 격렬한 감정을 드러낸 편지를 보냈다.

쇼인에 대해서 상당히 길게 소개했는데, '그는 궁지에 몰려 죽음을 향해 가고 있었다'고 앞서 소개한 대로 투옥 이래 3, 4개월은 바로 이러한 상황에 처해 있었다.

그리고 사실은 이 3, 4개월이 바로 그가 이탁오에게 기울었던 시기다. 나는 그의 상황이 '이탁오에게 빨려들어갔다'고 표현하는 것이 어울린다고 생각한다. 하지만 일단 여기서는 좀 고상하게 '기울었다'는 표현을 쓰기로 하자.

그가 감옥 안에 들어온 『분서』를 처음 보기 시작한 것은 정월 중순경이었다. 앞서 소개한 "나는 충의 (…) 여러 친구는 공적" 운운한 편지가 정월 11일의 것이었기 때문에 그 뒤 며칠 지나지 않은 때였다. 『독여잡초讀餘雜抄』에 따르면 정월 22일에 『분서』 제3권을 다 읽었다. 그러므로 이 일주일 남짓한 시간 동안은 오로지 『분서』만 탐독하고 있었을 것이다.

그리고 앞서 소개한 편지의 "절교해라. 동지들을 엄하게 거절해버려"라는 내용은 『분서』를 다 읽은 직후였을 것이다. 사실 그 편지는 제3권의 「동심설」이라는 내용에 대한 감상을 쓴 것이다. 조금 길지만 내용을 소개하면 다음과 같다.

그대도 여러 친구와 절교해라. 동지들을 엄하게 거절해버려. (…) 고고로와도 분명히 끊어. 여러 친구는 함께 논의할 상대가 못 되지. 정부에 있는 사람들도 마찬가지고. (…) 일본도 이제는 용케 잘 쇠락했구나. 정말로 당당한 이 대국人國에서 대의를 위해 죽을 자가 스기조 혼자라는 것이 이 얼마나 한심스러운 일이냐. (…) 죽지 않는 충의의 무사는 산더미처럼 많구나. (…) 그대가 다하라 소시로를 괴롭히며 즐거워하는 것 역시 자네가 연을 날리며 즐거워하는 그런 마음이 생겼기 때문이겠지. (…) 아니면 줏대 없이 말과 행동을 자주 바꾸는 옹졸한 소인배에 대한 노여움일까? 요즘 이탁오의 문장을 읽고 있네. 재미있는 이야기가 아주 많은데, 그중에서도 동심설童心說이 가장 오묘하네.

'동심이란 것은 참다운 마음이다.'(『분서』의 본문. 이하 ' ' 안의 문장은 모두 같음) 우리는 이러한 마음을 아직 잃지 않았네. 자네가 소시로를 괴롭히는 마음이 바로 그런 마음이라네.

'가짜 인간들을 가지고 거짓말을 말하고, 거짓된 일을 일로 삼고, 거짓된 문장을 문장으로 삼는다.' 정부의 여러 관리 그리고 세상에서 충의를 외치는 사람 모두가 이렇다네.

'거짓말을 가지고 가짜 인물과 말하면 그 가짜 인물은 기뻐한다. 거짓 문장을 가지고 가짜 인물과 이야기를 나누면, 그 가짜 인물은 기뻐한다. 거짓이 아닌 곳이 없다면 기뻐할 곳이 없다.' 지금 세상의 일이란 다 이렇다네. 이 가운데 한 사람이라도 동심을 가진 자가 있다면 모든 무리가 그를 싫어한다네.

'다하라 소시로를 괴롭히는 마음' 운운하는 표현 중에 소시로란 인물은 앞서 소개했듯이 오하라 서하책을 폭로해버린 자다.

줏대 없이 말과 행동을 자주 바꾸는 옹졸한 소인배란 바로 소시로를 일컫는다. 자신의 입장을 순식간에 바꿔서 적측에 붙어버린 배신자 소시로를 그렇게 말한 것이다.

이 시점에서 오하라 서하책은 아직 스기조의 책임에 맡겨져 있었다. 오로지 스기조만이 '대의를 위해 죽는 자'였다. 그와 관련하여 줏대 없이 자신의 입장을 바꾼 옹졸한 소인배 소시로는 그렇다 치고, 정부의 여러 고관 그리고 세상에서 충의를 외치던 수많은 사람은 대체 어떻게 된 일이냐고 묻는 쇼인의 분노가 말 한마디 문장 한 구절에 절절히 담겨 전해온다.

그들은 거짓말, 거짓 일, 거짓 문장을 일삼는 가짜들이라는 것이다. 가짜란 허위, 가식, 가면의 가짜다. 이 점에 대해서는 뒤에서 또 다루겠다.

여기서는 정부의 여러 고관과 세상에서 충의를 주장하던 사람들을 지칭한다. 구체적으로 누구를 가리키는 것인가 하는 점만 지적해둔다. 사실 나는 몇 년 전에 이 편지를 읽다가 이렇게 생각했다. 쇼인이 말하는 정부의 고관들이란 조슈번의 완고하고 고루한 인사들, 즉 나중에 정의당正義黨에 대응하여 속론당俗論黨이라고 불린 보수파의 수뇌진일 것이다. 또 충의를 주장하는 사람들은 그 아래에서 입만 놀리며 충의를 주장하는 이들, 즉 실제로는 보신에 급급해하는, 세속에 물든 무사들일 것이라고 멋대로 속단해버렸다.

그러나 이번에 새롭게 조사하면서 읽어보니 이전에 내 생각이 잘못되었음을 깨달았다. 당시 조슈번의 수뇌진이라고 한다면 스후 마사노스케周布政之助와 마스다 단조益田彈正(본명은 지카노부親施, 1833~1864) 등을 말한다. 이들은 정의당으로 이어지는 개혁파인데, 쇼인에 대해서는 기본적으로 어느 정도 용납하는 입장을 취하고 있었다. 스후는 오우메이샤嚶鳴社라는 정책 토론 그룹을 조직해 번의 정치 개혁을 추진했으며, 쇼인과 가까운 친구였던 구리하라 료조来原良藏와도 친한 관계였다. 마스다도 쇼인을 능력 있는 사람으로 인정하고, 매번 계속되는 건의서를 모두 수리했던 인물이다.

그들이 쇼인을 투옥시킬 때, 사람을 시켜 "정부가 감히 쇼인을 증오하는 것은 아니다. (⋯) 그저 쇼인의 날카로운 공격을 좀 누그러뜨려 사태를 원만하게 풀어가길 원할 뿐"이라고 변명하도록 한 것은 아마도 진심이었을 것이다.

하지만 쇼인 쪽에서는 스후를 "간악하고 교활하다"고 판단해버렸다. 그리고 "간악하고 교활한 것을 없애고 나면 국사國事가 이루어지지 않는다"며 옥중에서 스후를 비판하는 문장을 썼다.

이렇게 보자면 충의를 주장하는 사람들도 사실은 그가 절교를 선언한 신사쿠 등 지인들을 가리키는 것이 아니었을까 하고 생각해보지 않을 수 없다. 그가 "여러 친구는 함께 논의할 상대가 못 되지. (⋯) 대의를 위해 죽을 자가 스기조 혼자 (⋯) 죽지 않는 충의의 무사는 산더미처럼 많구나"라고 한 편지의 문맥을 따라가보면 이 점이 분명해진다. 충의를 주장하는 사람들이란 '죽지 않는 충의의 지사 '손도 안 대고 코를 풀려는' 공적에 급급한 지사들에 대한 빈정거림과 비꼼에 다름 아니다. 즉 그것은 신사쿠 등의 제자 그리고 자신의 친구들이었던 셈이다.

그동안 자신이 누구보다 신뢰했던 제자들 그리고 여러 지인에게 감히 절교를 선언한 뒤, 그 공허함으로 식어버린 마음의 빈자리를 바로『분서』가 가득 채워준 것이었다고, 나는 그렇게 생각한다.

여기서 다시 한번, 앞서 소개한 쇼인의『분서』와『속장서』에 대한 감상을 읽어보자.

쇼인이 '지기라는 두 글자'에 대해 읽고 눈물을 흘리면서 베껴 쓸 때, 그가 울었던 이유는 지기를 구하고자 했던 그 자신의 처지 때문이었다. 심정적으로 이탁오의 처지를 상상하고 그랬던 것은 아니다. 그가『분서』와 관련된 메모를 '스기의 어른'에게 보여달라고 했을 때 원했던 바는 자신의 생각과 뜻을 이해해달라는 것이었다.

그렇다고 한다면, 투옥되자마자 그가 보여준 격렬함은 너무나 심했기 때문에 오히려 비애감을 자아낸다.

뜻을 함께해온 여러 친구나 제자가 계속 자기와 멀어지고 있다고 생각했다. 그동안 신뢰하고 있던 스후가 마베 요격책을 세상에 폭로해버리고, 도와주는 것이 아니라 오히려 자신을 감옥에 집어넣어버린 것이다. 신분이 낮아서 더욱더 배려하고 보살펴주었던 소시로에게는 오하라 서하책으로 배신을 당했다. 마지막으로 희망을 가지고 제안했던 후시미 요가책으로는 제자들의 협력을 얻기는커녕 배신을 당했다. 그러한 절망적인 상황에 분노가 치밀어 그는 더 흥분했다. 그렇게 뜨겁게 달아오르던 마음은 밖으로 발산한 정도만큼 안으로는 공허함으로 식어져 있었음에 틀림없다.

그는 "나의 생각과 부합된다"고 말했는데, 이탁오가 쇼인의 마음에 부합된 것이 아니라 쇼인의 마음이 이탁오에게 가탁되었다는 게 맞을 듯싶다.

쇼인은 이탁오를 읽은 것이 아니라 이탁오에게 자신의 심정을 가탁했다. 달리 말해 이탁오의 문장을 통해 자신을 읽은 것이다. 말하자면 또 하나의 자기 자신을 발견한 것이다. 그 자신과 대화함으로써 마음의 빈자리를 메워간 것이다.

이것이 바로 이탁오와의 만남이었다. 그가 가장 원했을 때 가장 원하던 것을 만난 셈이다. 그것이 이탁오였다고 할 수 있다. 그러한 만남에 대해서 좀더 살펴보기로 하자.

2.
참다움과
거짓

쇼인이 이탁오의 「동심설」을 '아주 오묘하다'고 하면서 자신이 느 낀 점을 스기조에게 써 보낸 것은 1859년 정월 23일경이었다.

그로부터 사나흘 뒤인 27일에 그는 다시 스기조 앞으로 편 지를 보냈다. 거기서 그는 자신이 이미 왕양명의 『전습록』을 재미 있게 읽었지만 최근에 오시오 주사이大塩中齋, 그리고 같은 양명파 인 이탁오를 읽고 있다고 했다. 그는 이탁오의 글 한 마디 한 마디 가 "마음에 와닿는다"고 했다. 다만 자신은 전념하여 양명학을 공 부하려는 것이 아니고, 단지 그 학문이 '진眞'을 중시한 것 같으며, 그것이 "가끔 내가 추구하는 '진'과 합치된다"고 했다.

또 그로부터 한 달여 후인 2월 29일 스기조에게 "이탁오의 문장을 베껴서 보내니 반복해서 읽어보게"라면서 『분서』의 일부 를 적어 보냈다. 그 편지 안에는 쇼인이 베껴 쓴 「동심설」이 포함 되어 있다. 현재도 남아 있는 이 「동심설」에는 본문 옆에 '진실眞 과 거짓假이라는 두 글자'라는 쇼인의 '미비眉批'가 쓰여 있다.

'미비'란 자신이 읽은 서적의 본문 위, 혹은 빈 공간에 글을 적어놓은 것으로, 본문에 대한 자신의 의견이나 본문에 대해서 자신이 파악한 주요 내용을 짧은 문장으로 적어둔 것을 말한다.

쇼인이 적어둔 '미비'를 보면 쇼인은 「동심설」의 본문 중에서 가장 중요한 포인트가 '진실과 거짓이라는 두 글자'에 있다고 생각했던 것 같다.

아마도 그가 "동심설은 매우 오묘하다"고 했을 때 말한 그 오묘함은 전후 문맥에서 살펴본다면 바로 이 '진실과 거짓이라는 두 글자'에 있다고 봐도 틀리지 않을 것이다.

'동심童心이란 참다움眞을 향하는 마음이다.' 우리는 이러한 마음을 아직 잃지 않았네. 자네가 다하라 소시로를 괴롭히는 마음이 바로 그런 마음이라네.
'가짜 인간들을 가짜라고 말하면 그 가짜들은 기뻐한다.' 지금 세상일이 그렇다네. 이러한 가운데에서 한 사람이라도 동심을 가진 사람이 있다면 많은 사람이 몹시 싫어한다네.

여기서 말하는 '참다움'으로서의 동심은 단지 소시로를 괴롭혀서 즐거워하는 마음이다. 마치 연날리기에 열중하는 어린아이와 같다.

'참다움'이 소시로를 괴롭혀서 즐거워하는 것이라 함은 다소 치사스러울 정도로 구체적이지만, 다른 한편으로는 이해하기 쉽다. 반면 이와 대응되는 '거짓'이 오히려 이해하기 어렵다. 좀더 일반화시켜보자면 이 '참다움'이란 어떤 내용일까? 다른 문장에서 찾아보자.

스기조에게 이탁오의 문장을 필사하여 보내고 나서 반달쯤 지난 후인 3월 13일의 일이다. 쇼인은 시나가와 야지로에게 「사문 思文(야지로의 자)을 힐책하다」라는 글을 한 편 써서 보냈다. 그러면서 그는 "이 글을 세 사람이 마주 앉아 꼼꼼히 숙독해보게. 이탁오를 너무 닮아서 스스로도 부끄럽지만, 이것이 나의 참모습이라네"라는 말을 덧붙였다. 여기서 그 내용을 살펴보자.

이 글을 보면 야지로가 당시에 어떠한 사정이 있었던 것인지 "더 이상 존양尊攘(존왕양이의 준말)은 입에 담지 않겠습니다"라며 회피하는 입장을 보인다. 이에 대하여 쇼인은 자기 스타일로 다음과 같이 힐문했다. 약간 길지만 인용해본다.

악을 싫어하는 것이 야지로의 참모습이라고 말한 것은 정확하다. 악을 싫어한다고, 무엇을 가지고 그것이 참모습이라고 말하는가? 그 이유는 다음과 같다. 학문에 거짓이 없고, 스승과 친구들에게 거짓을 행하지 않는 것, 그러한 자질을 그는 선천적으로 이미 갖추고 있다. 그래서 그를 참다운 사람이라고 말하는 것이다. (…) 악을 싫어한다면 반드시 선善을 좋아한다. 악을 싫어하기 때문에 시키小田村伊之助(오다무라 이노스케)를 원망스럽게 생각하고, 겐즈이나 쇼도에 대해서 분개한 것이다. 선을 좋아하기 때문에 와사쿠에게 그것을 느끼고 스기조에게 동정심을 느끼는 것이다. 만약 악을 미워하고 선을 좋아하는 마음을 잘 가지고 있으면서 그것의 가장 높은 경지에 도달한다면,

이는 바로 성현들뿐이다.

다만 거짓 학문을 배워 거짓 스승을 스승으로 삼고 거짓말을 즐겨 한다면, 선을 좋아하고 악을 싫어하더라도 어느 것 하나 참다운 것이라고는 할 수 없다. 하루가 참답지 못하면 그 사람은 구제하기 힘들다. (…) 악을 싫어하고 선을 좋아하는 것, 그것이 야지로의 참모습이다. 그것이 하루아침에 사라져버릴 수 있다면, 저 넓은 비와호琵琶湖나 스와호諏訪湖도 하룻저녁에 말라버릴 수 있을 것이다. (…) 나는 더 나아가 한마디 하고 싶다. 소시로는 인면수심人面獸心의 인간이다. 최근에 명령을 받들어 와사쿠를 뒤쫓아가서 체포했다고 한다. 그리고 그는 의기양양하게 도망가버렸다. (…) 바꾸어서 그러한 명령이 야지로에게 내려졌다면 그는 포기하고 가버렸을까? 만약 진실로 그것이 싫어서 포기했다면 그는 결국 존왕양이라는 글자를 마음속에서 없애지 못할 것이다.

쇼인은 이 글의 서두에서 "이탁오와 너무 닮아서……"라고 첨언했다. 쇼인 자신이 이탁오에게 부끄러울 정도로 비슷하다고 한 그의 참모습은 어떤 내용에 대한 것인가? 다음 절에서는 조금 다른 각도에서 이에 대해 살펴보기로 하고, 여기서는 우선 '진眞'에 대해 살펴본다.

그가 거짓 학문, 거짓 스승에 의지하지 않는, 선천적으로 갖추어진 자질로서 일반화한 '참다움'에 대해서 우선 주목해보자.

요컨대 소시로를 괴롭히면서 느끼는 동심인 '진眞'이라는 것은 바깥에서의 부추김이나 안에서의 타산 등에 의하지 않는다. 선천적으로 순수한 심정의 용솟음으로부터 나온 것이다.

그렇다면 다소 억지스러운 논리가 될지 모르겠으나 선천적인 자질이나 심정으로부터 나온 것이라면 선을 싫어하고, 악을 좋아하는 마음이라도 우리는 그것을 동심의 '참다움'이라고 말할 수 있을까? 결코 그렇다고 할 수 없을 것이다.

쇼인에게 동심의 '참다움'은 후천적으로 오염이 없는 마음, 즉 선천적으로는 아주 맑고 순수한 마음이다. 덧붙이자면 정의正義의 마음이라고 할 수 있다. 그러므로 그것은 어디까지나 악을 싫어하고 선을 좋아하는 마음이 되지 않으면 안 된다. 소시로를 괴롭힌다고 한 것도 말하자면 악을 싫어한 데서 나온 행동이라 여겨진다. 즉 악을 싫어하는 것을 염두에 둔 표현인 것이다.

거꾸로 이야기하자면 '거짓'은 악이라는 것을 알고 있으면서도 그것을 싫어하지 않는 것이다. 또 선이라고 알고 있으면서도 그것을 좋아하지 않는 것이다. 이는 거짓 학문이나 거짓 스승에 의해서 선천적으로 타고난 맑고 순수하며 정의로운 마음이 오염된 결과다. 다른 한편 악한 것이기 때문에 싫어해야 하는 것은 오로지 꾸준하게 싫어하는 것으로, 그것이 동심의 참다운 모습이다.

쇼인에게 '진실'과 '거짓'이 그와 같은 것이라면, 싫음의 대상이 되는 악이란 대체 어느 정도의 악인지 그 내용을 살펴보지 않을 수 없다.

악을 싫어하기 때문에 그는 시키나 겐즈이, 쇼도를 원망하며 화낸 것이라고 했다. 대체 이 세 사람이 어느 정도로 악한 일을 했다는 것일까?

원래 이 셋은 모두 쇼인의 문하생이고 동지였다. 또 시키와 겐즈이는 쇼인의 매제妹弟이기도 하다. 쇼인은 그들의 어떤 점이 악하다고 증오했던 것일까? 설명이 다소 번잡해질지 모르나 원래 그것은 '후시미 요가책' 사건과 관련된다.

쇼인 자신이 적어둔 「요가책 전말기顚末記」라고도 할 수 있는 「요가책 주의要駕策主意」라는 기록에 따르면, 와사쿠가 쇼인의 밀사로 형인 스기조를 대신하여 교토로 간 뒤, 우연히 그 일에 대한 정보가 쇼인의 제자인 야소로(나중에 마에바라 잇세이前原一誠로 개명)의 귀에 들어갔다. 그 뒤 야소로에게서 마찬가지로 쇼인의 제자인 시슈岡部子楫에게 전해지고, 시슈로부터 시키에게 전해졌다. 시키는 그 일을 듣자마자 곧바로 번에 알렸다. 번의 지도자들은 쇼인이 꾸민 계책을 듣고 놀라서 곧 와사쿠를 추격하여 체포하도록 했다. 이때 소시로를 추격자로 지명해 보내고, 동시에 공범으로 지목한 스기조는 이와쿠라 감옥에 투옥시켰다.

야소로, 시슈, 시키는 당초 후시미 요가책을 함께 의논한 사람들이었다. 하지만 고고로의 설득 공작이 효과를 봤는지 이들은 중간에 발을 빼버렸다. 게다다 시키의 행동은 쇼인의 입장에서는 있을 수 없는 배신행위였다. 그런 연유로 쇼인은 시키를 증오하게 된 것이다.

참고로 쇼인은 야지로 앞으로 힐문서를 보낸 날, 스기조에게 도 편지를 썼다. 그 편지에서 그는 이렇게 말했다.

야소로, 시슈, 시키, 그리고 그 밖에 다른 몇 사람은 정말로 조 슈번 정부의 개들이다.

쇼인은 제자들이 자기를 배신했다고 이렇게까지 단정 지어 비난했다. 시키는 매제이면서도 결국 '개'라고 불릴 정도로 상황이 악화되어 있었다.

참고로 이야기가 잠시 벗어나는데, 또 한 명의 '개'인 시슈에 대해서 소개하자면 다음과 같다. 그는 쇼인의 제자이면서, 야소로 와 마찬가지로 '마베 요격책'의 혈맹단 17명 중 한 사람이었다. 또 쇼인이 다시 노야마 감옥에 투옥되었다는 소식을 듣고 야소로, 스기조, 야지로 등 8명이 번 당국에 집단으로 항의 행동을 했는 데 그중 한 명이었다. 이들의 항의 덕분에 쇼인은 결국 견책 근신 의 처분을 받았다.

시슈는 말하자면 최후까지 쇼인을 추종한 사람이었다. 이러 한 점을 쇼인도 잘 알고 있었다. 그래서 앞서 소개했듯이 쇼인은 고고로에게 보낸 분노의 편지를 시슈에게 맡기려고 했다. 그런데 쇼인은 그런 시슈를 겨우 한 달도 안 돼 '개'라고 부르고 욕한 것 이다.

이어서 참고로 소시로에 대해서 살펴보자면 그 역시 인면수심의 인간이라고까지 비판을 받았다. 원래 신분이 낮았던 그가 교토 수비대에게 직접적으로 추궁을 당하여 계획을 발설한 것이다. 쇼인의 「엄수기사嚴囚紀事」에 따르면 당시 교토 수비대의 후쿠하라福原 모씨는 조슈번 수뇌부 중 한 명이었던 스후 마사노스케의 명령에 따라 겐즈이 등을 교토에서 에도로 이전시켜 그들의 활동을 막았다. 그 외에도 당시 안세이 대옥이 발생하여 그 대책으로 분주하게 움직이고 있었다.

또 스후가 교토에서 생긴 일은 자세한 사정을 자기에게 빠짐없이 직접 보고하도록 엄명했기 때문에 소시로에 대한 심문은 각별히 엄격했을 것이다. 소시로가 자백했다고 하더라도 이는 상식적으로 봤을 때 어쩔 수 없는 측면도 있었을 것이다.

또 소시로가 와사쿠를 추격하여 체포하기 위해 힘쓴 것도 사실 이해 못 할 바는 아니었다. 쇼인이 서하책을 꾸밀 때 소시로는 와사쿠와 함께 참여했으며, 또 와사쿠와 신분이 같아서 와사쿠를 설득하는 데 적합하다고 번 정부가 기대하여 그러한 요구를 하지 않았을까 생각된다.

혹은 소시로 자신이 자중하자는 주위 사람들의 분위기에 공감해 자청하여 와사쿠를 설득하려고 생각했을지도 모른다. 그러한 사정 등을 고려해 추측하자면 한마디로 '인면수심'이라는 쇼인의 일방적인 단정에는 아무래도 저항감을 느끼게 된다.

다시 이야기를 원점으로 되돌려보자. 쇼인이 시키를 원망한 것은 이처럼 야소로나 시슈와 얽혀서 일어난 결과였다.

이어서 겐즈이의 경우를 살펴보자.

그는 소개한 대로 이미 그 전해부터 쇼인의 행동을 과격하다 여기고 있었다. 그래서 쇼인의 계획에 참여하기는커녕 오히려 자중시키려 했다. 쇼인이 어떤 편지에 쓴 한 구절을 살펴보자.

가마가 출발하기로 한 날이 하루하루 다가온다. 날마다 몸과 마음이 초췌해지는 것을 느끼는데, 이에 더하여 쇼스케와 겐즈이 등 뜻있는 동지들이 관망하고 자중하여 나를 좌절시키려고 한다……. 여러 친구가 이러한 뜻을 꺾는 것은 나의 몸과 마음 그리고 피와 살을 꺾는 것이다.

쇼인은 특히 겐즈이 등 여러 제자가 관망하고 자중하자는 주장을 펼치자 정신적으로 곤혹스러운 상태에 처해 있었다. 가마가 출발한다는 것은 3월에 번주인 모리공毛利公이 에도로 참근교대하러 출발하는 것을 말한다. 그때가 바로 후시미에서 가마를 다른 곳으로 이끌고 갈 시기, 즉 후시미 요가의 시기였다. 또 번주를 존왕양이의 입장으로 분명하게 몰아세울 수 있는 가장 중요한 시기라고 쇼인은 생각하고 있었다. 그렇기 때문에 겐즈이 등이 적극적으로 비협력적인 태도를 취하는 데에 분노를 느꼈던 것이다.

특히 겐즈이는 쇼인의 매제로 선택될 정도로, 쇼인이 그에 대해 보인 신임은 매우 두터웠다. 그러한 사정도 염두에 둘 필요가 있다.

마지막으로 쇼도는 요가책에 대해서 가장 비판적인 사람이었다. 그는 설사 요가책이 성공한다 해도 거기에 대응할 만한 인물이 번의 수뇌부에는 없다고 주장했다. 쇼인에게도 직접 "요가책에 대해서는 동의할 수 없습니다. 절교를 하신다면 저도 어쩔 수 없습니다"라고 편지를 보냈다. 쇼인이 절교한다 해도 끝내 동의할 수 없다고 한 것이다.

　　이러한 편지를 받고 쇼인도 "쇼도는 결국 화가일 뿐 내가 그를 과찬한 것이 실수다"라며 내쳤다. 이후로 쇼도에 대한 쇼인의 분노는 더 커졌다. 이와 같이 그 시점에서 악惡은 요컨대 요가책을 직접적으로든 간접적으로든 저지하려는 것을 말한다.

　　여기서 이야기를 야지로로 돌려보자. 야지로가 "존왕양이에 대해서는 말하지 않겠습니다"라고 발뺌하려 했던 것도 살펴보면 아마 이 요가책과 관련된 것이리라고 여겨진다. 당시 야지로는 15세였다. 쇼인의 문하에 들어가서 2년도 되지 않을 때였는데, 고고로 형제들로부터 압력도 있었을 것이다. 한편 쇼인은 쇼인대로 "다른 사람에게 강요하는 병이 있다"는 평을 사람들로부터 들었다. 또 외골수적인 성격을 지니고 있었다.

　　야지로는 쇼인에게 강요를 받았고 또 참여하지 않는 이유를 추궁받았다. 이에 자기 자신은 존왕양이를 받아들일 수 없다고 했다. 또 한편으로는 형제들을 감싸면서 결국 자기가 겁이 많고 의지가 약하기 때문이라고 변명했다. 그것은 사태의 정확한 사정을 잘 알지 못하는 소년이 힘껏 짜낸 최대한의 지혜였을 것이다.

그러한 소년을 향해서 '자네는 시키, 겐즈이, 쇼도 등이 저지른 악을 미워하고, 와사쿠나 스기조의 선을 받아들여야 한다. 소시로처럼 파렴치한 짓을 저질러서는 안 된다. 자네도 오히려 그의 배신을 증오할 것이다. 그것이 자네에게는 진리인 것이다' 등등 앞에 소개한 문장의 논리는 논리로서도 너무 조잡하다. 사실 이러한 추궁 자체가 당시 상황에서 살펴보자면 전혀 어른스럽지 못한 것이었다고 생각하지 않을 수 없다.

하지만 쇼인은 자기 생각에 변함없이 아주 성실했다.

요가책을 (…) 아아, 그대들은 입을 모아 한마디로 미친 계획이라 취급하는구나. 그런데도 나는 당당하게 멈추지 않을 것이다. 미친 계획 위에 더 미친 계획을 추가할 것이다. (…) 똑똑한 자들이 이것을 보면 도쿠가와 시대는 아직 망하지 않았고, 존왕양이의 기회는 오지 않았다고 할 것이다. 3000년 신의 나라 일본을 비린내와 더러운 먹이를 쫓아 달려드는 영국이나 프랑스, 러시아, 미국 등에 넘기는 것 역시 하늘의 운명이라고 할지 모르겠다. (…) 그들이 보이는 것을 가지고 나의 행동을 보면, 아마도 미쳤거나 어리석다고 할 것이다. 미쳤든 어리석든 내가 무엇을 걱정하겠는가? 나는 나의 뜻을 행할 뿐이다.

요가책에 반대하는 '똑똑한 자들'이 보면 도쿠가와 시대, 즉 에도시대의 토대는 아직 흔들리지 않고 있다. 존왕양이도 아직 시기가 오지 않은 것처럼 보인다. 그렇다고 해서 수수방관하고 있는 것은 고기 냄새를 맡고 다가와 멋대로 구는 영국, 프랑스, 러시아, 미국 등에 신의 나라 일본을 팔아넘기는 것과 같다. 그것을 하늘의 명령이라며 체념하는 무리가 보자면 나 같은 사람은 미치광이나 어리석은 자처럼 여겨질지 모른다. 하지만 좋다. 한층 더 미치고 바보가 되어 "나는 나의 뜻을 행할 뿐이다". 그는 고독한 상황에서도 이렇게 의기양양했다.

그는 거의 돈키호테처럼 보였다. 사려 깊은 사람들은 그렇게 생각했을 것이다. 솔직히 말해서 쇼인의 외골수적인 발언을 보고 나 자신도 처음에는 꺼려질 정도였다. 결국 그는 열다섯 살이었던 야지로나 열여덟 살이었던 와사쿠 혹은 다른 소년들을 움직일 수 있을 만큼 정열가라면 정열가였다. 하지만 너무나 직접적이고, 주관적이었다. 대국을 보지 못한 편집광적인 정열가였다고도 할 수 있다.

실제로 요가책의 성공과 실패가 전적으로 일본의 존망과 관련된다고 말하는 그의 논리는 비약이 지나치다. 대체 그렇게 비약이 심한, 독선적인 논리에서 어떻게 그의 '진실과 거짓' 개념이 나올 수 있었을까?

만약 그렇다면 그러한 독선적인 논리에 의해서 악이라고 단정된 시카나 겐즈이, 쇼도 등은 그저 참고 있을 수만은 없었을 것이다.

하지만 거기에 비약이 있었다고 하더라도, 만약 그 비약에 한 조각의 진실이 포함되어 있다고 한다면 달리 생각해볼 필요가 있다. 즉 요가책의 성패에 대해서 그 정도로까지 외골수로 빠진 쇼인의 위기의식이 가진 질質에 대해 다시 한번 생각해보지 않을 수 없다.

적어도 쇼인은 요가책의 성패를 단지 존왕양이의 한 국면의 성패가 아닌 전체 국면의 성패와 관련된 것으로 여겼다. 뿐만 아니라 그는 존왕양이의 성패를 일본국의 생존과 멸망에 직접 관련되는 큰일로 보고 있었다. 게다가 그러한 존망을 단지 한 국가 내의 문제로서가 아니라 국제적인 국면에서 파악하고 있었다.

즉 국내 문제가 곧 국가의 존망에 관계될 정도로 국제적인 환경이 심각하다고 생각했던 것이다. 그러한 그의 국제적인 위기의식을 고려하지 않으면 안 된다. 앞서 우리는 그의 발언이 논리가 비약된 '너무나 바보스러운' 말은 아닌가 하고 평가했다. 하지만 그렇게 한마디로 평하고 배척해버리기 전에 우선 당시 그의 국제 인식이 어떠한 것이었는가를 알아두지 않으면 안 된다.

대체 그는 어떠한 국제 인식을 발판으로 삼고 있었을까? 어떠한 입장에서 그 정도로까지 요가책의 성패에 심리적인 부담을 가지고 있었던 것일까?

1858~1859년(안세이 5~6) 당시 쇼인의 국제적인 관심이라고 한다면 거의 미국에 집중되어 있었다. 당시는 미일수호통상조약의 가부를 둘러싸고 일본 내부의 국론이 소용돌이쳤던 시기다.

막부가 주도한 미일수호통상조약의 조인에 앞서서, 1858년 정월에 쇼인은 그에 반대한 「미친 사내의 말狂夫之言」이라는 글을 썼다.

이 글에 따르면 일본을 노리는 여러 외국 가운데 미국이 가장 기만적이다. 이익을 가지고 사람을 유혹할 정도로 그들의 속셈이나 행동은 나쁘다. 예컨대 그들은 일본에 거지가 많은 것을 보고 빈민 구제 시설을 만들었다. 또 버려진 아이가 많은 것을 보고 유치원을 일으켰으며, 의사를 찾아갈 수 없는 가난한 병자가 많은 것을 보고 약을 나눠주는 병원을 만드는 등 어리석은 사람들의 마음을 우선 사로잡고자 했다. 그다음에 서양 기술을 동경하는, '이익은 알지만 의리를 모르는, 그리고 글은 알지만 도道를 모르는' 지식인을 고용하여 그들을 길들였다. 또 막부의 탐관오리들을 이익으로 끌어들였다.

그때는 마침 쇼군의 후계자 문제로 막부 수뇌부의 의견이 분열되어 있을 때였다. 미국이 여기에 관여하면, 쇼군은 중국 오대 후진後晉의 황제였던 석경당石敬瑭(892~942)의 꼴이 될지 모른다. 석경당은 거란의 지원을 받아 황제의 위치에 올랐는데, 그 보상으로 거란에게 16주의 땅을 할양해주었다.

이와 같이 새로운 지위에 오른 일본의 쇼군도 미국의 괴뢰가 되어 일본을 팔게 될 것이다. 여러 다이묘는 저들대로 참근교대의 의무로 괴로워하고 있기 때문에 미국의 유혹에 넘어갈 것이다. 그들은 육로로 에도에 가는 것보다 싸게 바닷길을 통해서 에도로 오가는 길을 선호한다. 그래서 미국이 그 길을 제안하여, 배를 장기할부로 빌려주면서 섬이나 육지를 담보로 요구할 경우 그러한 거래에 응하는 다이묘도 나올 것이다. 그러면 결국 그들의 손에 일본의 섬이나 땅이 넘어갈 것이다. 이렇게 조금씩 넘어가 안으로부터 침식되어, 결국 일본은 미국의 속국이 되어버릴 것이다.

이처럼 정말로 용의주도하다고 할 수 있는 우려를 그는 하고 있었다. 이 같은 그의 우려는 1858년 5월 외국인 거류권에 대해서 해리스와 시모다 조약이 조인되자 더 커졌다. 해리스가 10월에 쇼군과 면회하고 수호통상조약의 체결을 위하여 움직이기 시작하자 그의 우려는 더 커져, 그해 10월에 쇼인은 해리스의 요청에 대한 반론을 글로 써서 제시했다.

그 글에 따르면, 가령 미국은 한편으로 민간의 자유교역을 요구하면서도 다른 한편으로는 아편을 가져오는 사람이 있으면 일본 측에서 압수하여 태워버려도 좋다고 했다. 하지만 이것은 언뜻 보면 당연하지만, 미국 측이 스스로 배 위에서 소각해서 버리지 않고, 아편이 상륙한 뒤 일본 측이 소각하라는 것은 분쟁의 씨앗을 일본 측에 떠넘기려는 속셈이라고 했다.

또 지난번에 청나라에서 일어난 아편전쟁은 베이징에 영국 대사관이 설치되지 않았기 때문이라는데, 원래 그 전쟁은 영국의 탐욕 때문에 발생한 것이다. 대사 한 사람이 있고 없는 것 때문에 일어난 일은 아니다.

청나라의 위원魏源(청나라 말기의 경세사상가)에 따르면 미국도 청나라에 아편을 가지고 들어갔던 것 같다. 또 인도는 서양과 조약을 체결하지 않았기 때문에 영국의 속국이 되어 있었다. 게다가 인도가 그렇게 된 것은 국내가 통일되지 않고 내전이 계속되었던 까닭이기도 하다. 또 해군력이 미비했고, 대포술이 미숙했던 것도 그러한 이유 중 하나다. 이처럼 중요한 세 가지 점에 대해서 논하지 않고 조약만 문제 삼는 것은 궤변일 뿐이다. 이러한 여러 가지에 대해서 쇼인은 논했다.

이상 요컨대 그의 국제 인식은 먼저 경험한 인도나 중국의 유럽 열강 침략 사정을 잘 파악하여 앞으로 닥쳐올 일본의 상황을 경고하려는 입장에서 나온 것이었다. 특히 그는 아편전쟁과 태평천국 시대 중국의 국내 상황에 대해서는 놀라울 정도로 정확한 지식을 갖고 있었다. 그는 무력 제압에 의한 인도의 망국 과정보다는 무력과 회유에 의해서 반식민지화되고 있는 청나라의 상황을 더 우려했다. 특히 광둥성의 상황, 즉 권력기구가 마비되고, 상인이 매판화되었으며, 민중이 무력화되고 있는 상황을 일본이 맞을 미래로 그리며 크게 걱정했다. 가장 가능성이 큰 일본의 미래로 중국의 현실을 주목한 것이다.

그는 막부의 이기적인 권력 유지 욕심, 여러 다이묘의 자기번 제일주의 경향, 통일 권력 부재의 일본 내 세력 분할 상태를, 일본의 반식민지화의 국내적 조건으로 파악하고 있었다. 그렇기 때문에 일왕을 받들고 서양 세력을 거부하자는 존왕양이의 사상을 내걸고 그것을 일본 독립의 제일 전제로 삼았던 것이다.

다시 요가책 이야기로 돌아가보자. 오하라 서하책에서 후시미 요가책으로 이어지는 책략 가운데 공통점이 있다. 그것은 오하라 경卿에 대한 그의 기대감이다. 쇼인의 주관적인 생각이 들어 있는 것으로 판단되지만, 적어도 이 두 책략은 마베 요격책이 실패로 끝난 뒤 그에게 있어서는 당시 가장 가능성이 큰 거의 유일한 존왕양이의 구체적인 책략이었다. 이 서하책은 원래 오하라 경이 제안한 것으로 오하라 경 스스로 서쪽으로 내려간다는 것이었다.

오하라 경의 말을 빌려 표현하자면, "한목숨 던져서라도, 몸이 노예가 되더라도, 여러 번 찾아가 그곳의 지도자들을 상대로 그들의 국시國是에 대한 생각을 들어보겠다"고 했다. 존왕양이의 여론을 북돋아보려고 한 것이다. 이 제안을 받아들인 쇼인도 그의 정열에 공감하고 감동하여 이렇게 말했다.

친히 서쪽으로 내려가 그들을 설파하고 돌아다니신다면, 네댓 번 정도는 당장에 응하기도 할 것입니다. 일단 정의의 깃발이 올라간 뒤에는 일왕이 있는 곳으로 구름처럼 예를 갖추어 몰려들 것을 의심할 필요가 없습니다.

쇼인은 그 성과에 대해서 이처럼 매우 낙관적인 전망을 했다. 이 계책에 이어 요가책에서도 쇼인은 오하라 경 등이 후시미에서 번주가 지나가는 것을 기다렸다가 설득해, 일왕이 있는 교토로 안내한 뒤 그곳에 체류시키고, 존왕양이를 추진하자고 했다.

그렇게 하여 정의로운 고관, 귀족들과 지속적으로 국사를 상의하고, 또 재야에 있는 지사들을 불러들여 시무時務를 가지고 서로 논의한다면, 한 달도 안 되어 사방의 무사들이 반드시 앞다투어 교토에 몰려들 것입니다. 그러면 큰 계책은 정해질 것입니다.

쇼인은 이렇게 생각하고 있었다. 자신의 계책대로만 한다면 충분히 존왕양이의 기폭제가 될 수 있으리라 의심하지 않았다. 앞서 소개한 냉엄한 국제 인식과 이와 같은 두 가지 책략에 대한 낙관적인 전망이 그를 수단 방법 가리지 않고 충의의 행동으로 몰아갔던 것이다.

쇼인의 국제 인식에 대해서는 그것이 어느 정도까지 정확했는지, 후대 사람들이 그 생각의 옳고 그름을 논하는 것은 쉬울지 모른다. 하지만 우리 자신에게 그러한 자격이 있다고는 생각되지 않는다. 1860년대 초 아시아의 위기감을 쇼인과 공유하지 못한 사람들에게 옳고 그름을 논할 자격은 없을 듯싶다. 또 만약 메이지 유신이 실현되지 않고, 오히려 여러 번이 할거하고 여러 번과 막부 사이에 대립 등이 격화되고 있었다면, 혹시 쇼인의 걱정은 적중했을지도 모르겠다. 하지만 이렇게 역사를 되돌아보면서 '만약'이라는 것도 여기서는 의미를 갖는다고 생각되지 않는다.

아니, 만약이 아니라 현재 전후의 일본은 미국의 문화적인 속국이며 정치, 경제적으로도 반 속국이다. 그러므로 이러한 점에 대해서 쇼인의 예상은 본질적으로 적중하지 않았는가 하는 의견이 있을지도 모른다. 하지만 그러한 의견을 들어 쇼인을 이 시대에 되살리는 것에 대해서는 동조할 수 없다. 그것은 어디까지나 미일전쟁 중에 미국의 침략성을 이미 막부 말엽에 예견했던 사람으로서 쇼인을 현창한 저 국수주의자들의 논리와 입장은 다르더라도 같은 역사관에 서 있기 때문이다.

문제는 우리가 현재로부터 과거를 돌아보아, 쇼인에게 미래를 향한 역사의 예지능력이 있었는지 없었는지를 판정하는 데 있지 않다. 그러한 판단은 현재를 등에 업고 편안하게 과거를 추측하는 것으로 나태하고 교만한 생각에 지나지 않기 때문이다.

문제는 그가 당시, 즉 살아 있었을 때 그 시대를 어떻게 움직이려 했는가 하는 점에 있다. 그리고 그의 내일, 즉 곧 오게 될 미래상을 그가 어떻게 그리고 있었는지 하는 점에 있다. 긍정적이든 부정적이든 우리가 계승할 수 있는 것은 그 점뿐이다.

그러한 범위 내에서 말한다면, 그는 통일 국가의 달성을 초미의 관심사로 삼았다. 그리고 그것을 달성해야만 국가의 독립이 보증될 수 있다고 예상했다. 그러한 전망은 메이지유신을 도래하게 만든 막부 말엽의 역사 의지와 정확히 맞아떨어지는 것이었다고 할 수 있다. 말하자면 쇼인은 그가 살고 있던 당대 상황에 정확히 대처하고 있었다. 그러한 전망과 대처에는 어떠한 논리적 비약도 없다. 하물며 몹시 어리석다고 평가할 수 있는 독선도 존재하지 않는다.

다만 오하라와 관련된 두 가지 책략에 대해서 우리는 거의 주저 없이 그것이 지나치게 주관적이며 낙관적인 전망이었다고 지적하지 않을 수 없다. 무릇 정치적인 행동을 일으키려면 그것을 일으키는 쪽의 주체적인 역량을 성패의 조건에 넣어야 한다는 것은 거의 상식이다. 그럼에도 가장 신뢰해야 할 자신의 제자나 친구들까지 대부분 자중할 것을 요청하고, 움직이지 않았다는 점은 어떻게 설명할 텐가? 그러한 마이너스적인 상황을 전혀 예상 못 하고, 오히려 그렇기 때문에 점점 더 행동에 조급해했다는 것은 이미 그것이 정치적인 행동이라고 부르기 어려운 어떤 것이 되어버렸음을 뜻한다. 그것은 독선적인 반란주의라고밖에는 표현할 수 없다.

그럼에도 불구하고 쇼인은 "이러한 요가책을 (…) 여러 친구가 이것을 저지하는 것은 단지 자기 번의 죄인이 될 뿐만 아니라, 신의 나라 일본의 죄인이 되는 것이다"라고 단언했다.

충동적이라면 충동적인 그의 단정에서 오히려 쇼인의 단순하지 않은 국가 존망에 대한 위기감을 느낄 수 있다. 그러한 위기감에 이끌려 집요하게 붙들고 늘어진 오하라 관련 책략 두 건은 원래 책략이라기보다는 절박한 위기 타개의 갈망에서 나온 것이었다고 할 수 있다. 그렇게 평가한다면 이 계획들은 나름대로 납득하지 않을 수 없다. 즉 그에게 있었던 것은 처음부터 어떤 계산된 계획이 아니라 갈망이고 희망이었다는 것이다. 갈망 실현을 향한 의지뿐이었다는 것이다.

모두에게 앞서서 죽음으로 보여준다면 그것을 보고 느낀 점이 있어 일어날 사람도 있을 것이다.

쇼인에게는 이러한 신념만 있었다고 해야 할지 모르겠다. 그가 목표로 삼은 것은 위기를 타개해서 국가를 재생하고 존립시키는 것이었다. 오로지 그 희망뿐이었다.

국가가 망할 수도 있는 중대한 위기에 처해 있다는 인식을 바탕으로 국면 타개의 희망에 입각하여 생각한다면 그의 예상이 너무 낙관적이었다든지 그가 너무 반란주의적인 독선에 빠져 있었다든지 하는 평가는 다소 성급하다. 또 그가 자신의 제자나 동료들을 향해서 '개'라든지 '인면수심', 즉 인간의 얼굴을 한 짐승의 마음이라든지 하는 충동적인 표현으로 단정하여 비난한 것에 대해서도 곧바로 쇼인을 비난할 수만은 없게 된다.

오히려 요가책에 대해서 그 정도로 국가의 존망을 직결시켰다는 것은 그가 느낀 위기감의 크기를 느끼게 한다. 그의 충동적인 인식이, 충동적인 만큼 궁지에 몰린 그의 절박함을 전해준다. 그러한 위기의식에 입각하여 판단한다면 자신의 책략에 거슬리는 사람들에 대해서 '개' 혹은 '인면수심'이라고 단정짓는 그의 심정에 공감하지 않을 수 없다. 오히려 그러한 단어가 고상하게 느껴진다.

그는 자기 여동생의 남편조차 때에 따라서는 '개'라고 비난했다. 말하자면 그는 사적인 관계는 완전히 떨쳐버리고, 오로지 국가의 존망을 제1주의로 삼았다. 바로 그러한 바보스러운 국가 집착에는 안타깝게 우리의 가슴을 울리는 무언가가 있다.

이렇게 생각한다면 그가 말한 '참다움'이란 이러저러한 개인의 감정을 초월한 것임을 알 수 있다. 어떤 개인이 악을 싫어한다든지 좋아한다든지 하는 차원에 머무는 것이 아니다. 뿐만 아니라, 그것은 어느 한 책략의 성패에 그치는 것도 아니다. 그것은 일본이라는 나라의 존립과 재생을 희구하는 차원의 의지다. 좀더 일반적으로 말한다면 다가올 미래 역사의 '진실'로서 희구하는 역사 의지에 따르는 것이라고 평가할 수도 있지 않을까 생각된다.

문제는 그에게 '참다움'이 너무나 감성적이고 직감적, 감각적이었다는 점이다. 요가책을 둘러싼 그의 행동을 만약 정치적인 행동이라고 본다면, 그가 차례로 자기편 사람들을 배제해나간 결백증은 소아병적이라고 할 만하다. 그에게는 정치적인 조직자로서의 능력이 완전히 결여되어 있었다고 할 수밖에 없다. 이 점에서 그는 도저히 고고로의 발끝에도 미치지 못한다. 그는 원래 정치적 행동에 매진할 인재가 아니었던 것이다.

"무릇 와사쿠는 죽음으로 가마를 이끌려고 한다. 그의 뜻은 참으로 충성스럽다. (…) 지금 여러 친구가 죽음을 싫어하여 와사쿠가 반드시 죽으려는 것을 싫어한다."
"우리 두 사람(쇼인과 와사쿠)의 의견은 번 정부의 여러 친구가 나라를 잘못 이끄는 간사한 도둑놈들이라는 것이다. (…) 정부가 우리 두 사람을 죽이지 못하면 우리 둘이 정부를 반드시 죽일 것이다. 기세로 본다면 천지간에 함께하지 못할 것이다. 여러 친구는 모두 정부의 노예로 정부를 도와 서둘러 우리 두 사람을 죽이려고 한다."

이것은 쇼인이 제멋대로 표명한 불신의 표현이다. 자신의 정치적 능력 결여를 전혀 자각하지 못한 결과 드러난, 구제하기 힘든 표명이라고 할 수 있다. '개'나 '인면수심'으로부터 '간사한 도둑놈들' '노예' 등으로 계속되는 친구들에 대한 단정적인 표현은 단어들이 보여주는 날카로움만큼이나 어찌할 수 없는 그의 한계를 보여준다.

주관적인 회구와 신념만으로 지금의 역사를 개척해서 돌진하려는 사람이 '참다움'에 매달려 어찌할 수 없는 상황인 것이다.

하지만 어찌된 일인지, 그의 맹렬한 분노는 슬프면서도 다른 한편 아름다움조차 느끼게 한다. 자신의 목표를 전혀 수행할 수 없을 정도로 쇼인이 '참다움'에 지나치게 열중했기 때문일까? 아니면 그 '참다움'이 너무나 감성적이고 순수했기 때문일까? 아무래도 그가 보인 순진무구한 '동심童心'의 모습에는 일본인의 원초적인 감정에 통하는 무언가가 있는 것 같다. 행여나 그러한 것이 있다면 말이다.

당시는 쇼인이 30세 되었을 때였다. 지금 식으로 나이를 만으로 따지면 28세 하고도 수개월이 지난 때였다.

다음에 살펴보게 되듯이 '동심'을 '전혀 거짓 없이 순진무구한 최초 일념一念의 본심'이라고 정의하면서 「동심설」을 집필할 당시의 이탁오는 이미 60대 중반을 넘긴 때였다. 그러한 완숙한 나이의 이탁오가 제시한 '참다움과 거짓이라는 글자'에 청년 쇼인은 과연 어느 정도까지 접근할 수 있었을까?

쇼인이 이해한 참다움과 거짓은 이탁오의 그것과 어느 정도까지 같은 것이며, 또 얼마나 다른 것일까? 다음 절에서는 우선 다른 측면에서 그것을 살펴본 뒤 두 사람의 접점이, 만약 있다고 한다면, 어디에 있는지 살펴보도록 한다.

3.
광기와
우둔함

———————

광기와 우둔함이란 쇼인의 '참다움과 거짓이라는 글자'를 모방해 본 것이다. 원래 참다움과 거짓은 문자 그대로 진실된 것과 거짓된 것을 말한다. 이러한 대응은 진짜와 가짜, 본심과 가식 등 일상생활에서도 잘 활용된다.

이론적으로는 불교의 '진공眞空'과 '허망虛妄'의 대응에 근거하고 있다. 더 옛날로 거슬러 올라가면 노장사상에서 그 원초적인 개념을 찾아볼 수 있다.

노장老莊에서는 도나 자연에 무한한 절대적인 가치를 두고, 그것을 참다운 것으로 삼는다. 인위적인 것이나 개별적인 존재 등의 가치는 유한하며 상대적인 것, 즉 일시적이고 그 현장에만 한정된 것으로 이해한다.

이를테면 장자는 모장毛嬙이나 여희麗姬 등 당시 중국에서는 클레오파트라 정도 되는 미인일지라도 물고기나 새들은 '그들이 가까이 오면 순식간에 도망간다'고 하여 아름다움을 유한하며 한정된 것으로 본다. 말하자면 아름다움이라는 인위적인 관념이나 미녀라는 존재 등은 결국 한정된 세계에서 한정된 가치만을 갖는 것으로 이해한다. 다른 세계에서는 통용되지 않으며, 그 현장에서만 국한된 가치라는 것이다. 그러므로 그런 것에 집착하지 말고, 만물의 하나인 자신 안에서 만물에 통용될 수 있는 보편적인 것, 즉 도道를 발견하라고 한다. 그러한 도에 따라 살아가야 한다고 한다.

불교에서는 우주의 모든 존재나 현상은 거짓이기 때문에, 사람은 그러한 개별적인 존재나 각각의 현상에 집착하지 말라고 한다. 그것들은 끊임없이 생겨났다 사라지고, 바뀌고 움직이기 때문이다. 그러한 사물이나 현상 안에 매몰되지 말고, 그것을 관통하여 영원히 흐르고 있는 불생불멸不生不滅의 법칙성을 발견하라고 한다. 이 법칙을 자신에게서 정확히 발견해야 한다고 가르친다.

그러한 법칙 혹은 법칙성이 진공眞空이며 진여眞如다. 혹은 법성法性, 불성佛性이라고도 한다. 그것이 진실되며 참다운 것이다. 개별적인 존재나 여러 현상은 그것만으로는 거짓이며 허망한 것이라고 한다.

구체적으로 말한다면 사회적인 지위나 인간관계 등은 생멸生滅하는 거짓된 것이기 때문에, 명예욕이나 물욕, 애욕 등에 사로잡힌 생활 방식은 거짓된 삶이다. 따라서 아집을 버리고 자기에게 본래 갖추어진 불생불멸의 법성이나 불성에 눈을 떠, 그것을 발견함으로써 자유롭게 살아야 한다는 것이다.

이렇게 보면, 참다움과 거짓이라는 대응에 대해서는 노장과 불교 사이에 일맥상통하는 점이 있다는 것을 알 수 있다.

아주 간단히 말하자면 노장사상의 도는 불교의 진공과 상통한다. 그것들은 말하자면 인간을 포함한 만물에 관통하는 것으로 이해되는 보편 법칙이다. 다만 그러한 법칙은 인간의 속세간의 관계, 즉 혈연관계나 군신관계 등을 본질적이지 않은 거짓된 것으로 간주한다. 그들이 진실이라고 말하는 도나 진공은 세속적인 관계의 틀을 초월한다.

가령 노장사상에서 본다면 유가의 인의仁義, 즉 동족 간의 인이나 군신 간의 의 등의 도덕률은 인간이 자연성을 상실했기 때문에 어쩔 수 없이 만들어낸 인위적인 약속에 지나지 않는다. 그것은 사계절의 추이나 천체의 운행 등 영원한 자연 과정에서 본다면 어떠한 보편성도 지니지 않은 일시적인 것이다. 출가하여 세속을 벗어나 해탈을 추구하는 불교에 대해서는 더 말할 필요도 없다.

그들에게 있어서 '참다움'은 원래 초세속적인 것이다. 그러므로 그들은 곧잘 산속에 은거하기도 하고, 구름이나 물처럼 여기저기를 떠돌아다니기도 한다.

이처럼 참다움과 거짓이라는 대응은 원래 노장사상이나 불교 사상에서 유래했다. 하지만 앞 절에서 살펴본 것은 은거자나 구름이나 물처럼 떠돌아다니면서 수행하는 초세속적인 것이 아니었다. 노장이나 불교에 근거하고 있기 때문에, 공통된 점이 있기는 하지만 쇼인이나 이탁오가 말한 참다움은 결코 이 세상 바깥에 초월적으로 존재하는 것이 아니다. 그들의 참다움은 속세간에서 기존 관계에 구애받지 않는다는 점에서는 초월했다고 할 수 있지만, 속세간의 관계 그 자체를 부정하진 않는다는 점에서 어디까지나 이 세상에 존재하는 것이다. 쇼인과 이탁오는 이 점에서 공통된다고 할 수 있다.

먼저 잠시 이탁오의 참다움과 거짓을 살펴보자.

앞서 쇼인이 이탁오의 '동심설'을 언급한 것을 소개했다. 그것은 "동심이라는 것은 진심眞心(참다운 마음)이다"라는 문장이다. 이 '진심'에 대응하는 개념은 가인假人(가짜 인간), 가언假言(거짓말), 가사假事(거짓 행동) 등이었다. 그의 '동심설'을 좀더 자세히 소개하면 다음과 같다.

이탁오는 동심을 진심이라 말하고서, 또 동심이란 "거짓이 전혀 없고 순진무구한 최초 일념의 본심"이라고도 했다. 이것을 잃는다 함은 '진인眞人(참다운 인간)'의 마음을 상실했다는 것이다. 그러면 어떻게 상실한 것일까?

사람은 동심을 가지고 태어난다. 하지만 성장하면서 귀와 눈을 통해 외부로부터 듣고 보는 것 여러 가지가 들어가 세상에 대한 지혜도 발달한다. 그 때문에 동심이 방해를 받아 거짓 행동이나 거짓말을 일삼게 된다. 이로써 결국 동심을 상실한다. 말하자면 진인의 마음을 상실하고 가짜 인간이 되는 것이다. 이탁오는 이렇게 설명한 뒤, 화제를 바꿔 천하에서 최고로 치는 문장은 동심에서 출발한 것이라고 했다. 예를 들면 그것은 당시唐詩나 원곡元曲(원나라 때 일어난 희곡), 혹은 명대 소설인 『수호전』 등이다. 그 외에 육경六經이라든지 『논어』나 『맹자』 등을 끄집어낼 필요는 없다고 했다. 첫째로 육경이나 『논어』 『맹자』는 공부를 못하는 제자들이 스승의 설명을 조금씩 알아듣고 그런 지식을 모아서 만든 것이거나 권위에 약한 사관들이 함부로 성인을 추어올리며 쓴 것이기 때문이다. 성인의 마음을 직접적으로 전한 것은 아니다. 그것들은 도학자들이 핑계나 변명 거리로 삼기 위한 것이거나, 가짜들이 서로 모이는 장소로 이용되고 있을 뿐이다. 단언컨대 동심에 의한 언설은 아니라고 이탁오는 말했다.

이러한 '동심설'에 대해서는 뒤에서 또 언급할 텐데, 여기서는 우선 이탁오가 말한 동심이 쇼인의 그것과 다르다는 점을 지적해둔다. 이탁오는 욕망도 포함하여, 살아 있는 인간의 적나라한 마음을 동심이라고 했다. 동심의 이 같은 이미지는 일본인이 보통 상상하는 이미지와는 크게 다르다.

한편 이러한 동심과 대응하여 거짓이라는 것은 동심을 압착하여 그것을 어떤 주형에 틀어넣으려는 기성 질서나 도덕관, 권위를 뜻한다. 구체적으로는 육경이나 『논어』 『맹자』의 권위를 구실로 삼는 기성 도덕의 가르침이다. 그것이 '도리道理의 견문見聞'으로서 사람의 내부에 주입됨으로써 진심의 마음인 적나라한 동심은 상실된다. 그 탓에 사람은 가짜 인간이 되고, 거짓 행동을 일삼으며 스스로를 의심하지 않게 되는 것이라고 이탁오는 설명한다.

즉 이탁오가 '거짓'이라고 대항하고 있는 것은 단적으로 말하면 사회의 기성관념이다. 구체적으로는 당시 유행했던 주자학적인 도통 관념이다. 또 그것에 사로잡혀 자신의, 혹은 인간의 진실한 희망이나 욕구를 망각하는 것이다. 그러므로 사람은 거짓을 끊고 순수하게 참다운 최초의 일념인 본심, 즉 하지 않으려 해도 어찌 할 수 없는, 적나라한 동심에 의거해서 진실에 충실한 삶을 살아야 한다. 그것이 참다운 삶이며, 그러한 삶에 의해 구축된 진실을 따라 바람직한 사회관계나 사회 이념을 실현해나가지 않으면 안 된다.

이런 내용을 알기 쉽게, 제2차 세계대전 당시의 일본 사회 상황을 예로 들면 다음과 같다. 당시 전쟁이 막바지로 치닫자 일왕을 신격화하고, 전쟁을 성전聖戰이라 간주하는 목소리가 더욱 커졌다. 사회적인 기성관념이 압도하고, 일왕과 국가를 위해서 죽는 것을 미화하는 상황에서 "아우여, 그대 죽지 마라"라는 살아 있는 인간의 목소리가 들려왔다. 그러한 '진실'에 근거하여 인간이나 사회에서 바람직한 진실의 모습을 찾아내려고 한 움직임이 있었는데 그것과 유사하다.

그러한 참다움은 기존 사회 통념에 대해서는 파괴적이다. 반면 바람직한 미래의 사회상에 대해서는 창조적으로 작용한다. 이 점이 이탁오의 '참다움과 거짓'을 노장사상이나 불교 사상의 그것과 구별되게 한다.

현재의 사회 통념이나 사회관계를 일시적인 거짓으로 삼고 있는 점에서는 모두가 공통되지만 노장사상이나 불교 사상은 현재나 미래의 인간관계, 혹은 사회관계 자체를 거짓으로 보고 거기서 어떤 가치를 찾아내지는 않는다. 반면 이탁오의 사상이 부정하는 것은 어디까지나 현재의 거짓된 사회관계다. 바람직한 미래의 진실된 사회관계는 오히려 강하게 희구한다.

그리고 구태여 말할 필요가 없을지 모르나, 그 점에서 쇼인도 이탁오에 가깝다. 쇼인 자신은 참다움과 거짓에 대해서 이탁오만큼 언급하지 않았으나, 그가 말한 참다움과 거짓의 궁극적인 지점은 결국 기존의 막번 체제나 그 안에서의 군신관계 등 사회관계를 거짓으로 보고, 일왕제적인 통일국가 체제, 나아가 거기서 태어나는 새로운 사회관계를 '참다운' 것으로 간주했다. '참다움'에 대해서 쇼인은 더 이상 앞으로 나아가지 않았다.

하지만 현실 문제에 관해 쇼인이 말하는 '참다움'의 스펙트럼은 더 넓다. 그것은 소시로 한 사람으로 끝날 일도 아니었으며, 요가책 참여를 둘러싸고 그것이 실속 있는 일인지 아닌지 하는 문제에 한정되는 것도 아니었다. 오하라와 관련된 두 가지 책략도 사실은 마베 요격책이 그렇듯이 우연히 1858년, 1859년이라는 시점에 제시된 하나의 실행 계획에 지나지 않았다.

쇼인이 말하듯이, 악을 싫어한다고 할 때의 악은 우연히 그의 문장 안에서 지목된 소시로나 시키를 염두에 둔 것에 지나지 않는다. 결국 쇼인에게 '선악'은 궁극적으로는 존왕양이의 뜻이 어떠한 것인가에 달려 있었다. 그가 말하는 '참다움'이란 소시로나 시키에 대한 미움 혹은 분노 위에 존재하면서도, 사실은 그것을 통해 막부 체제의 거부에까지 이른다. 그러한 판단이 주관적인 갈망이든 신념뿐이든 간에 정권 부정까지 도달한 것이다. 이 때문에 개별적인 인물이나 사건을 둘러싼 그의 참다움이 그토록 날카로운 맛을 보여주었던 것은 아닐까 생각된다.

쇼인은 그렇게 막부 말엽의 시점에 이미 막부의 붕괴를 노리고 있었다. 그의 갈망과 신념 안에는, 앞서 말한 것처럼, '역사의 참다움'에 대한 기대가 관통하고 있었다고 할 수 있다.

여기서 우리가 '막부 말엽의 시점'이라는 말을 쓰고 있으나, 사실 당대를 살았던 사람들은 그때가 말엽인지 어떤지 알 수 없었을 것이다. 막부의 권력은 안세이의 대옥 사건이 일어난 것을 보더라도 당시까지 여전히 강력하게 존재했다. 당시 막부 체제는 현재 진행형이었고, 압도적인 현실이었다. 그러한 사회, 즉 보는 사람에 따라서는 영원히 계속될 것이라고 생각할 수 있는 현존의 사회를, 더 이상 존속시켜서는 안 된다고 부인하고, 나아가 그것을 머잖은 미래에 끝낼 수 있다고 확신했다는 것은 역사를 역사로서 느낄 수 없는 보통 사람들에게는 가능한 일이 아니다.

"세상에서 일어나는 일은 모두 거짓이라고 생각해야 한다."
"지금의 세계는 오래된 집이나 무너지는 건물과 같다. (…) 큰 바람이 한번 불면 그것들은 전복된다. 그 뒤에 썩은 기둥을 바꾸고, 부서진 서까래를 버리고, 새로운 것들을 모아 다시 그것을 세우면 볼만해질 것이다. 여러 친구는 낡고 썩은 것에 달라붙어서 (…) 바람과 비와 함께하려고 한다. 나를 보고 이단 괴물이라고 생각한다. 그것이 나를 소외시키는 이유다."

쇼인은 스기조 앞으로 보낸 편지에서 이렇게 썼다. 두 번째 구절은 『전습록』이나 『이씨 분서』가 "자주 나의 참다움과 합치된다"고 한 문장 바로 뒤에 나오는 것이다.

현 체제는 무너지기 직전의 낡은 집이다. 더 세찬 바람이 한번 불면 그것은 무너진다. 썩은 기둥이나 대들보를 버리고 새로운 재료로 다시 새집을 지어야 한다. 그럼에도 불구하고 여러 친구는 낡은 집에 달라붙어서 아주 짧은 현재를 참고 견뎌보려고 한다. 그런 까닭에 자기를 이단시하고 있다고 호소한다.

여러 친구가 그를 이단시하고 괴물 취급 한다는 말에서는 상당한 피해망상의 기미가 느껴진다. 하지만 현 사회 체제를 전복시키고, 새로운 것으로 다시 만드는 게 가능하다고 생각하는 자체가 이미 이단적이라고 해도 틀리지 않을 것이다.

적어도 현 사회체제 안에서 매일매일 태평하게 살고 있는 사람의 눈으로 본다면 그것은 광기에 가까운 모습이라고 할 수 있다.

앞서 나는 바람직한 미래사회를 희구한다는 점에서 쇼인이 이탁오와 가깝다고 했다. 하지만 이러한 평가는 정확하지 않다. 오히려 우리는 이렇게 평가해야 할 것이다.

쇼인과 이탁오는 그들이 각각 자신의 사회를 살아가면서 그 사회의 기존 질서 관계를 부정했다는 점에서는 공통된다.

노장사상이나 불교 사상은 어떠한가? 그들도 마찬가지로 현재의 사회관계를 거부하고 부정한다. 하지만 그것은 단순히 관념적으로 그 가치를 인정하지 않는다는 것뿐 존재 그 자체까지 부정하지는 않는다. 하물며 그것을 전복시킨다는 발상은 없다. 그들은 그러한 존재 가치를 인정하지 않는 대신 그들의 독자적인 가치관을 제시하고, 그에 따라 살아간다면 그로써 만족한다. 그들은 현존의 사회관계를 무시하거나 혹은 관심 갖지 않으면 그것으로 만족한다. 싸울 필요가 없는 것이다. 피투성이가 되어서 싸우고, 목숨 걸고 싸우는 것 자체가 무의미하다고 생각하기 때문이다.

그렇다면 이들의 생각은 쇼인이나 이탁오의 사상과 어디가 다를까?

이탁오나 쇼인은 현재의 삶 안에서 미래를 찾는다. 그 미래를 위해 현재를 부정하는 것이다. 반면 노장사상이나 불교 사상은 현재를 부정한다. 그것은 현재의 바깥에 자신의 위치를 두기 때문으로, 현재 안에 몸을 두고 현재를 부정하는 것은 아니다. 바꿔 말한다면, 이탁오와 쇼인은 현재를 부정하기 때문에 현재에 한층 더 깊게 관련된다. 반면 노장과 불교는 현재를 부정하기 때문에 그것과 관련되지 않으려고 한다. 여기에 단적으로 둘 사이에 큰 차이가 있다고 할 수 있다.

물론 노장사상과 불교 사상의 현재 부정은 곧잘 기존 체제를 부정하는 결과가 되기도 한다. 운동의 한 요소로서 변혁을 지향하기도 하고, 어떤 변혁 사상가는 노장사상이나 불교 사상을 그대로 자기 사상의 발판으로 삼기도 한다. 사실 우리의 이탁오도 그러한 사상가 중 한 명이다. 하지만 지금은 역사상의 특수한 사례에 대해서는 깊이 들어가지 않고 일반적인 사례를 가지고 그렇게 이야기해두기로 한다.

이탁오와 쇼인은 현재 안에서 현재와 싸웠기 때문에 풍파를 겪었다. 적어도 본인들은 주위 사람들에게 소외당하고 있다거나 이단시되고 있다고 자각했다. 그럼에도 그들은 고독한 싸움을 계속했다. 그들 주위를 정상이라고 생각하면 이탁오와 쇼인의 마음 상태가 이상한 것이며, 주위가 지극히 정상적인 정신 상태라고 한다면 이탁오와 쇼인의 상태가 광기였다. 그들이 자신의 상태가 광기임을 알면서도 이를 바꾸려 하지 않고 외골수로 나아갔던 것은 그들이 몹시 완고했거나, 우둔했거나 둘 중 하나라고 할 수 있다.

이탁오에 대해서는 다음에 살피기로 하고, 여기서는 쇼인에 대해 말하자면, 그는 자신의 상태에 대해서 아주 잘 알고 있었다. 그는 자주 "나는 이미 미친 사람이다"라고 했다. 그리고 "광기 있는 사람狂悖人" "주위 사람이 미쳤다고 해도 돌아보지 않는다" "나는 원래 미치고 어리석다" "미치기도 하고, 어리석기도 하고狂愚" "나는 원래 어리석은 사람" "나는 원래부터 어리석다愚戇" "나는 바보愚人" "우둔한 사나이" 등등의 표현을 써서 자신을 평가했다.

쇼인이 자신의 상태를 표현한 '광狂'이라는 글자는 『논어』에서 말하는 '광견狂狷'의 '광'이다. '견'은 자신을 지키고 고수하는 것이 견고하여 주위 사람들에게 쉽게 휘둘리지 않는다는 의미를 갖고 있다. 반면 '광'은 주위를 거부하고, 주위 사람들과 다투더라도 자신의 길을 고집스레 돌진해나가는 것을 뜻한다. 또 다른 사람들이 비정상이라 여기는 것을 자신은 어디까지나 정상이라 생각하고, 그것을 앞서서 행한다는 뜻도 있다.

'패悖'는 사리에 어긋나다는 뜻이며, 도에 어긋나고 도에 위배된다는 뜻이다. 세상이 신봉하는 어떤 규칙이나 습관을 파괴하는 것도 '패'라고 한다.

'우愚'는 지혜가 무디고, 우둔하다는 뜻을 갖고 있다. 기氣가 잘 작동하지 않는 것도 '우'라고 한다. '당戇'은 우직愚直하다, 고지식하다는 뜻으로 사고의 폭이 몹시 좁고 정직하여 기가 움직일 여유가 없는 것을 의미한다.

'광패狂悖' '우당愚戇' 등의 표현을 써서 자신을 조롱하는 글에서 쇼인은 몰래 이탁오로부터 자신과 같은 부분을 찾아낸 것은 아닌가 생각해볼 수 있다.

앞서 쇼인이 야지로를 힐문한 글을 소개했는데, 그 글에 쇼인이 "너무나 이탁오와 닮아서 스스로도 부끄럽지만, 이것은 나의 참모습이다"라고 쓴 부분이 있다. 쇼인은 자신의 어디가 부끄러울 정도로 닮았다고 했는지에 대해서는 구체적으로 언급하지 않았다.

하지만 힐문서를 쓰고 얼마 되지 않아 신사쿠에게 보낸 편지를 보면 이런 내용이 있다.

나는 최근에 이탁오의 『분서』를 베껴 썼다. 그는 어리석은 사람蠢物이지만, 나는 누구보다 그를 우러러 따르고 흠모한다.

그 편지에서 그는 자신을 '미친 사람'이라고도 했다. 또 에도에 나가서 체류하고 있는 신사쿠에게, 아마도 살아서는 다시 볼 수 없다고 생각했는지, 『분서』의 초록을 유서 대신 써둔다고도 했다. 이것이 쇼인 전집 등에 수록되어 있는 현존하는 「분서 초록」이다. 여기에 보이는 『분서』 전체의 인상으로부터 그는 이탁오를 어리석은 사람으로 평가했다는 것을 알 수 있다. 이는 사실 이탁오에 대한 총평으로도 볼 수 있다. 준蠢이란 글자는 자기 한 몸도 간수하지 못하고, 사리 분별도 하지 못하는 것을 뜻한다.

그는 이 점을 잘 파악하여 이탁오를 자기 주변도 잘 챙기지 못하는 어리석은 사람으로 평했다. 게다가 그러한 이탁오를 자신은 누구보다 '우러러 따르고 흠모한다景仰欽慕'고 했다. 그가 한자 말로 표현한 '경앙景仰'은 눈부신 모습을 올려 쳐다본다는 뜻이다. '흠모欽慕'라는 단어는 존경하고 그리워하며 뒤를 따른다는 뜻이다.

말하자면 상당히 존경하고 경애하는 감정을 드러내는 표현이다. 쇼인은 이탁오가 어리석은 사람이지만 우러러 존경하며 흠모한다고 한 것일까? 그렇지는 않을 것이다. 어리석은 사람이기 때문에 우러러 존경하고 흠모하지 않을 수 없다는 뜻임에 틀림없다. 그렇게 어리석은 사람이 썼기 때문에 미친 사람인 자신이 쓴 것처럼 간주하여, 유서를 대신하여 읽어봐달라고 한 것이다.

'어리석은 사람'이라는 말은 미치고 어리석은 자신을 동시에 비웃는 말이기도 하다. 또 그러한 자조에는 어쩔 수 없는 자신에 대한 위로도 포함되어 있는 듯 보인다. 자신을 비웃는 그것이 바로 이탁오에 대한 공감이기도 하다. 그는 이탁오를 어리석은 사람이라고 부를 때, 가슴이 아플 정도로 이탁오와 일체감을 느꼈을 것임에 틀림없다.

부끄러울 정도로 닮았다는 것은 어리석은 모습이 닮았다는 뜻이다. 자신이 가지고 있는 광패와 우당의 모습이기도 하다. 그것이 또 그의 진면목, 즉 참모습으로 그는 그것을 이야기하고 싶었을 것이다.

부끄러울 정도로 닮았다는 것은 쇼인 자신의 생각이었다. 이는 일방적인 생각이었을까? 아니면 그는 어리석은 이탁오의 실상을 직관적으로 그리고 그것을 정확히 파악하고 있었던 것일까?

그가 정확히 이탁오를 파악하고 있었다면 어떤 실상을 파악한 것일까? 쇼인이 베껴 쓴 이탁오의 『분서』 중에서 두세 곳을 무작위로 선택하여 읽어보기로 하자.

제3권에 「자찬自贊(스스로 칭찬함)」이라는 글이 있다. 거기서 이탁오는 자신의 성질은 편협하고, 성급하며, 얼굴 표정은 거만하고, '마음은 미치광이'라고 했다. 또 사람들과의 교제 범위는 아주 좁고, 만나면 매우 친밀해지지만, 만약 상대를 미워하게 된다면 그와 절교하고 나아가 평생 그 사람을 고통스럽게 하려고 한다. 그리고 실제로는 따뜻한 옷, 풍성한 음식을 바라지만 절개를 지키기 위해 굶어 죽은 백이와 숙제를 닮고자 한다는 등, 이상과 실상 그리고 말과 행동, 즉 입과 뱃속이 몹시 다르다고 했다.

옛날에 자공이 공자에게 "(마을 사람 모두가 좋아하는 것이 반드시 좋은 일이라고만 할 수 없다는데, 그렇다면) 마을 사람 모두가 싫어하는 것은 좋은 일인가요?" 하고 물었다. 공자는 "꼭 그렇다고는 할 수 없다"고 대답했다. 그렇다면 이탁오 자신과 같은 상태가 도저히 좋을 리 없다고 그는 스스로에 대해서 평가했다.

다시 한번 확인하자면, 이탁오의 글 제목은 '자조自嘲'가 아니라 '자찬自贊'이다. 자신이 편협하고 거만하며 미치광이이고, 모든 사람으로부터 미움을 받는다는 글의 제목을 자찬이라고 한 점에서 다시 한번 이탁오다운 면모를 확인할 수 있다. 아니면 그것은 완숙한 시기의 자신감일지도 모르겠다.

제3권에는 자신의 성품이 고결하다고 말하는 「고결설高潔說」이라는 글도 있다. 첫 부분만 소개한다.

나는 태어나면서 높고 고상한 것을 좋아했다. 높고 고상한 것을 좋아하기 때문에 오만하다. 그래서 자신을 낮추지 못하고 겸손할 줄 모른다. 하지만 자신을 낮추지 못한다는 것은 저 권세나 부를 등에 업고 편히 지내는 놈들에 대해서 그렇다는 것이다. 그러한 패거리들이 아니라, 보통으로 아주 조금이라도 좋은 점이나 착한 점을 가지고 있는 사람들에 대해서는 그렇지 않다. 예를 들면, 비천한 사람이나 하인일지라도 좋고 착한 사람들에 대해서는 존경하지 않고는 못 배긴다. 나는 또 태어나면서 깨끗한 것을 좋아했다. 깨끗함을 좋아하기 때문에 성격이 너무 급하고, 너그럽지 못하다. 다른 사람들을 넓게 포용하지 못하는 것이다. 하지만 널리 받아들이지 못한다는 것은 저 권세나 부에 아첨을 떠는 놈들에 대해서 그렇다는 것이다. 그런 패거리가 아니라, 진실로 조금이라도 착하고 좋은 점을 가지고 있는 사람이라면, 가령 그가 높은 사람이건 왕이건, 귀족이건 상관없이 존경하지 않고는 못 배긴다.

다른 사람에 대해서 자신을 잘 낮추는 것은 그 사람의 마음이 비어 있기 때문이다. 마음이 비어 있기 때문에 받아들이는 것이 넓다. 받아들이는 것이 넓기 때문에, 그 사람의 성품은 점점 더 고상해진다. 그렇다면 천하에서 자신을 가장 잘 낮추는 사람이라는 것은 천하에서 고상함을 가장 좋아하는 사람이라는 것이다. 내가 높고 고상한 것을 좋아하는 점도 당연한 일 아닌가?

다른 사람을 잘 받아들이는 것은 사람들을 고르지 않기 때문이다. 사람들을 고르지 않기 때문에, 받아들이지 못하는 이가 없다. 받아들이지 못하는 이가 없기 때문에, 깨끗하지 않은 행동이 없다. 그렇다면 천하에서 다른 사람들을 가장 잘 받아들이는 이라는 것은 천하에서 깨끗함을 가장 좋아하는 사람이라는 것이다. 내가 깨끗함을 좋아한다는 점도 당연한 일 아닌가?

이탁오는 높은 사람이나 왕공王公이라도 존경하지 않고는 못 배긴다고 하거나, 받아들이는 것이 넓기 때문에 사람의 성품이 더 고상해진다든가, 모든 사람을 받아들이기 때문에 행동도 모두 깨 끗하다든가 등등을 말하고 있다. 이러한 문장 하나하나에 사람들 을 무시하는 굴절이 있다는 점이 이탁오가 가진 하나의 특징이다.

하지만 그는 권세나 부 등 외형적인 것에는 철저하게 의존하 지 않는다고 했다. 말하자면 어떤 인간 한 명이 가지고 있는 내용 만을 본다는 것이다. 이러한 외골수적인 순수함도 그가 가진 또 하나의 특징이다. 그렇기 때문에 쇼인과 같이 '순진純眞'한 청년에 게도 이러한 노인의 진면목은 굴절을 포함하여 공명을 불러일으 켰던 것이다.

고결함을 좋아하기 때문에 오만하고 성급하며 마음이 좁다. 그러므로 다른 사람들에게 자신을 낮추고, 다른 사람들을 잘 받 아들인다는 것은 역설적이면서도 역설은 아니다.

쇼인의 상황에 끌어와 이탁오의 사상을 설명한다면, 막부의 권세에 의지하여 보신에 급급한 사람들에게는 오만하게 대하고 한 발짝도 양보하지 않는다는 것이다. 하물며 이이井伊나 마베間部 등 고위 관료들에 대해서는 매복하여 공격하는 일도 불사한다. 특 히 존왕양이를 할 것인가 말 것인가 하는 문제에 대해서는 조금도 애매한 타협을 허락하지 않는다. 소시로와 같은 배신자는 물론, 관망과 자중을 외치는 여러 친구도 용서하지 않는다.

이렇게 절의를 지키고 뜻을 굽히지 않는 점에서는 편협하고 조급한 모습을 보이지만, 일단 존왕양이의 동지로 여겨진다면 신분이 아무리 낮고 나약한 사람일지라도 최대한의 경의를 표한다. 예를 들면 와사쿠와 같은 이들에 대해 쇼인이 보인 경의가 그렇다. 쇼인은 신분이나 연령의 차이는 상관없이 널리 사람들을 받아들이는 도량도 갖추고 있었다.

쇼인도 훌륭하게 편협하고 성급하며, 자긍심이 높았다. 아울러 그 역시 '광치狂癡'의 모습, 즉 미치광이 같은 바보스러운 모습을 지니고 있었다.

참고로 언급해두자면, '광치'의 '치'는 한가지 일에 집중하여 다른 일은 돌아보지 않는다는 뜻이다. '응결凝結'이라는 단어에 사용되는 '응'은 하나의 일에 열중하고 집착하는 것을 말하는데, 그 글자에서 이수변冫이 없어지고 병을 뜻하는 역疒(병들어 기댈 역)자가 들어간 글자가 '치癡'다. 말하자면 너무 열중하여 집착해 병적인 상태가 된 것이다. 이 또한 쇼인이 가지고 있던 성격이다.

이탁오의 문장에는 '광견'이라는 단어도 보이는데 참고로 이 글자에 대해서도 소개한다. 제1권의 「경사구耿司寇에게 고별하다」라는 편지에서 이탁오는 이렇게 썼다.

도를 따라 천성千聖의 절학絶學을 계승하려고 하면, '광견狂狷'을 놔두고 도대체 누가 가능할 것인가? (…) 도를 전한다고 한 이상, 그들 외에 도를 말할 수 있는 자는 없다. '광견'하기 때문에 도를 벗어나는 경우도 있겠지만, '광견'하지 않으면 도에 다가

갈 수가 없다.

이 문장에는 쇼인의 주석이 달려 있다. 쇼인 자신은 이전에
『강맹차기講孟箚記』(『강맹여화講孟余話』를 말함)에서 '광견'에 대해 같
은 견해를 서술한 적이 있다고 했다. 그때는 제멋대로 생각해낸 것
이었는데, 놀랍게도 이탁오 선생이 그에 대해서 특별히 언급한 것
이 있다고 했다.

참고로 『강맹여화』에 있는 그 대목을 읽어보기로 한다.

맹자의 임무는 지극히 무겁고 지극히 컸다. 반드시 기력이 웅
건雄建하고〔미치광이狂者〕 성질이 강인堅靭한〔절개가 굳건한 자狷
者〕 사람을 얻어 그 일의 도움을 받지 않으면, 어찌 그 임무를
담당할 수 있겠는가? (…) 원래 나는 큰 죄를 지은 나머지 영원
히 이 세상에서 버려진 사람이 되었다. 하지만 이 도道를 담당
하여 천하 후세에 전하고자 하는 일에 있어서는 감히 포기할
수 없다. (…) 이 도를 일으키려면 미치광이狂者가 아니면 할 수
가 없다. 이 도를 지키려면 절개가 굳은 자狷者가 아니면 안 된
다.(〔 〕 안의 내용은 쇼인의 주석임)

쇼인이 말하는 '이 도道'란 존왕양이의 도로서, 이탁오가 말
하는 것과는 전혀 다르다. 하지만 그 도가 '광견(미치광이 같은 정렬
과 굳은 절개)'에 의존하지 않으면 일으킬 수 없다고 생각했다는 점

에서는 이상하게도 두 사람의 생각이 같았다.

이상으로 쇼인이 베껴 쓴 『분서』의 내용에서 두세 곳의 초록을 선택하여 살펴보았다.

이탁오가 '광치(미치고 어리석음)'라든지 '거오倨傲(거만과 오만)' 혹은 '견애狷隘(절개가 굳고 성급하며, 마음이 좁음)' 등의 단어를 사용하여 자신을 표현했음을 알 수 있다. 그런데 그러한 것을 갑자기 '어리석은 사람'이라고 평한 것에 대해서는 다소 논리적 비약이 있었던 것은 아닌가 하고 생각될지 모르겠다.

하지만 아마도 쇼인은 그러한 비약을 의식하지 못했을 것이다. 쇼인 자신에게는 자신의 '광패' 즉 미치광이 같은 모습이 바로 '우당' 즉 어리석고 우둔한 것이었기 때문이다. 미친다는 것이 바로 어리석다는 것으로 인식된 이상, '광치'나 '견애'는 바로 '준우蠢愚' 즉 어리석음인 것이다.

거짓을 끊고 순수하게 참다운, 즉 비타협적인 '진실'을 지향하는 사람에게 있어서 진실의 추구는 어디까지나 그럴 수밖에 없는 진리이지, 어리석고 우둔한 일은 아니다. 또 미치광이 같은 집념으로 그러한 '참다움'을 고집할 수 있는 것도 아니다. 사회 안에서 사회를 부정하고, 이를 통해 새로운 창조를 위해서 싸운다는 것은 누구나 할 수 있는 일이 아니다. 게다가 비정상적일 만큼 정직하고 성실하게 추구하며, 또 주위로부터 이단시되고 소외되면서도, 그 고독을 감내하면서까지 추구하는 일을 누가 할 수 있겠는가? 이것이 당시 쇼인이 가지고 있던 감정이었을 것이다. 그러한 고통스러운 경험이 자신의 감정을 이탁오의 어리석음과 직관적으로 일체화시키도록 했을 것이다.

아마도 그는 이탁오의 글을 자세히 읽고 말하기보다 직관적으로 그렇게 말하고 있는 것이다. 앞서 지적했듯이 그는 이탁오에게서 자신의 모습을 읽고 있었다. 그러한 점에서 그의 직관은 주관적인 것이었다.

쇼인이 이탁오를 '어리석은 사람'이라고 평가하는 것에는 얼마간 비약이 있다고 했다. 하지만 다음 장에서 소개할 이탁오의 진지하면서도 어리숙한 삶을 살펴보면 아마도 쇼인의 평가가 실은 날카롭게 핵심을 찌르고 있다는 것을 알아차리게 될 것이다. 어리석다는 쇼인의 평가는 사실은 이탁오에 대한 따뜻한 애정이 담긴 표현이었다.

동시에 광패와 우당 혹은 광치와 준우 등 자신을 비웃는 형용사들도 사실은 그것을 사용하고 있는 쇼인의 심정으로는 굴절을 담은 자화자찬의 표현이었다는 것을 알 수 있다.

그들의 심정에 입각하여 생각해보자면, 그들의 행동이 미치광이의 것이었다는 점은 어디까지나 자신의 신념을 관통하여 생사까지 걸었다는 뜻이다. 어리석었기 때문에 속세적인 지혜도 의미가 없었으며, 명예나 재산을 탐욕스레 바라는 일도 없었다. 그들은 고집스럽게 어리석었던 터라 세속적인 분별도 버리고 권위에도 반항할 수 있었다.

쇼인은 사람들로부터 정상인으로 취급받지 못하면서도 "내가 무엇을 걱정하겠는가? 나는 나의 뜻을 실천할 뿐"이라고 했다. 이 발언에는 기꺼이 수행하는 자신의 고행에 대한 자부심이 있었을 것이다. 자부심 때문에 자신을 주체하지 못하는 점도 있었지만, 주체하지 못할 정도의 자신에게 오히려 위로나 자기애의 감정을 가지고 있었다. 그러한 자신을 가끔 자학적으로 혹은 자조적으로 비웃기도 했지만, 그렇다고 해서 그는 결코 편안한 삶으로 자신의 생을 바꾸려 하지 않았다. 만약 그렇게 변신했다면 아마도 그 뻔뻔스러움만으로 이미 자화자찬의 가치는 없었을 것이다.

쇼인은 이탁오를 어리석은 사람이라고 평가하면서, 그렇기 때문에 '높이 우러러보고 흠모한다'고 했다. 아마도 쇼인 자신은 의식하지 못했겠지만, 이러한 발언에는 자기 자신에 대한 칭찬도 들어 있는 것 같다. 얼어붙은 황야의 밤에 모닥불에 몸을 기대는 사람들 사이에서, 그리고 다시 아침이면 끝도 없는 여정을 떠나야 하는 사람들 사이에서 생길 수 있는 감정의 유대를 쇼인은 이탁오에게 느꼈던 것 같다.

그렇게까지 쇼인과 이탁오를 앞으로, 앞으로 몰아세웠던 것은 무엇이었을까? 그것은, 반복되지만, 미래의 바람직한 '진실'을 끊임없이 지향하는, 각자의 내부에 존재하는 '참다움'에 대한 희구였다고 할 수 있다.

두 사람은 목표로 삼은 지향점도 그 과정도 완전히 달랐지만, 외골수로 끊임없이 참다운 것을 추구하고자 했다는 점에서는 정확히 일치한다.

두 사람은 '참다움'을 향한 갈망을 보여주었다는 점에서 일치할 뿐만 아니라, 그러한 갈망에서 광패와 우당, 광치와 준우 등 하나하나의 접점을 통해서 완전히 결합되어 있었다고 할 수 있다.

'참다움'에 대한 갈망뿐만이 아니다. 그러한 갈망을 현실의 것으로 만들기 위해서 실천으로 나아간 점도 같으며, 그 실천이 어쩔 수 없이 미치광이 같거나 우둔한 모습을 보여준 것도 같다. 따라서 두 사람의 고독감과 절망감의 깊이는 오히려 그만큼 상대방의 그것에 공감하고 동지의식, 나아가 연대감을 더욱 깊게 만들었을 것이다. 물론 이는 쇼인의 일방적인 공감이며 동지의식이자 연대감이다.

쇼인이 이탁오의 '동심설'에 '참다움과 거짓이라는 글자'라고 주석을 남겼을 때, 그 마음 깊은 곳에 있었던 것은 바로 그러한 연대감이지 않았을까 생각된다.

4.

지기知己를 찾아서 1:
나를 이기는 친구

———

이제는 다시 이탁오의 상황을 자세히 살펴보기로 하자.

쇼인은 이탁오에 대해서 공감을 느끼면서도 어리석은 사람이라고 평가했는데, 그의 평가가 맞는다면 이탁오의 어떤 점이 그러했을까?

'광견狂狷'하기 때문에 도를 벗어나는 경우도 있겠지만, 그렇지 않으면 도에 다가갈 수 없다.

이탁오 자신도 이렇게 말했다. 우리가 이탁오를 어리석은 사람이라고 크게 외칠 수 있다면, 바로 '미치지 않고는 도에 다가갈 수 없다'고 한 그 말 때문일 것이다. 말하자면 도를 얻기 위해서는 아무것도 신경 쓰지 않고 오로지 거기에 몰입해야 한다는 정신에 대해서 그렇다는 것이다.

미치광이처럼 집착하고 고집스럽게 자신의 절개를 고수하기 때문에 다른 한편으로는 도를 벗어나는 일이 있을 수도 있다. 분명한 점은, 정해진 틀 안에서 조심스럽게 돌아다니는 것은 전혀 문제가 되지 않는다는 사실이다. 즉 기존의 도道(길)를 얌전히 따라다니는 정도로는 어떠한 문제도 발생하지 않는다.

하지만 기존에 만들어진 길을 따라가기만 해서는, 자기가 위치해 있는 마을의 훨씬 앞에 가로로 놓여 있는 수풀을 통과하여 지나갈 수 없다. 또 그 앞에 놓인 산을 넘는 일도 불가능하다. 하물며 새로운 미지의 세계에 발을 내딛는 일은 더욱 어렵다. 감히 그런 일을 하려고 생각한다면 적어도 기존에 만들어진 길에서 벗어나 새로운 모색을 하지 않으면 안 된다. 그것은 기왕의 길을 벗어나는 일이며, 그 길에 대한 앞사람들의 습관이나 가르침을 파괴하는 일이기도 하다. 또 길을 따라 걷는다는 것이 길과 관련된 약속을 따르며 길의 현실을 인정하는 일이라고 한다면, 그런 약속이나 현실을 위반하는 일이 생길 수 있다.

그런데 감히 그러한 위반을 시도하려는 사람들이 있다면, 그들은 아무래도 쇼인이 말한 미치광이 스타일이라고 해야 할 것이다. 물론 그러한 사람들 중에는 단지 기성의 습관에 반발만 하는 불만투성이 인간이나, 독선적인 과격주의자 혹은 동료와 어울리지 못하는 외로운 늑대형 인간 등 문자 그대로 도道에서 벗어난 인간들도 포함되어 있을 것이다.

혹은 자기 나름의 이념을 가지고 신중하게 자신의 길을 가면서 예상치 못한 장애에 부딪히거나, 방향을 잘못잡거나 하여, 결과적으로 도에서 다소 벗어난 정도에서 끝내는 사람들도 포함되어 있을 것이다.

하지만 어느 경우든 도에서 벗어나는 것을 두려워해서는 새로운 도에 도달할 수 없다. 이탁오는 이렇게 말했다.

사람이 사람답지 못한 것은 아무 생각 없이 남을 흉내내거나 남의 잘못을 모방하는 것만 배워 헛되이 앞사람의 업적을 흠모하고 있을 뿐이기 때문이다.

이탁오는 '아무 생각 없이 남을 흉내내거나 남의 잘못을 모방'하는 뜻으로 원문에서 '효빈效颦'이라는 단어를 사용했다. 이 단어는 '찡그리는 모습颦'을 '흉내내다效'라는 뜻이다. 『장자』의 한 고사에 등장하는 단어로, 옛날 춘추전국시대에 절세 미녀인 서시西施가 화를 내면서 눈썹을 찌푸렸는데, 그 모습이 몹시 아름다웠다. 그런데 같은 마을에 사는 어떤 못생긴 여자가 자신도 그렇게 하면 예쁠 것이라 생각하고 서시를 흉내냈다. 하지만 그 여자의 모습은 더욱더 추하게 보일 뿐이었다. 그것을 본 사람들은 서둘러 문을 닫거나 얼굴을 돌리고 도망갔다는 이야기다.

앞에 나오는 인용문의 원문에는 '배우다'라는 뜻으로 '학보學步'라는 단어도 등장하는데, 이는 '걸음마步'를 '배우는 것學'을 말한다. 이 단어도 『장자』에 나온다. 옛날에 감단邯鄲이라는 마을의 어떤 사람이 걷는 것을 아주 잘했다. 그의 걸음걸이를 배우려고 연나라로부터 어떤 소년이 찾아왔다. 그 소년은 열심히 배웠으나 흉내를 잘 내지도 못하고 자신의 걸음걸이 방법마저 잊어버려, 결국 기어서 고향으로 돌아갔다고 한다.

위의 이야기는 어느 것이나 자신의 주체성을 상실하고 다른 사람을 모방하여 그것에 맹종하는 사례를 소개한 것이다.

이탁오의 다음 문장을 살펴보자.

그래서는 갓난아이와 똑같다. 갓난아이는 서 있을 수도 걸을 수도 없기 때문에, 부모에게 의지해서 손을 붙잡고 비로소 걸을 수 있다. 하지만 조금 크면 더 이상 그럴 필요가 없다. 하물며 어른이 된다면 더 말할 필요도 없다. 지금 앞사람의 업적을 추종만 하는 이들은 모두 갓난아이와 같은 부류다. 누군가가 반드시 앞에서 끌어주거나 도와주지 않으면 안 된다. 이래서는 어른이라고 할 수 없다.

여기서 '어른'이란 나이만 갖고 말하는 것이 아니다. 중국에서 어른이라고 할 때는 큰사람 혹은 사람다운 사람, 진실로 사람이라고 할 수 있는 이를 말한다. 사서四書 중에는 『대학大學』이라는 책이 있다. 주자에 따르면 이 책의 이름은 어른 즉 큰사람大人의 학문이라는 뜻이다. 그러한 어른의 학문에서 말하는 '어른'인 것이다.

계속해서 이탁오는 이렇게 말한다.

원래 대인大人의 학學, 즉 대학이란 최고선最高善에 도달해야 한다는데, 이 최고선이란 내 생각으로는 '선이 없는無善' 것이다.

선이 없는 한 거기에는 어떤 자취가 없다無跡. 말하자면 흔적跡이라는 것이 없다. 그런데 도대체 그 뒤를 어떻게 밟고 간다는 것일까? 그것은 밟을 필요도 없고, 밟을 수도 없으며 또 밟아야 할 것도 아니다. 사실상 원래 그것은 밟으려고 해도 밟을 수 있는 것이 아니다. 그런데 공자는 흔적이 아닌가? 도대체 그것은 어떠한 흔적인가? 거기에 대해서도 지금의 소위 스승과 제자라는 패거리는 모두 우글우글 떼를 지어 몰려다니면서 그의 흔적을 밟아보려고 한다. 이 얼마나 불쌍한 일인가?

최고선이란 유가가 목표로 삼는 도덕선, 즉 사회질서를 도덕적으로 보존한 최고의 상태를 말한다. 이탁오는 그것을 갑자기 '무선無善' 즉 선이 없다고 한다. '무선'에 대해서는 다음에 다시 논하겠지만, 여기서 그가 말한 '무선'은 일반적으로 선이 없다는 것이 아니라, 정형화되고 기성화된 선이 없다는 의미다. 최고선이라 함은 어떤 사람이 자신의 삶 가운데서 여러 체험을 통해 처음으로 도달하는 것이다. 그러므로 그것은 미리 이것저것 등으로 정해진, 즉 정형화된 선의 패턴으로 존재하는 게 아니라는 것이다.

최고선이나 정형화된 선의 말뜻을 알기 어렵다면, 차라리 질서 관념이라는 말로 바꿔보자. 즉 선이란 바람직하고 올바른 질서 관념 그리고 그에 따라 형성된 올바른 사회질서다. 최고선이란 그것의 최고 상태다. 그렇다면 정형화된 선은 사회의 기성 통념에 따라 형성된 사회질서라고 바꿔 말할 수 있다.

여기서 이탁오가 말하려는 바는 최고선이란 서시의 찡그린 모습이나 감단의 걷는 모습처럼 어떤 정형화된 것이 아니라는 뜻이다. 그처럼 형식화된 틀에 자신을 집어넣는 것이 아니다. 정형화된 질서 형식, 즉 선으로서의 최고의 질서 형태(최고선)가 있는 것이 아니다. 바꿔 말한다면, 공자의 행위를 그대로 따라 행하고, 그의 말을 통째로 암기하여 매사에 적용해 행하는 것은 최고선이 아니다. 최고의 사회에 도달하는 유일한 도라고 하면서, 교조화하고 권위화하며 나도 그것을 따라 실천하고, 남에게도 강요하는 간단한 것이 아니라는 뜻이다.

공자는 결코 정형화, 교조화되고 권위화된 어떤 흔적이 아니다. 이탁오가 '무선'이라고 한 것은 그러한 의미에서는 무적無跡이기도 하다. 뒤를 따라가면서 밟아야 하는 흔적이 아닌 이상, 그것은 밟으려 해도 밟을 수가 없다. 그렇다면 사람은 스스로의 발로 지금까지 누구도 밟지 않았던 미답의 땅을 밟아나가야 한다. 스스로의 판단으로 가야 할 방향을 정하고, 모색과 시행을 하나하나 쌓아가야 한다. 진실로 현실 인간의 욕구에 근거한 사회질서 관계를 만들어나갈 수밖에 없다.

그럴 수밖에 없음에도 사람들은 공자의 언행 하나하나를 '흔적'으로 정형화한다. 우리 모두가 각자 서시의 찡그린 얼굴을 모방하고 감단의 걸음걸이를 모방하여 추종한다. 그 결과 슬프게도 추한 모습 위에 다시 추한 모습을 더하며, 형식만 남고 가치는 사라진 기성 질서에 의해 포위되어 있다. 그리고 자신의 걸음걸이조차 잊어버렸다. 이탁오는 이렇게 말하고 있는 것이다.

공자에 대해서 그는 다른 곳에서 이렇게 말했다.

하늘이 어떤 한 사람을 낳은 이상, 그에게는 그 사람 고유의 쓸모가 있다. 공자에게 배워서 자신의 부족한 것을 채워넣는 것이 반드시 사람답게 되는 일의 필수 요건은 아니다. 만약 그렇다면 아주 옛날, 공자가 아직 존재하지 않았을 때 사람들은 모두 사람답지 못했다는 것인가? (…) 원래 공자는 다른 사람에게 자신을 배우라고 가르친 적이 없다. 만약 공자가 사람들에게 그렇게 가르쳤다면, 어째서 안회顏回가 인仁에 대해서 물었을 때, '인을 행하는 것은 자신에게서 비롯되는 것이지, 남에게서 비롯되는 것이 아니다'라고 답했을까?

그러면 그는 공자 등을 문제시하지 말라고 주장하는 것일까? 그렇지는 않다. 그는 예를 들면, 공자가 "부귀를 뜬구름처럼 간주하고, 한결같이 3070인의 제자와 사방을 유람하며, 서쪽으로는 진나라에 도달하고, 남쪽으로는 초나라까지 갔다. 그러면서 밤낮으로 분주하게 속세를 초월한 지기知己를 찾았다"고 했다. 또 "천하를 집으로 삼아 자신의 집을 갖지 않고, 현자와 사귀는 것을 사명으로 삼아 농사나 다른 일에는 관심을 갖지 않았다"고 했으며, "평생토록 부인과 자식 등 가족의 곁을 떠나, 더러운 길거리에서 빈궁과 기아의 생활을 했지만 후회는 하지 않았다"는 등 공경과 사랑의 마음을 담아 칭송했다. 특히 공자가 "속세를 초월한 지기를 찾았다"는 것에 대해서는 공감을 표했다.

그리고 그는 "공자는 자기보다 훌륭한 친구를 찾아, 그에게 도를 전하기를 원했다"고 하고, "사람을 얻기 힘들어 고통스러워했으며 (…) 그것을 70제자 가운데서 얻지 못하면, 3000의 무리 가운데서 찾고, 3000의 무리에서도 얻지 못하면, 어쩔 수 없이 사방을 주유하여 그것을 찾았다"고 했다. 이와 유사한 발언이 적지 않다. 속세를 벗어난 지기란 속세에 매몰되지 않고 오히려 그것을 초월하여 높은 곳에서 사는 이를 말한다. 70제자란 안회를 비롯하여 자로子路, 자공子貢, 증삼曾參, 중궁仲弓 등 유명한 72제자를 일컫는다.

3000의 무리란, 전국의 공자 제자 총수가 3000명이었다고 하여 이렇게 말한 것이다. 이탁오는 공자가 '3070인의 제자와 사방을 유람하며'라고 했는데, 물론 모든 제자를 한꺼번에 데리고 다니진 않았다. 단지 이 제자 저 제자 등 여러 제자를 많이 데리고 다녔다는 것을 뜻한다. 사실 3000명이라는 수 자체는 '많다'는 것을 나타내는 중국적인 표현이다. 예를 들면 '백발白髮이 삼천장三千 丈'이라는 표현도 그런 뜻이다.

그거야 어찌됐든, 이렇게 보면 이탁오의 진의도 분명해진다. 그는 공자가 남긴 말이나 업적을 '흔적' 혹은 '자취'라는 의미의 '적跡'으로 표현하여 서시의 찡그린 얼굴을 모방하고 감단의 걸음걸이를 배우는 것을 거부했다. 다른 한편 공자의 실질적인 업적에 대해서는 어디까지나 배워야 한다고 생각하고 있었다. 실질적인 업적이라 함은 공자가 자기 집안이나 자기 한 몸을 버리고 구도를 나선 그 정신을 말한다. 바꿔 말하면 바람직한, 참다운 사회질서를 구하기 위해 고생했던 창조적인 행위를 일컫는다.

"공자는 흔적이 아닌가?"라는, 앞서 소개한 말에는 약간의 뉘앙스가 포함되어 있는 것 같다. 사람들은 공자의 사상을 서시의 찌푸린 얼굴이나 감단의 멋진 걸음걸이와 같은 부류의 흔적 혹은 업적跡과 같은 것으로 삼고 있다. 그러한 의미에서 "흔적이 아닌가?"라고 한 것이다. 동시에 공자는 끊임없는 구도의 길을 사람들에게 보여주고 있다. 그러한 의미에서도 "흔적이 아닌가?"라고 한 것으로, 이중의 의미가 포함되어 있다.

하지만 후자의 흔적은 다른 말로 한다면 '무적無跡'의 흔적이기도 하다. 즉, 밟으려 해도 밟을 수 없다는, 말하자면 흔적 없는 흔적인 것이다. 왜냐하면 그것은 언어나 물질의 흔적이 아니고 무형의 정신이기 때문이다. 도道, 즉 바람직한 미래를 향해서 나아가는, 겉모습은 상관하지 않는 회구의 정신을 배우려는 것이다. 그래서 '천하를 집으로 삼으'라고 했다. 가족과 함께 평안한 나날을 보내는 것이 아니라, 사방을 유람하면서 혹은 자신을 알아주는 친구 옆에 거처하면서, 천하의 이곳저곳을 그날의 집으로 삼아 도를 찾아다니는 것이다.

이것은 편안한 선택이 아니다. 하지만 이탁오는 감히 그러한 도를 따르려 한다. 그리고 사실 그는 그렇게 했다.

이탁오가 말년에 쓴 「예약豫約」이라는 글이 있다. 쇼인도 그
것을 베껴 써두었다. 쇼인 나름대로 아마 느끼는 바가 있었을 것
이다. 그 글은 이탁오가 70세를 넘긴 뒤에 썼다. 그는 당시 호북성
마성麻城의 용호龍湖 부근의 유마암維摩庵이라는 암자에 있었다. 그
암자는 만년의 지기 중 한 사람인 주우산周友山이 기부한 것이었
다. 이탁오는 그곳에서 암자를 운영하면서 제자 승려들과 함께 생
활하고 있었다.

그는 당시 자신이 이미 노령에 접어들었음을 자각하고, 언제
죽을지 모르는 상황에서 자기가 죽은 뒤에도 지켜야 할 것 등을 승
려들에게 '미리 약속해둔다'는 뜻에서 「예약」을 써서 남겨두었다.

이를테면 아침저녁으로 지켜야 할 규칙과 생활의 지침 등이
었다. 그것을 정리하면서 그는 문득 자신이 당시까지 살아온 생활
사정이나 평생 느꼈던 심정 등을 함께 써두었다. 그래서 「예약」은
다소 자기 고백적인 성격을 띠게 되었다. 꽤 긴 대목 중 일부를 개
략적으로나마 소개해둔다.

"나는 가족을 고향으로 보내고, 여기에 혼자 남아서 머리를 깎
고 중이 되었다. 바로 그때 나는 죽은 것이다. 이미 가족들에
게도 나를 죽은 사람으로 취급해달라고 말했다. 그래서 나는
지금까지 심부름꾼 한 명도 집에 보내본 적이 없다. 죽은 사람
이 집을 돌볼 필요가 없다고 생각하기 때문이다. (…) 그런데도
사위인 장순보莊純甫는 내 생각을 살피지 않고 여전히 세속적

인 애정과 관습으로 대하여, 벌써 세 번이나 이곳을 다녀갔다. 고향의 가족들도 가난하여 궁핍하기 때문에, 그가 이곳에 올 때는 다른 사람에게 노잣돈을 빌리고 자기 대신 일해줄 사람도 구해야 한다. 그리고 40일 이상이나 걸려 이곳에 온다. 이곳에 오면 한 달 정도는 돌아갈 생각을 하지 않는다. 그리고 또 40일 이상 걸려 고향으로 돌아간다. (…) 그래서 나는 그가 여기에 올 때마다 기분이 언짢은 표정을 하곤 한다. 그렇게 하는 것은 그가 두번 다시 이곳에 오지 않기를 바라기 때문이다."

"주우산이 나를 존경하는 것은 내가 어느 정도는 자신의 다리로 설 수 있는 인간이기 때문이다. 내가 집에도 돌아가지 않고, 다른 데도 가지 않는 것은 그가 나를 알아주기 때문이다. 나는 어려서부터 다른 사람들과 잘 어울리지 않았고, 나를 알아주는 지기도 적다. (…) 나를 깊이 알아주는 사람으로 주우산 이상 가는 사람은 없다. 그러므로 나는 집에도 가지 않고 또 달리 친구를 찾으러 어딘가 가려고도 하지 않는다. (…) 게다가 주우산은 나를 알아줄 뿐만 아니라 나를 아주 중요하게 생각해준다. 원래 지식인은 자신을 알아주는 사람을 위해서 죽는다. 왜 그런가? 그것은 나를 알아주는 사람을 좀처럼 만나기 힘들기 때문이다."

"여러분은 입을 열면 이렇게 말한다. '출가를 하면 부처다. 그렇게 하면 재가在家 불자들을 뛰어넘는다.' 나도 출가한 사람이지만, 어디에 사람들을 뛰어넘는 점이 있겠는가? 어쩔 수 없이 이렇게 되었을 뿐이다. 출가가 좋은 것이기 때문에 출가한 것이 아니다. 또 출가하지 않으면 수행을 할 수 없다고 생각해서 출가한 것도 아니다. 집에서 수행하는 것이 적합하지 않아서 이렇게 출가한 것도 아니다."

"다만 내가 평소에 다른 사람의 속박을 받는 것을 좋아하지 않았다. 원래 사람은 이 세상에 태어나자마자 속박을 받기 시작한다. 어렸을 때는 말할 필요도 없고, 선생님에게 글을 배우러 학교에 다닐 때도 마찬가지다. 자라난 뒤, 더 높은 수준의 학교에 진학하더라도 선생님이나 지도자들의 속박을 받는다. 관직에 나가도 관리로서 속박을 받는다. 관직을 버리고 고향으로 돌아가더라도, 이번에는 그 지방 관료들과의 관계에 묶인다. 오는 사람들을 환영한다든지 가는 사람을 환송한다든지 혹은 술자리 준비부터 축하 인사까지……."

"그래서 이리저리 생각한 끝에 '유우객자流寓客子'라는 네 글자를 떠올려 그것으로 대응하기로 한 것이다. (…) 하지만 이미 '유우'라고 쓴 뒤에 또 '객자'라는 단어를 덧붙인 것은 쓸모없는 혹이 아닌가?"

"생각해보면 '유우', 즉 떠돌아다니다가 머무는 임시 거처라고 하더라도, 집을 짓고 그곳에 살거나 혹은 그 땅을 경작하여 수확에 의존하거나 한다면 싫든 좋든 그 토지와의 관계에 묶이지 않을 수 없다. 그래서 함께 객자(손님)라는 단어를 붙인 것이다. 그럼으로써 그곳이 여행 과정에서 임시로 머무는 거처이지 영원히 살아갈 거처가 아님을 나타내려 한 것이다."

"그래서 네 글자를 함께 쓴 것이다. 그 결과 손님이고자 한 의도와 속박을 받고 싶지 않은 심정은 누구의 눈에도 분명해졌다. 하지만 그것도 결국은 점점 더 깊어지는 삭발, 출가의 마음에는 도저히 미치지 못했다."

"아아, 내가 삭발하게 된 것은 이렇게 저렇게 별생각을 다 해보다가 결국 칼을 들어 머리에 댄 것이다. 어떤 친구는 나의 삭발을 보고 몹시 슬퍼했다. 그의 어머니로부터 '삭발 이야기를 듣고 밥이 목구멍으로 넘어가지 않는다. 제발 어떻게든 그런 생각을 거두기를 부탁한다'는 말씀도 전해 들었다. 아아, 나의 삭발이 어찌 쉬운 일이었겠는가? 나는 다만 세상과의 관계에 묶이고 싶지 않다는 생각 하나로 삭발한 것이다. 그것이 어찌 쉬운 일이겠는가? 붓이 여기에 도달하자 나도 모르게 코끝이 시리다. 여러분은 부디 삭발을 좋은 일로 여기거나, 사람들이 주는 보시普施를 쉽게 받거나 하지 말도록 부탁한다."

일부라고 하기에는 다소 긴 인용문이었다. 이 글은 매우 길 뿐 아니라, 일흔 살 먹은 사람이 쓴 문장치고는 그리 고리타분하지도 않다. 심정을 토로한 부분은 몹시 솔직하다는 느낌을 주기도 한다.

일흔이 되어서도 토로해야 할 심정을 가슴 가득 담고 있을 수밖에 없었던 사정은 참으로 애처롭게 보인다. 읽어가면서 그런 느낌이 들었다. 일흔의 나이에는 일흔 먹은 사람의 온기와 편안함이 있어야 하지 않을까? 그런데 그는 왜 이렇게까지, 옹고집이라고 생각될 정도로 자신과 세상의 인연을 단절시키지 않으면 안 되었을까?

그는 삭발을 하고, 가족으로부터는 이미 죽은 사람 취급을 받고 또 세상으로부터도 그렇게 떠나고자 했다. 사람들 사이의 관계, 예를 들면 친족관계나 사회적인 관계에서 생겨나는 여러 관습이나 교제의 번잡함에서도 벗어나고자 했다. 그렇게까지 해서 그가 이루고 싶었던 일은 무엇이었을까?

그는 자신을 알아주는 사람을 위해 죽겠다고 했다. 자신을 알아주는 사람, 즉 주우산 한 명을 위해 그렇게까지 한 것일까?

꼭 그렇지만은 않다.

「예약」을 쓰기 1년 전쯤에 그는 어떤 친구에게 이렇게 편지를 썼다.

내 나이도 고희古稀에 가깝다. 그런데도 홀로 이렇게 계속 떠돌아다니는 것은 단지 죽을 때가 다 되어서 (…) 도를 배우고자 하는 내 생각을 더욱더 막다른 곳으로 몰아가기 위해서다. (…) 도를 배우려고 한 이상, 먼저 깨달은 사람에게 배움을 청하지 않을 수 없다. 그렇게 하려면 사방을 떠돌아다니지 않을 수 없다. 사방을 떠돌아다니면 외로움과 고통을 맛보지 않을 수 없다. (…) 내가 가족의 보살핌을 싫어하고 혼자서 고통을 감내하고 있는 것은 아니다. 내 마음속에 있는 도에 대한 갈망이 매일매일 쌓여서 외로움과 고통을 감내하는 것이다.

그가 말한 '지기'란 그 자신이 도를 배우려는 염원을 이해해주고, 그것을 스스로의 염원으로 삼으며, 도를 배우려는 갈망을 공유하는 사람이다. 그는 또 다른 이에게 보낸 편지에서 이렇게도 말했다.

나보다 더 훌륭한 친구 또 진실로 나를 알아줄 수 있는 친구가 있다면, 그곳이 내가 죽을 장소다.

'지기'는 문자 그대로 자신을 알아주는 사람인데, 이탁오가 말한 '자신'은 일상생활에 파묻혀 사는 하찮은 자신을 말하는 것이 아니다. 하찮은 세상살이의 관계 속에서 다른 사람들이 자신을 알아주지 않으면 짜증 내고 투정 부리는 노인이 아니라는 것이다.

앞서 그가 "공자는 자신보다 훌륭한 친구를 찾아, 그에게 도를 전해주려고 했다"고 한 구절을 상기할 필요가 있다. 이탁오는 앞의 문장에 이어서 "나 자신보다 훌륭한 친구를 찾는 것은 도를 분명히 알고 싶기 때문이다"라고 말했다. 그러므로 그에게 지기를 찾는 일은 자기보다 훌륭한 사람을 찾는 일이기도 했다.

'승기勝己' 즉 자신을 이기는, 자신보다 훌륭한 친구란 구체적으로 어떤 사람일까? 이는 일반적으로 능력이나 식견이 우월한 사람을 말하지 않는다. 도를 분명히 밝히고자 하는 일념이 나보다 강하고 훌륭한 사람 그리고 도달하려는 경지를 나보다 더 높은 곳에 둔 사람, 나아가 그러한 것으로 자신을 채찍질해줄 힘 있는 사람을 말한다. 그런 사람은 또 세상에 굴복하지 않고 도전해나가려는 이탁오 자신에 대해서, 더욱더 앞으로 나아가도록 자극하는 사람이다. 미래를 개척하면서 계속 앞으로 나아가며, 그럼으로써 이탁오 자신을 압도하고, 그렇게 압도함으로써 자신이 도를 밝히려는 생각을 더욱더 분발하게 만드는 사람을 말한다. 그리고 도를 향한 열정이나 깊이에 있어서 서로가 인정하고, 존경하며 중시해줄 수 있고, 그러한 차원에서 공감과 이해를 공유할 수 있는 사람을 말한다.

이탁오가 주우산이 '또 나를 몹시 소중하게 여겨준다'고 말한 것은 그저 정중하게 자신을 존경해준다는 뜻이 아니다. '도'에 대해서 그가 자신보다 훌륭한 지기임을 말한 것이라 할 수 있다. 단지 정중하게 존경받고 싶다면, 사위인 장순보를 불러 자신을 모시게 하면 된다. 그럴 것이라면 삭발하고 출가할 필요도 전혀 없었다.

도를 분명히 밝히고자 하는 갈망이 이렇게 자신보다 훌륭한 지기를 찾는 것과 표리관계라는 점에서, 나는 중국인의 도에 대한 전통, 즉 중국에서의 도통을 느낄 수 있다. 이탁오는 공자에 대해 '도를 전한傳道' 사람이라고 했는데, 자기 자신에 대해서는 '도를 밝히고자證道 하는 사람이라고 했다. 전자는 자신보다 훌륭한 친구에게 도를 전했고, 후자는 자신보다 훌륭한 친구와 함께 도를 밝히고자 한다고 했다.

그런데 이탁오는 전자에 대해서는 "소위 지혜가 스승을 넘어서야 비로소 전수해나갈 수 있을 것이다"라고 설명했다. 후자에 대해서는 "세 번이나 동산洞山에게 갔고, 아홉 번이나 투자投子에게 갔는데, 이것을 말한다"고 보충 설명을 했다.

전자는 당나라 선승禪僧인 백장회해百丈懷海가 황벽희운黃蘗希運에게 "보라, 스승과 같아서는 스승의 반밖에 못 한다. 스승을 넘어서야 비로소 도를 전수할 수 있다"고 했다. 제자의 견식이 스승과 같은 정도라면 스승의 덕을 반으로 줄이는 것이며, 견식이 스승을 뛰어넘어야 비로소 도를 전수할 정도가 된다는 뜻이다. 이탁오는 이러한 말을 염두에 두고 전자에 대해서 설명했다. 이탁오의 설명에는 마조馬祖-백장百丈-황벽黃蘗-임제臨濟로 이어지는 법통의 계승 사이에 존재하는, 전하는 자와 계승하는 자 사이의 긴장관계가 엿보인다. 이탁오는 자기보다 훌륭한 친구에게 도를 전한다는 전통을 선종 시조들의 법통 전승에 가탁한 셈이다.

후자의 경우는 이탁오가 인용을 잘못한 것이다. "세 번이나 투자에게 가고, 아홉 번이나 동산에게 갔다"고 해야 정확하다. 설봉의존雪峰義存(822~908)이 투자대동投子大同(819~914)이 있는 곳에 세 차례 갔으며, 동산양개洞山良价가 있는 곳에는 아홉 차례나 가서 선문설법禪門說法의 깨우침에 도전한다는 고사에서 나온 말이다. 투자대동은 안후이성安徽省 투자산投子山에 주지로 있던 대동선사大同禪師를 말한다. 동산양개는 장시성江西省 동산洞山에 주지로 있던 양개선사良价禪師를 말한다. 또 설봉의존은 복건성 설봉산雪峰에서 주지를 하고 있던 의존선사義存禪師를 말한다. 명산의 이름이 그대로 사람 이름으로 쓰인 것이다.

동산양개는 그로부터 법통을 이어받은 제자 조산본적曹山本寂과 함께 조동종曹洞宗의 개조로 칭송되고 있다. 설봉은 바로 이 동산양개가 있는 동산을 아홉 차례나 올랐다는데, 그는 동산 아래서 밥 짓는 일을 담당하고 있었다. 당시의 유명한 일화로 다음과 같은 것이 전해져온다.

어느 날 설봉이 쌀과 모래를 골라 나누고 있었다. 동산이 "무엇을 하고 있는가?"라고 물었다. 설봉은 "쌀을 골라 나누고 있습니다"라고 했다. 그랬더니 동산이 다시 이렇게 물었다.

"모래를 골라내서 쌀과 나누고 있는가, 아니면 쌀을 골라내서 모래와 나누고 있는 것인가?"

"한 번에 양쪽 다입니다."

"그럼 승려들은 어느 쪽을 먹는 것인가?"

설봉은 이러한 질문에 대답은 하지 않고 쌀을 담은 그릇을 땅에 내던져버렸다. 그러자 동산은 "자네의 인연은 덕산德山에 있다. 덕산 쪽으로 가라"고 했다. 즉 호남성 덕산에서 주지를 하고 있던 덕산선감德山宣鑑에게 가서 수업을 받으라고 권한 것이다. 이 에피소드는 '동산에서 쌀 씻는 이야기' 혹은 '설봉이 그릇을 엎은 이야기' 등으로 전해지는 공안公案이다.

이러한 이야기는 여러 가지로 해석되는데, 여기서는 쌀을 보살, 모래를 번뇌로 해석한다. 번뇌를 제거함으로써 보리菩提 즉 깨달음을 얻을 것인가, 아니면 깨달음을 얻음으로써 번뇌를 제거할 것인가 하는 질문으로 이해하기로 한다.

그렇다면, 예를 들어 『유마경維摩經』에서는 '번뇌는 즉 깨달음'이라고 했다. 대승의 입장에서 이것은 선禪의 입장이기도 하지만, 번뇌가 있기 때문에 깨달음이 있다 또는 번뇌 속에 깨달음이 있다고 해석한다. 혹은 번뇌와 깨달음은 뿌리가 같다고 해석한다. 설봉은 "한 번에 양쪽 다입니다"라고 했는데 이는 두 가지가 각기 다른 것으로 차별화될 수 없음을 뜻한 것으로 볼 수 있다.

그러나 동산은 이 대답에 대해 "어느 쪽을 먹는 것인가?"라고 하여, 어느 쪽이 인간에게는 좀더 본질적인가를 물었다. 이러한 재질문에 설봉은 관념적인 분별이나 집착을 버리고 자유스럽고 거침없는 경지로 들어가야 한다며 쌀그릇을 내던졌다. 동산이 설봉의 성격이 매우 격한 것을 보고 부드러우며 포용력 있다고 알려진 덕산으로 가보도록 권유한 것이다.

이야기가 다소 옆으로 흘렀는데, 이탁오는 자신보다 훌륭한 친구와 도를 밝히고자 하는 것을 설봉이 투자나 동산에 올라간 일에 비유했다. 이는 그들이 수도를 하면서 겪은 극심한 충돌을 염두에 둔 것임은 더 말할 필요가 없다.

선종에서 법통의 계승에 보이는 이러한 살기등등한 갈등이

유교에는 잘 보이지 않는다. 하지만 선종은 선종 나름대로, 유교는 유교 나름대로 각각 그 도통을 면면히 계승하고 있다. 물론 각 종교가 가지고 있는 도道의 내용은 다르다. 하지만 도를 1000년 이상이나 계승했다는 점은, 선종과 유교의 차이를 넘어서 주목할 만하다. 거기서 중국 사상계의 한 특징을 찾아볼 수도 있을 것이다. 물론 계승은 앞에 등장한 사상의 어딘가를 부정하거나 혹은 넘어서서 이뤄진다. 이 점은 선종도 마찬가지다.

이렇게 '도'가 1000년 이상이나 오랜 기간에 걸쳐 계승되는데, 이탁오에게는 그것이 '전도傳道(도를 전함)'나 '증도證道(도를 밝힘)'로 이해되고 또 자기 자신보다 훌륭한 '지기'와 연결되는 이유라고 할 수 있다. 왜냐하면 계승은 끊임없이 앞사람을 뛰어넘는 형태로 이뤄지는 것이기 때문이다.

보라, 스승을 넘어서야 비로소 도를 전수할 수 있다.

스승 쪽에서 본다면, 자신을 넘어선 이야말로 계승자로 삼을 수 있다. 제자 쪽에서 본다면 스승을 넘어서지 않으면 계승한 것이 될 수 없다. 이러한 모습을 언어로 표현한다면 '멋진' 일이라고 할 수 있으나, 당사자의 내면에 들어가 상황을 살펴본다면 실은 각자 자신의 존재를 걸고 벌이는 사투가 아닐 수 없다.

스승은 역량을 총동원하여 상대방을 압도함으로써 무너뜨리려고 한다. 그것으로 상대의 기가 꺾이고 무너진다면 거기서 끝이다. 그렇지 않고 상대가 맞선다면 정면으로 대결한다. 스승 쪽도 지지 않고 모든 기법을 구사하며, 또 새로운 기법도 고안해내 상대를 제압하고 넘어뜨려 자기 밑에 깔고 누른다. 그래도 상대방이 여전히 대항해온다면, 다시 넘어뜨려 깔고 누른다. 제자는 이렇게 해보고 저렇게 해보지만 도저히 스승에게 미치지 못한다. 하지만 그중 하나 정도는 스승에게 없는 자기만의 독자적인 장기를 언뜻 발휘하기 시작한다. 그것을 집중적으로 연마하고, 또 지금까지 배운 스승의 기법을 조합하여 새로운 기법의 체계를 엮어나간다. 그때 스승은 자신의 세계가 종언을 고하고 새롭게 태어나고 있다는 것을 알게 된다. 그것이 바로 '전수'다.

그것은 스승으로서는 종언이라고 할 수 있다. 하지만 스승 개인의 종언이 아니다. 스승에게 주어진 역사적 사명이 종언을 고한 것이다. 이는 동시에 다음 시대의 개막이기도 하다. 그러한 개막은 지금까지 성취한 성과 위에 비로소 존재한다. 그렇다면 성취는 또 다른 의미에서 재생이기도 하다.

그렇다 하더라도 "보라, 스승을 넘어서야……"라며 스승의 입장인 백장이 말했다는 점은 대단히 감탄스럽다. 백장은 황벽이 자신의 스승 마조馬祖의 법통을 계승하기에 충분하다고 인정한 것일까? 그렇게 인정했다 함은 그 시점에 자기 자신을 부정했다는 것을 의미한다.

상대에게 자신을 무너뜨린 뒤 버리고 가라는 것과 같다. 하지만 황벽의 입장에서는 간단히 무너뜨리고 버리고 갈 정도의 것이라면, 일부러 부수거나 버릴 필요까지는 없을 것이다. 백장으로서도 자신을 부수고 버리고 가라고 하면서 그렇게 할 수 있을 만한 무엇이 없어서는 안 된다. 그렇다면 부수고, 버리고 가라고 말하는 것은 사실은 부술 수 있으면 부숴봐라, 버릴 수 있으면 버려보거라라는 의미가 된다. 말하자면 그것은 거만한 도발이다. 그 위에 상대가 자신을 부수고 떠날 가능성을 예견한다. 그러한 예견을 하기 때문에 도발하고 싸움도 하는 것이다. 그럼에도 그것이 싸움인 이상 자신도 사력을 다해서 최후의 최후까지 맞붙어나가지 않으면 안 된다. 그러한 기백을 백장에게서 느낀다. 법통을 전하는 자의 사명감이, 자기 자신을 버린 사심 없는 사명감이 그러한 기백을 낳은 것일까?

이탁오는 도를 전하는 것이 아니라 도를 분명히 밝히고 싶다고 했는데, 이를 위해 자신보다 훌륭한 친구를 찾아 삭발하고 출가했다. 그리고 속세와의 인연을 끊고자 했는데 이처럼 '어찌할 수 없는 사정'을 조금은 알 것만 같다.

그에게는 '도'에 대해서 그리고 '진실'에 대해서 어찌할 수 없는 갈망이 있었다. 그것이 그를 자극하고 충동했다. 아마도 그것이, 본인은 자각하지 못했을지라도, 객관적으로는 그에게 부과된 역사적 사명이었으리라. 이 사명에 충실했던 것이 그가 사심 없이 자신을 버리도록 했을 것이다.

도를 밝힌다는 것은 도를 전하는 경우보다 오히려 더 힘들고 곤란할 것 같다. 도를 전하는 일도 실은 항상 새롭게 도를 밝히는 것을 내용으로 삼기 때문에 같은 일이라면 같은 일이라고 할 수 있다. 하지만 구태여 구분하자면 도를 전하는 것이 스승의 입장인 반면, 도를 밝히는 것은 이를 계승하는 자의 입장이라는 차이가 있다.

이미 반복해서 설명했듯이, 도를 전할 때는 전하기에 충분한 내용이 있지 않으면 안 된다. 도를 계승하려면 또 자신이 밝힌 도의 내용이 거기에 추가되지 않으면 안 된다. 그런 의미에서 도를 전하는 일은 도를 밝혀온 궤적이 된다. 굳이 말하자면, 도를 밝히는 것은 계승하는 사람에게 특히 요청되는 일이다.

이탁오에 대해서 말한다면 그의 앞에 있었던 사람은 왕양명 王陽明이다. 그를 계승한 사람은 왕용계王龍溪다. 우리처럼 사상사를 연구하는 이의 눈으로 본다면 이탁오는 왕용계를 훌륭하게 계승한 사람이다. 그럼으로써 왕양명의 학문을 명말 시기에 재생시켰다.

하지만 이탁오의 주관에 입각하여 말한다면, 앞사람을 따라갈 수 없으며 밟고 지나갈 길도 없는 소위 '심행로절心行路絶(마음으로 이해할 수 있는 길이 끊김)'의 상황이었다. '심행로절'이란 역시 선종의 언어로 이탁오도 이 단어로 자신의 마음 상태를 표현했다. 즉 계승해야 할 어떤 것이 없다고 생각한 것이다. 거꾸로 말한다면 이탁오가 '심행로절'의 길을 걸었기 때문에 계승할 만한 정도의 깨달음을 왕용계 이후에, 즉 왕용계를 넘어서서 얻은 것이다. 하지만 당사자인 이탁오의 자각으로는 최후까지 자기 앞이 완전히 캄캄했을 것이다. 아마도 자신에게는 방황의 자각밖에는 없었을 것이다.

그렇기 때문에 방황으로부터 자신을 구원해줄지도 모르는 '승기勝己'의 지기를 찾은 것이다. 그러한 기분은 점점 더 절실했으리라 생각된다. 설봉이 투자에게 찾고자 했으며, 동산에서 찾고자 했고 또 덕산에서 찾고자 한 것과 같다.

여기까지 설명하고, 잠시 중국 유가의 전통에 대해 약간 언급해두기로 한다.

'전도'나 '증도'라는 개념은 그러한 전통이 없는 일본에서는 이해하기 힘든 것이다. 유럽의 그리스도교 세계에서는 '신神'이 항상 문제시되었는데, 중국에서는 '도道'가 항상 문제시되었다. 이 '도'를 송대 이후에는 '이理'나 '천리天理'라고 불렀다.

그리고 중세 기독교 세계의 '신'은 교회 권력과 연결되어 사회의 질서 형태를 지배했다. 마찬가지로 중국에서는 '도'가 사회의 질서 관념으로서 사람들이 취해야 할 행동을 규정하고 있었다. 그러한 '도'에는 인간이란 무엇인가 하는 인간 본질에 대한 추구도 포함되어 있다.

하지만 시대와 함께 사회가 변화한다면 사람들은 당연히 새로운 질서 관념, 가령 인간관이나 사회관을 찾기 때문에, '도'는 역사의 진전과 함께 부단히 변혁을 요청받는다. 변혁을 이루어낸 새로운 사상이 새로운 '도'로서 새로운 시대에 등장하게 된다. 그러한 임무를 완수한 선구자는 많건 적건 동시대인들로부터는 이단 시되는 것이 일반적이다. 예컨대 주자는 앞 시대에 활약했던 정자程子 등을 계승하면서 나아가 자기 앞에 놓인 길을 개척하여 새롭게 '도'를 밝혀냈다. 그럼으로써 일시적이긴 하지만 이단시되고 박해를 받기도 했다. 왕양명도 주자학을 계승하면서 이를 크게 변혁함으로써 역시 일시적으로는 탄핵을 받고, 쓰라린 비난의 표적이 되기도 했다.

도통이란 결국 '도'에서의 자기 혁신의 궤적이었다. 그것은 우리가 가지고 있는 중국 유교의 이미지, 즉 면면히 2000년에 걸쳐서 공맹의 가르침이 변함없이 보존되고 지켜진다는 이미지와는 크게 다르다. 『논어』나 『맹자』를 포함하여 사서오경은 계속해서 경전으로 읽혀온 것이 아닌가 하고 물을지도 모른다. 하지만 계속 읽혀왔다는 것과 어떻게 읽혀왔는가는 서로 다른 문제다. 사실은 읽히는 방법, 즉 경전에 대한 해석은 시대와 함께 많은 변천을 거듭해왔다. 새로운 시대에 어울리는 새로운 사조가 새로운 해석의 형태로 변해온 것이다.

그러한 도통 가운데 앞서 소개한 이탁오의 '증도證道', 즉 도를 밝히고자 하는 갈망 그리고 자신보다 훌륭한 친구를 구하고자 하는 갈망은 명말이라는 시대가 그 정도로 쉽지 않은 변혁기였음을 나타낸다. 나아가 이탁오가 변혁의 태동을 아주 예민하게 느끼고 있었으며 새로 태어나려는 시대의 생명을 누구보다 진지하게 추구하고 있었음을 보여준다.

일본에는 그러한 도통이라는 게 없다. 그렇기 때문에 일본인이 중국의 현상을 이해하기란 쉽지 않다. 유럽에서는 루터와 칼뱅이 극심한 박해를 받으면서도 '신학'의 전통 안에서, 신학으로부터 이탈하지 않고 그것을 개혁하기 위해 대항했다. 그러한 기독교 세계의 전통으로부터 유추해본다면 다소 이해가 될지도 모르겠다.

일본에서는, 에도시대에 대해서 말해보자면, 주자학에 문제가 있으면 고학古學으로, 고학이 싫으면 국학國學으로, 국학이 지겨워지면 심학心學으로 등등 그릇 자체를 바꿔가면서 변모했다. 하나의 그릇이 끝도 없이 계속되는 도통 안에서는 변혁이 필요 없다. 따라서 소위 이단의 문제도 일어나지 않는다. 참고로 말해보자면 일본에서의 변혁은 그 때문에 이탁오와 같은 사상활동으로 나타나기보다는 쇼인에게서처럼 구체적인 정치 행동으로 나타나는 것이 통례다. 양국의 역사에 보이는 이러한 차이는 결코 작은 것이 아니다.

이 차이는 당연히 이탁오와 쇼인이 주장하는 각각의 '도'의 차이로 나타난다. 그렇다면 우리는 두 사람의 유사점과 함께, 각자가 보여주는 차이점에도 주목할 필요가 있다. 이 점을 인정하면서 다음 장으로 넘어가보자.

5.
지기를 찾아서 2:
나를 알아주는 주군

다시 쇼인의 이야기로 화제를 돌린다.

사실은 앞 장에서 '지기'를 둘러싸고 이것저것 소개한 것은 다음과 같은 쇼인의 문장에서 촉발되었다.

『분서』라는 책 속에 조공曹公 관련 시 2수가 있는데 하나는 정의丁儀의 것이고 다른 하나는 진림陳琳의 것이다. 별 쓸모없는 문장이지만 '지기'라는 두 글자에 감동했다. 그래서 나는 울면서 이것을 베껴 쓴다.

1859년 3월 20일자 기록이다. 스기조 앞으로 보낸 편지의 한 구절인데, 쇼인은 여기서 『분서』 제5권에 나오는 「조공 시 2수」를 베껴 쓰면서 '지기'라는 두 글자에 감동받아 울었다고 한다. 조공 시 2수 중 앞의 시는 정의와 관련된 것이고, 뒤의 시는 진림과 관련된 것이다. 각자에게 조공 즉 위나라의 조조가 자신을 알아주는 '지기'였다는 것을 묘사한 시다. 이러한 시의 이야기가 "쓸모없다"고 쇼인은 말했으나, 더 확실히 하기 위해 시 한 수의 이야기만 소개해두기로 한다.

조조는 정의에 대한 인물 평판을 듣고, 그에게 사랑하는 자기 딸을 시집보내려고 생각했다. 하지만 "정의는 얼굴이 예쁜 여자만 좋아하는 사람이라고 합니다. 그런데 그는 한쪽 눈이 망가져서 찌그러져 있기 때문에, 아마도 따님은 좋아하지 않을 겁니다"라는 의견을 듣고 자기 생각을 접었다.

뒤에 정의와 처음으로 만날 기회가 있었다. 대좌하여 이야기하면서 갑자기 일어서서 "대단한 사람이다. 눈 두 쪽이 다 보이지 않는 맹인이라도 딸을 이 사람에게 시집보내야 했다. 하물며 한쪽 눈이 아닌가?"라고 외쳤다. 이러한 에피소드를 기록한 뒤 이탁오는 다음과 같이 평했다.

조조는 정의의 재능을 사랑하여 그의 눈이 한쪽만 있다는 것을 잊었다. 그의 재능을 사랑하여 딸을 향한 사랑도 잊었다. 그의 재능을 사랑하여 딸을 사랑하지 않는 것도 잊었다. (…) 사람들은 한쪽 눈만 있는 것을 결점이라고 생각하지만, 정의는 그것으로 특이한 견해를 자기 몸에 갖추게 되었다. 그것을 이해한 조조도 사람을 볼 줄 아는 자다. (…) 이 때문에 정의는 조조의 딸을 얻지는 못했지만 조조라는 장인어른을 잃은 것은 아니었다. 또 그를 장인이라고 부르지는 못하더라도 자신을 알아주는 주군主君이라고 부르지 않을 수 없었다.

그러한 것은 쓸모없는 이야기라 평하고, 쇼인은 다만 여기서

'지기'라는 두 글자에 감동하여 눈물을 흘렸다는 것이다. 이는 쇼인이 '지기'라는 두 글자에 대해서 얼마나 간절히 생각하고 있었는지 혹은 그가 감옥에서 자신을 알아주는 지기를 얼마나 절실히 찾고 있었는지를 입증해준다.

그가 '지기'로서 떠올린 대상은 첫째, 존왕양이의 동지인 여러 친구였다. 한 사람 더 들자면 번주 모리 다카치카毛利敬親가 있다. 둘째, 문자 그대로 자신을 알아주는 사람이다. 전자에 대해서는 다음에 언급하기로 하고 우선 후자부터 살펴본다.

그는 신사쿠에게 쓴 편지에서 겐즈이와 스기조 등 제자들에게 이렇게 부탁한 적이 있다. "나를 배워 경솔하게 행동하지 마라. 나는 나를 알아주는 주군인 윗사람이 있어서 이렇게 하지 않을 수 없다. 세 사람은 신사쿠와 협의하여 10년 정도 명망을 키우길 바란다."

1859년 7월 중순에 쓴 편지다. 앞서 소개한 "죽음이라는 글자에서 커다란 의미를 발견한 것은, 이탁오가 쓴 『분서』 덕이 크다"라고 쓴 것과 같은 편지다.

자기는 자기를 알아주는 주군을 위해서 이렇게 할 수밖에 없지만 겐즈이나 스기조 등에게는 신사쿠와 함께 10년의 계획을 세우도록 전해달라는 내용의 편지였다.

'자신을 알아주는 주군'이라는 말은 바로 앞서 소개한 정의의 이야기 끝부분에 등장하는 내용과 관련된다. 그는 정의의 이야기를 "쓸모없는 문장"이라고 하면서 '지기' 두 글자에 감명받았다고 했는데, 두 글자와 관련된 내용을 잘 기억하고 있었던 것이다. 그가 조조 관련 시 2수를 베껴 썼다며 스기조에게 편지를 보낸 것은 전술한 것처럼 3월 20일의 일이었다. 그때 그가 눈물을 흘리면서 베껴 썼다는 두 글자는, 사실 두 글자가 아니라 '지기知己의 주主'라는 여러 글자였는데, 4개월이 지난 뒤에도 잊지 않았던 것 같다.

'지기의 주'라는 말은 자신을 알아주는 주군이라는 뜻으로 자기가 속한 번의 영주인 모리 다카치카를 가리킨다. 이 번주에 대한 쇼인의 신뢰는 아주 깊었다.

쇼인은 매우 조숙한 사람이었다. 열 살 때 번에서 세운 학교 藩校인 명륜관明倫館에서 병학을 강의했다. 열한 살 때에는 번주인 모리 다카치카 앞에서 야마가 소코山鹿素行가 지은 『무교전서武敎全書』를 강의했다. 이때는 사실상 그가 강의한 것이 아니라, 강의 형식을 취한 일종의 테스트였다. 당시 번주는 쇼인의 총명함에 깜짝 놀랐다고 한다. 그 후 번주는 쇼인에게 큰 기대를 걸었다. 쇼인이 번주를 사모하는 마음도 각별했다.

두 사람에 대한 유명한 에피소드를 하나 소개하면 다음과 같다. 1858년 6월의 일이다. 번주가 우연히 올라온 건의서를 읽고 있을 때였다. 앞서 소개한 '미친 사람의 말'이라는 대목이 눈에 띄었다. 다 읽은 뒤, 그것이 쇼인의 것임을 눈치챈 번주는 가로家老 마스다 단조益田彈正에게 "도라지로寅次郎(쇼인의 이름)는 감옥생활의 억압에 발광하지도 않는구먼. 그가 말하고자 하는 것은 모두 말하게 하시오. 설사 부당한 말이 있더라도 채택할지 안 할지는 내가 결정할 테니 뭐든 말하게 해요"라고 명을 내렸다.

당시 쇼인은 1854년의 구로후네黑船(흑선) 밀항 사건 때문에 막부의 명령으로 조슈번에 송환되어 노야마 감옥에 감금되어 있었다. 이듬해에 병 보석으로 출옥해 자택에 오랫동안 연금되어 있었다. 출옥이나 가택 연금에는 번주의 배려가 있었을 것이다. 거기에다 마스다 단조가 번주로부터 이러한 명령이 있었다고 쇼인에게 알려주었다. 이에 쇼인은 "나는 이것을 듣고 감정이 격해지고 뼛속까지 사무쳐, 나도 모르게 눈물이 나왔다"며 흥분한 마음으로 단조에게 편지를 써 보냈다.

"나는 나를 알아주는 주군인 윗사람이 있어 그렇게 하지 않을 수 없다"고 한 '그렇게 하지 않을 수 없다'는 구절은 구체적으로는 죽는 일을 일컫는다. 이 편지는 7월 중순에 쓰였는데, 그때는 그가 이미 에도로 압송되어 덴마 감옥에 감금되어 있었다. 당시는 감옥에 들어간 지 얼마 안 된 때였고, 문초도 단 1회만 했기 때문에 재판 결과는 누구도 알 수 없는 상태였다. 낙관적인 전망을 하는 사람도 일부 있었던 것 같다. 하지만 쇼인의 머리에서 '죽음'이라는 글자가 사라진 것은 아니었다.

실제로 에도로 압송되는 도중에 고베의 미나토가와湊川에서는 구스노기 마사시게楠正成를 그리워하여 "살아서 나를 알아주는 주군을 만나, 국사에 힘쓰고 싶으나 버티기 힘들구나. 아아, 나에게는 죽음뿐, 죽음 외에는 해야 할 일도 없다"고 한탄했다. 또 "황공하옵게도, 내가 주군의 꿈에 나타난 일을 생각하면 지금은 죽는 수밖에 없도다'라고 노래하기도 했다. 쇼인은 감옥에 들어갈 당시에는 에도의 분위기를 언급하기도 했다. '또 해야 할 일이 있음'을 깨닫고 처음으로 '삶을 행복하게 여기는 생각'이 솟아났다고도 했다. 하지만 그러한 삶의 갈망과 다른 한편에서의 죽음에 대한 각오는 그의 마음속에서 모순된 일이 아니라 하나가 되어 있었다.

왜냐하면 그에게는 사는 것도 죽는 것도 '해야 할 일'을 하기 위한 것이기 때문이었다. 그것을 위해 사는 일과 죽는 일 사이에는 본질적으로 차이가 없었다. '해야 할 일'이란 존왕양이의 일이었다. 존왕양이를 위한 것이 동시에 자신의 주군을 위한 것이었다. 그것이 쇼인다운 생각이기도 했다.

그는 후시미 요가책을 둘러싸고 "(일왕을 모시는 일에) 한 사람이라도 죄를 뒤집어쓴다면, 그것이 번주 모리씨 가문의 아름다운 일이며 조정을 위한 일"이라고 말한 적 있다. 그렇듯 그는 번주를 포함하여 자신이 속한 조슈번을 근왕勤王(일왕 옹립)의 사업에 앞장서게 하려고 했다. 말하자면 그는 근왕을 위해서 행동을 일으키는 것을 신하가 해야 할 충성과 의리로 여기고 있었다.

그래서 요가책을 결행할 때 여러 친구의 신중론을 인정하지 않았던 것이다. 오히려 당시에 유포되었던 '군주의 마음은 이미 꺾였다'는 소문, 즉 '번주의 존왕양이에 대한 의지는 아무래도 좌절된 것 같다'는 소문에 한층 더 맹렬하게 반발했다. 그는 그것을 번 수뇌부가 "사람들의 논란을 억누르고 자기네 죄를 덮기" 위해서 날조한 악선전이라고 주장했다. 다른 한편 만약 그것이 사실이라면 왜 죽음을 무릅쓰고 간언하지 않는가 하며 다음과 같이 다그쳤다.

> 한 사람이 잘 간언하면 (…) 간언한 사람이 수천 명에 이르고 (…) 사람이 하나 잘 죽어 (…) 죽는 사람이 수천 명에 이르면, 역시 어찌 그것이 하나라도 도움이 되지 않을 수 있겠는가?

그에게 있어서 요가책의 성패는 "천하(일본)의 대의와 우리 번(조슈번)의 영욕이 함께 관련된다"고 했다. 그러므로 그는 어떻게든 번주에게 존왕양이의 입장을 취하도록 하지 않으면 안 되었다.

그에게는 탈번脫藩(소속 번을 벗어나 망명함)이라도 해서 존왕양이의 운동에 전념하려는 생각이 전혀 없었다. 『강맹여화』 앞부분은 "경서를 읽는 맨 첫 번째 의미는 성현聖賢에게 아첨하고 영합하지 않는 것이 중요하다"라는 유명한 문장으로 시작된다. 그것은 구체적으로는 군주를 얻지 못하면 떠난다는 공자와 맹자의 사고방식을 비판한 것이다. 그의 논리에 따르면 "군주를 모시다가 자기와 의견이 맞지 않는다면 죽음으로 간언해도, 감금을 당해도, 굶어 죽더라도" 그것으로 좋다. 그것에 의해 언젠가는 "반드시 그 모습을 보고 느끼는 바가 있어 다시 일어나는 자"가 출현한다는 점을 그는 의심하지 않았다.

더구나 그는 자신의 군주인 다카치카가 존왕양이의 의지를 갖고 있다고 믿었다. 그래서 '번주 다카치카의 마음이 이미 꺾였다'는 소문이 일자, 동료들이 그 소문을 존왕양이 포기의 면죄부로 삼으려 한다며 거듭 화를 낸 것이다. 그는 이렇게 말했다.

번주의 마음이 이미 꺾였다는 말을 몇 번이나 다시 생각해봐도 화가 나서 참을 수가 없다. 실은 어제도 눈물을 흘리면서 글을 썼다. (⋯) 지난번에 평정소評定所에 가서 올린 제안에 대해서 에도 정부가 번주에게 통보했는데, 번주는 '도라지로(쇼인)의 뜻은 알고 있다. 사건을 조사할 필요는 없다'고 했다. 친구들 사이에서도 혹은 의심하고 혹은 의심받는 요즘 세상인데도, 지체 높으신 번주가 감옥에 갇힌 천한 자(쇼인 자신)의 몸과 마음을 살펴주시니 (⋯) 참으로 이러한 은혜를 저버릴 수가 없지 않은가?

사실 이 글은 스기조에게 보낸 편지로, 앞서 소개한 "『분서』에는 조공 관련 시 2수 (⋯) 나는 울면서 이것을 베껴 쓴다'라는 문장으로 이어진다.

평정소에 가서 올린 제안이란, 고향 자택에 연금되어 있었던 쇼인이 그런 신분으로 감히 평정소에 출두하여 당시 상황에 대한 자기 의견을 제시하고, 죽음을 불사한 건의안을 올린 것을 말한다. 이 일련의 사건을 에도 정부, 즉 조슈번의 행상부行相府는 번주인 다카치카에게 알렸다. 이에 다카치카는 쇼인의 뜻을 알고 있다면서 그 사건에 대한 조사를 하지 않았다.

이러한 사건을 염두에 두고, 전후 문맥에서 추측해본다면 "'지기'라는 두 글자에 감동했다"고 한 쇼인의 말이 정확히는 '나를 알아주는 주군'이라는 글자에 감동받았다는 뜻일 것이다.

주군 다카치카는 쇼인이 밀항 사건 전에 러시아 함대가 일본 북쪽에서 출현한 것을 조사하기 위해 번의 허가를 얻지 않고 도호쿠 지방으로 가서 유람할 때, 일시적으로 쇼인의 번적藩籍을 박탈 처분한 일이 있었다. 나중에 쇼인이 직접 쓴 글에 따르면, 그때 번주는 '우리 번의 보배를 잃었다고 생각했다'고 한다. 번주에게 '보배'라고까지 불린 쇼인이 "감격한 나머지 이 세상에 살아 있지 않겠습니다"라고 말한 것도 무리가 아니었다.

그 뒤 그는 "반드시 죽어서 거듭된 중죄에 대해 사죄해야 한다고 생각했다. 또 너무 오래 살았다고 생각하고, 노야마 감옥에서 세 번이나 식사, 의복, 이불 등을 거부했다. 이미 가마의 출발일도 가까워져 죽을 수 있는 기회도……"라고 신사쿠에게 편지를 썼다. 당시 요가책 추진을 성공시키지 못한 채, 번주 다카치카의 조슈번 출발이 가까워지자 초조한 마음으로 노야마 감옥에서 써 보낸 것이다. 이렇게 번주가 자신을 알아주는 것에 대해 감격하여 그에 대한 보답으로 죽는 일과, 또 존왕양이의 대의를 위해 죽는 일이 그의 마음속에서는 혼연일체가 되어 있었다.

앞서 소개한 고베의 미나토가와에서 읊은 노래에서 '내가 번주의 꿈에 나타난 일'이란 언젠가 다카치카가 꿈에서 쇼인을 봤다는 일을 염두에 둔 것이다. 번주가 꿈에서 쇼인을 본 것도 특별하지만, 그러한 일을 떠올리는 것만으로 "지금, 죽지 않을 수 있겠는가?"라며 죽음을 생각하는 것도 특별하다. 두 사람의 관계에서 군주와 신하 사이의 정情보다는 일종의 연애 감정과도 같은 것이 느껴진다. 그러한 감정이 쇼인에게는 그대로 존왕양이에 대한 생각의 고양으로 이어졌다는 점이, 좋게 말하면 남자의 미학美學이라고 할 수 있다. 소박하면서도 서툰 아름다움을 느끼게 되는 것이다.

번주에 대한 이러한 감정이 '지기'에 대한 쇼인의 생각이었다면, 여러 친구에 대해서는 더 말하지 않아도 분명히 알 수 있을 것이다.

그는 "나라를 위해 목숨을 던질 수 있는 사람이라면 그 사람의 몸과 숨결, 피와 살결이 모두 나와 연결된다"고 하고 또 "지기로서 생사를 같이하고자 마음속의 말을 토로하여"라고 한 것처럼, 완전한 일체감을 갈망했다. 단순히 존왕양이의 뜻을 공유하는 데 그치지 않고, 마베 요격책이든 오하라 서하책이든 후시미 요가책이든 어느 것이나 '몸과 숨결, 피와 살결'이 연결되는, 행위상의 일치를 '지기'의 내실로 요구했다. "아아, 지기의 어려움이여!"라고 그는 한탄했으나, 그러한 한탄은 정말로 당연한 것이었다.

그에게는 '지기난언知己難言(지기는 말하기 어렵다)'이라며 한 문으로 표현한 것이 있다. 1859년 5월, 그가 에도로 압송되기에 바로 앞서 쓴 글이다.

"지기는 말하기 어렵다. 정말 울고 싶다. 스기조는 감옥에 투옥되어 걱정하는 어머니를 위로해드리지 못하고 혼자서 고통스러워하고 있다. 하지만 여러 친구, 예를 들면 시카나 야소로 같은 친구들은 스기조가 담소하면서 감옥에 앉아 있는 것만을 바라볼 뿐이다. 그가 소리 높여 목 놓아 울면서 하늘을 부르고, 어머니 품으로 달려가고 싶어하는 지극한 정은 이해하지 못한다. 이것을 어찌 '지기'라고 할 수 있겠는가?"

"나는 말하자면 바보고 우둔한 사람이다. 어찌 나에 대해서 알기 어려운 것이 있겠는가? 그런데 사람들은 알지 못한다. 내 성품이 선한 것을 보면 좋아하고, 악한 것을 보면 화를 내며, 감추고 숨기는 것이 없다는 것을 알지 못한다. (…) 때때로 격하고 지나친 말이 있으면 가리켜 교묘하고 나쁜 계책이라 하고, 권모權謀라고 여기기도 한다. (…) 여러 친구는 이렇게 말한다. '쇼인의 존왕양이는 군주와 나라를 돌보지 않는다. (…) 필부匹夫의 의리를 돌아보지 않고, 신들이 사는 나라인 일본을 오랑캐들로부터 구원하고자 한다.' (…) 내 마음은 아이의 마음과 같다. 조금이라도 나의 주군에 지지 않는다. 하지만 여러 친구는 그렇게 말한다. 내가 어찌 울지 않을 수 있겠는가?"

앞쪽의 인용문은 시카나 야소로가 스기조의 심정을 이해하지 못했음을 한탄한 내용이다. 또 자신처럼 단순한 바보이자 우둔한 사람이 오히려 나쁜 계획을 세운 것처럼 오해받는다고 한탄했다. 그리고 번이나 번주의 입장도 생각하지 않고, 필부의 이해를 살펴보지 않으며, 자기 분수도 모르면서 신의 나라 일본을 오랑캐로부터 지키려는 것이라고 비난한다고 했다.

쇼인은 앞의 인용문에서 '필부의 의리諒' 혹은 '왼쪽 옷깃을 안으로 접어 넣는 오랑캐左袵'라는 단어를 사용했는데 이는 『논어』에 등장하는 말이다. 공자는 관중管仲의 활약 덕분에 '피발좌임被髮左袵'하는 오랑캐로부터 주나라 왕실을 지킬 수 있었다고 했는데, '피발좌임'은 머리털을 풀어헤치고, 왼쪽 옷깃을 안으로 접어넣는다는 뜻으로 그러한 문화를 가지고 있는 '오랑캐'를 지칭한다. 그리고 그러한 활약은 필부들, 즉 보통 사람들의 조그마한 의리와 비교할 바가 아니라며 공자는 관중을 칭찬했다.

쇼인이 군주와 나라를 돌아보지 않는다고 하거나, 필부의 의리를 돌아보지 않는다고 한 것은 누구의 말인지 지금은 알 수 없다. 혹은 아무도 그렇게 말하지 않았을 수도 있다.

단지 그의 날카로운 행동이 여러 친구의 눈에는 번의 입장을 위험하게 만들고, 나아가 존왕양이의 정치적 국면을 곤란에 빠뜨리라고 여겨진 점은 지금까지 살펴본 바처럼 분명하다. 특히 여러 친구를 '지기'로 삼는 점에서 그는 거의 고립되어 있었다.

그가 '지기'라는 두 글자에 울었다고 했을 때, 이는 아마 자기 친구들과 관련해서는 그러한 고립 때문이었을 것이다.

무엇보다 그는 5월경에 이렇게 말했다.

겐즈이가 말하기를 '절교가 어찌 쉽겠습니까?'라고 했다. 이것은 대개 나의 병에 해당된다. 그러므로 오래된 친구는 커다란 이유가 없으면 버리지 않는다고 한다. 그래서 나는 깊이 이러한 것을 후회했다.

쇼인은 자신이 이전에 절교를 너무 간단하게 들이민 것을 후회하며 태도를 바꿨다. 물론 여러 지인도 쇼인의 신변에 대해서 여전히 걱정하고 있는 것은 변함없었다.

쇼인 자신이 지인들로부터 고립되었다고 한 것은 그 혼자만의 생각일 뿐이었다. 오히려 그는, 그럼에도 좋은 주군(번주)과 좋은 윗사람, 좋은 친구들과 많은 제자에 둘러싸여 있었다.

물론 여기서 쇼인에 대해 왈가왈부할 것은 아니다.

우선 분명히 해두고 싶은 것은 이탁오와 쇼인이 각자 지기를 찾거나 혹은 지기를 위해서 죽는 것을 좋은 일로 생각하고 있었다는 점이다. 또 그 지기에게 품고 있었던 생각이 어느 쪽도 서로에게 지지 않을 만큼 깊었다는 점이다.

아마도 쇼인은 『분서』에 자주 나오는, 지기를 찾는다는 이러저러한 서술이나 혹은 그것을 위해 고독한 절망감도 무시하면서 떠돈다는 「예약」의 문장에 특히 깊은 공감을 느꼈을 것이다.

두 사람은 더구나, 각자가 가진 목적을 위해 지속적으로 뜻을 품고 있었던 점 그리고 그 뜻을 함께할 사람이야말로 '지기'라고 생각하고 있었던 점에서도 공통된다. 물론 단순한 친구나 지기를 찾았던 것은 아니다. 간단히 말하자면 역사의 최전선을 돌파하려는, 적어도 자신의 자각으로는 전인미답의 경지를 향해 나아가는, 그러한 고독과 절망의 심정 속에서 뜻을 함께할 사람을 구하고 있었다. 그 점에서 공통된다는 것이다.

한쪽은 도를 밝힘으로써 새로운 사회질서를 희망했으며, 다른 한쪽은 존왕양이에 의해서 새로운 사회체제와 국가의 독립을 희망했다.

하지만 동시에 이렇게 도를 밝히고, 존왕양이를 추구한다는 두 가지 서로 다른 목적이 지기에 대한 두 사람의 대응 방법을 결정적으로 다르게 했다. 이러한 점에 대해서도 분명히 해두지 않으면 안 된다.

차이점은, 이탁오의 경우 지기와의 사이에 고정된, 개인적인 관계는 없었던 반면 쇼인의 경우는 번주를 포함해 그 관계가 대부분 고정적이었으며 개인적이었다는 점이다.

이탁오도 주우산과는 고정된 개인적인 관계에 의해서 맺어진 것이 아닌가 하고 의문을 표할지 모르겠다. 하지만 「예약」에서 주우산에 대한 그의 언급은 사실 일정한 시기에 한정된 것이었다. 그는 나중에, 용호에서 쫓겨난 일과도 관계되지만, 주우산의 곁을 떠났다. 그리고 다음에 소개한 것처럼 유진천劉晉川 부자와 깊은 교류를 했다. 또 마경륜 곁에 머물거나 하여 '지기'를 어떤 특정한 사람에게 고정시키지 않았다. 최후까지 그런 일은 없었다. 이탁오의 교류는 어디까지나 강학講學이라는 기회를 통해 이루어진 것이었다. 강학의 목적이 달성된 뒤에는 그 이상의 특별한 개인적인 관계를 유지하는 일은 없었다.

반면 쇼인과 번주 다카치카의 사이는 특히 유대감이 강한 군신관계에 의해서 연결되어 있었다. 그러한 관계를 전제로 하고서 비로소 '지기의 군주'가 성립된 것이다. 다른 지인들과의 관계도 그랬다. 스기조, 신사쿠, 겐즈이 모두가 조슈번의 번사라는 틀 안에 속한 사람들이었다. 그리고 그 위에 쇼카 학당의 제자라든가 처남, 매제 관계 등이 있어 특정한 개인적인 관계를 벗어나지 않았다. 물론 쇼인이 사귄 지인이 자신이 속한 조슈번에만 한정되진 않았다. 유명한 승려 모쿠린黙霖을 비롯하여 오하라 시게토미大原重徳 혹은 같은 덴마 감옥에서 옥사한 하시모토 사나이橋本左内 등 적잖이 있었다. 사나이는 그의 이름을 흠모하는 정도에 그쳤으나, 존왕양이의 뜻을 가지고 쇼인과 관계를 맺은 사람은 결코 적지 않았다. 하지만 이들은 모두 엄밀히 말하자면 그의 '지기'라고는 할 수 없었다.

쇼인에게는 어디까지나 조슈번의 번사라는 입장이 존왕양이의 원점이었다. 조슈번을 존왕양이 운동의 중심으로 이끌어가려 하거나 혹은 조슈번의 번사로서 행동을 전개하는 일 외에 다른 존왕양이 운동은 없었다. 이 점에 대해서는 좀더 상세한 설명이 필요하다.

나는 모리 가문의 신하다. 그러므로 밤낮으로 모리 가문에 봉사할 수 있도록 연마하는 것이다. 모리 가문은 일왕의 신하다. 그러므로 밤낮으로 일왕에게 봉사하는 것이다. 우리가 번주에게 충성을 다하는 것은 바로 일왕에게 충성을 바치는 것이다. 하지만 600년 동안 우리 번주도 충성을 다하여 일왕을 섬겼다. (…) 우리 번주가 600년 동안 바친 충성을 오늘에 되살리는 것이 본뜻이다. (…) 먼저 고위 관료들을 깨닫도록 하고, 600년간 일왕을 섬기지 않은 죄와 오늘날 충성으로 속죄할 것을 알리고, 또 우리 번주가 그것을 알도록 하며, 우리 번주와 같은 위치에 있는 사람 모두에게 그러한 의리를 알도록 하고, 그것으로 막부가 지금까지 일왕을 섬기지 못한 죄를 낱낱이 알게 하여 일왕에 대한 충성을 다하도록 하는 것이다.

이것은 1856년 8월 쇼인이 고향 집에 유폐된 시기에 승려 모쿠린 앞으로 보낸 편지글이다. 모쿠린은 히로시마 출신으로 사방을 유람하면서 일왕을 섬기는 지사들과 교류하던 인물이었다. 쇼인과는 그 전해부터 교류했는데, 이 승려는 귀에 장애가 있어 의사소통은 오로지 글을 통해 이루어졌다. 두 사람은 결국 최후까지 만날 기회가 없었다. 두 사람이 서로 주고받은 글은 매우 상세하다. 또 두 사람 다 급진적이었기 때문에 주고받은 내용에도 격한 부분이 있다. 그러면서도 이론 투쟁의 모습이 매우 강하게 드러나 있는데, 이 편지도 쇼인에게는 드물게 이론적이다.

여기서 쇼인은 자기 조상들이 대대로 모리 가문으로부터 봉록을 받은 가신家臣이었던 점을 말하면서 그러한 입장을 떠나서 일왕을 받드는 것은 아니라는 점을 호소했다. "저는 모리 가문의 신하입니다"라는 문장에는 '이것은 제 자신의 죄'라는 쇼인의 생각이 들어 있다.

600년을 말하는 것은 요리토모賴朝 이래, 즉 가마쿠라 막부가 등장한 이래 600년을 뜻한다. 그동안 일왕에 대한 충성과 섬김이 소홀했다는 것이다. 600년 전까지 거슬러 올라간 이유는 모리 가문 출신인 오에노 히로모토大江廣本(1148~1225)가 가마쿠라 막부의 건립에 공을 세웠다는 사실을 의식했기 때문이다.

그래서 쇼인은 먼저 그러한 죄를 번주와 가신들에게 알려 자각하도록 하고자 했다. 그리고 번주와 같은 지위에 있는 여러 다이묘에게도 알리고 결국에는 막부에게도 그러한 죄를 자각하도록 하며 속죄하도록 할 생각이었다. 그것이 그의 '근황勤皇' 즉 일왕을 위해 봉사하는 방법론이었다.

그러면 그 자신의 죄는 어떻게 되는가?

지금 내가 감옥에 갇혀서 막부의 쇼군을 욕하는 것은 단지 헛소리에 불과하다. 또 내 한 몸 바쳐 쇼군에게 그 죄를 간언하지 못하니, 삶을 구차하게 연장하는 것이나 다름없다. 그렇다면 나는 쇼군과 같은 죄를 짓는 것이고, 우리 번주도 같은 죄를 짓는 것이다. 자신의 죄는 외면하고 다른 사람의 죄를 논하는 일은 내가 죽더라도 하지 않는다.

지금 자신은 조슈번의 감옥에 갇힌 몸으로, 에도의 쇼군을 욕하는 것만으로는 부족하다. 그것은 단지 헛소리에 지나지 않는다. 죽음을 걸고 쇼군에게 간하지 않는 것은 삶을 구차하게 도둑질하는 것이다. 이렇게 하는 한 자신도 쇼군과 같은 죄를 범하는 것이다. 자기 죄를 모른 체하고 다른 사람의 죄를 논하는 일은 "내가 죽더라도 하지 않는다"고 그는 단언하고 있다.

승려의 몸인 모쿠린은 자유롭게 쇼군을 비판할 수 있는 입장인 데 반하여, 쇼인은 그렇지 못해 자신의 죄를 언급한다. 600년 동안 지은 죄를 반성하지 않고 일왕을 받든다는 것은 있을 수 없다고 했다. 이러한 자기로부터 가신들, 번주 그리고 번주로부터 여러 다이묘, 다이묘로부터 쇼군에 이르기까지 연쇄적이고도 단계적으로 쌓아가려는 쇼인의 방법론은, 일본 내부의 여러 번을 넘어서 직접적으로 막부를 타도하려 하는 모쿠린의 눈에는 몹시 미온적으로 보여 불만도 있었다. 하지만 관점을 바꾸면 쇼인 쪽이, 밑에 있는 토대에서부터 체제 자체를 붕괴시켜나가고자 한다는 점에서, 좀더 전면적이며 철저한 것이었다고 하지 않을 수 없다.

그렇다면 구체적인 행동을 어떻게 할 것인가?

주군에게 간언하여 말을 듣지 않으면 죽을 때까지 한다. 만약 주군이 듣지 않으면 (…) 우리 주군을 떠나서 다른 지방으로 가 다른 주군을 섬길 수는 없다. (…) 우리 주군이, 나의 간언을 받아들여 600년 이래의 큰 죄를 알게 될 때, 우리 주군에서 다른 다이묘들 그리고 쇼군에게까지 모두 잘못을 고치도록 간언한다. (…) 세 번에 걸쳐 간언하고 듣지 않으면 또 아홉 번에 걸쳐 간언한다. 또 하고 또 해도 그 죄를 알지 못할 때는 거기서 그치지 않고, 여러 다이묘와 함께 (…) 일왕의 칙명을 받들어 일을 추진할 뿐이다.

번주에게는 죽을 때까지 간언한다. 그리고 막부에는 세 차례 연달아 간언하고 그래도 듣지 않으면 아홉 차례 또 간언한다. 그렇게 해도 도저히 받아들여지지 않으면 그때 비로소 막부 타도를 위한 행동을 개시한다. 이러한 의미다. 적어도 번주를 배신하여 전복을 꾀하거나, 곁을 떠나 다른 번으로 가는 등의 행동은 전혀 생각하지 않았다. 실제로 그 자신의 행동은, 번주를 일왕 편에 서게 하여 행동하도록 하는 데 한정되어 있다. 그러한 의미에서 막부 타도는 그에게 직접적인 과제는 아니었던 셈이다. 즉 그의 직접적인 과제는 철두철미하게 조슈번 번사로서의 범위에 한정되어 있었다. 그것을 넘어서, 즉 벗어나 바깥으로 나가는 것은 아니었다. 서하책도 그렇고, 요가책도 그렇고 번주나 번 수뇌부를 움직이는 것이 직접적인 목적이었다. 마베 요격책도 미토번 번사들이 추진한 이이 습격의 계획에 대응하여, 조슈번의 번사로서 계획된 것으로, 그러한 행동에 의해 조슈번을 자극하여 궐기하게 하는 것이 목적이었다. 그럼으로써 일본 전국에 조슈번의 입장을 인상 깊게 남기는 것이 가장 큰 목적이었다.

번주에 대한 그의 생각이 무엇보다 깊었고, 또 조슈번에 있는 여러 지인에 대한 요구가 궁지에 몰린 것도 이러한 그의 입장 혹은 그 입장에 대한 자기 인식과 관련이 있다.

만약 내가 감옥에 갇힌 몸으로 죽는다면 나는 반드시 한 사람이라도 내 뜻을 계승할 지사를 이 세상에 남길 것이다. 자자손손에 이르기까지 언젠가 (…) 나는 천생적으로 입으로 이러쿵저러쿵 말하는 것을 너무 싫어하여 (…) 내가 이렇게 죽는 것을 아무 말 없이 봐주길 바라네.

이러한 쇼인의 문장에 모쿠린은 '이 글을 읽을 때 머리카락이 곤두섰다. 감동하여 운 것은 이곳이다'라고 써넣었다.

쇼인은 중도에 좌절한다면 반드시 자기 뜻을 계승할 사람을 남기겠다고 하며, 자신이 죽는 것을 묵묵히 지켜봐주길 바란다고 한 것이다.

그는 실제로 처형되기 직전에 유언이라고도 할 만한 편지를 지인들에게 보냈다. 편지에는 이렇게 정리하여 썼다.

여러 친구는 대개 나의 뜻을 모른다. 그러니 내가 죽은 것을 슬퍼하지 마라. 나를 슬퍼하기보다는 나를 알아주는 것이 더 좋다. 그리고 나를 알아주는 것보다는 나의 뜻을 펼쳐서 그것을 커다랗게 만들어가는 것이 더 좋다.

자신의 죽음을 슬퍼하는 것보다는 자신을 알아주라, 자신을 알아주는 것보다는 무엇보다 자기 뜻을 더욱 크게 확대시켜주라는 것이었다.

그렇게 행동하는 사람이 진실로 자신을 알아주는 '지기'라고 쇼인은 말하고 싶었을 것이다.

쇼인에게는 자신의 글을 읽고 감동하여 눈물을 흘린 모쿠린도 물론 자기 뜻을 알아주는 '지기'였음이 틀림없다. 하지만 뜻을 아는 것만이 아니라, 그 뜻을 계승해야 한다. 그러한 '지기'가 아니라면 어떤 존재 가치도 없다. 그리고 그 뜻을 계승하는 사람이라 함은 아무래도 조슈번의 번사가 아니면 안 되었다. 또 그의 뜻을 실현하는 사람으로 번주를 제외할 수는 없었다. 그에게 '지기'와 '지기의 군주'는 이렇게 고정되어 있었다. 그러므로 그러한 관계는 좋든 싫든 개인적이 되지 않을 수 없었다.

아마도 그 때문일 것이다. 우리는 이탁오와 비교하여 쇼인 쪽의 지기와 관련하여 아름다움과 함께 고통스러움을 느끼지 않을 수 없다. 마찬가지로 고독하고 절망적인 심정에서 지기를 구하지만, 이탁오에게는 훨씬 더한 자유가 있는 것처럼 느껴진다. 쇼인에게는 죽음을 무릅쓰고 간언한다든지 혹은 절교한다든지 하면서 상대를 움직이지 않으면 일이 끝나지 않는다는, 궁지에 몰린 사명감과 같은 것이 있었다.

한쪽은 자유롭게 사방을 유람하고, 다른 한쪽은 조슈번이라는 하나의 번 안에 한정된 입장 차이가 그런 느낌을 주는 셈이다. 하지만 그것 이상으로 각자가 노리고 있었던 목표의 차이도 컸다고 생각된다.

한쪽은 '도道'라는 것이 이념적이었다. 획득해야 할 것은 질서 이데올로기였다. 반면 다른 한쪽은 존왕양이었다. 그것은 구체적으로 정치체제의 변혁을 목표로 한 것이었다. 특히 후자는 일의 성패가 무엇보다 문제시되었다. 전자는 전통적인 이데올로기상의 변혁에 그치며, 창조라고 하더라도 전통의 계승 속에서 이뤄진다. 개인의 책임이 추궁되는 문제는 아니다. 자신의 도달점은 항상 다음 시대의 출발점이라는 의미에서 거기에는 개인이 존재할 수 없다. 혹은 의지와 그것의 계승뿐이다. 반면 후자의 경우, 하나의 행동은 그것을 일으킨 사람의 책임을 동반한다. 방법이 달라지면 다른 행동과의 사이에 적대적인 대립을 낳기도 한다. 왜냐하면 그것은 구체적인 전략이나 전술상의 목표를 가진 정치 행동이기 때문이다.

일단 구체적인 전략과 전술을 달리한다면, 그 사람은 이미 행동을 함께 할 수 있는 상대가 아니다. 국면이 엄하면 엄할수록 서로 간의 차이는 용납되지 않는다. 그것은 지금 우리가 말하는 정치 행동이 아니라, 거의 전쟁에 가까운 것이라고 생각해야 한다.

정치라기보다는 전쟁 행동에 동반되는 고통이 쇼인 쪽에서는 느껴진다.

두 사람의 차이는, 몇 가지 일치점이 있음에도 매우 크다고 하지 않을 수 없다. 그럼에도 쇼인은 '지기'라는 두 글자에 감동하여 울면서 이탁오의 문장을 베껴 쓰고 있었다.

사실 『분서』 속 조조와 관련된 시 2수는 매우 간단하다. 별다른 의미 없이 등장하는 역사 에피소드에 불과하다. 거기에는 이탁오다운 사상적인 의미가 그다지 보이지 않는다. 오히려 이탁오의 심정은 「예약」에서 더 상세히 드러난다. 쇼인은, 「예약」에 대해서는 단지 베껴 썼을 뿐, 특별한 코멘트를 달지 않았다. 하지만 '시 2수' 쪽은 눈물을 흘렸다고 했다. '지기의 군주'라는 글자들을 둘러싸고 번주에 대한 생각이 그의 마음 가운데서 교차하고 있었던 것이다. 어떤 식으로든 그러한 심정이 움직이고 있었다는 것은 부정할 수 없다.

어찌되었든 '지기'라는 두 글자에 대한 쇼인의 생각은 쇼인의 것이지, 이탁오의 것은 아니었다.

그럼에도 이탁오의 문장에 대해서 쇼인이 눈물을 흘릴 정도로 공감했음은 틀림없다. 거기서 우리는 이탁오와 쇼인이라는 두 '어리석은 사람들蠢愚' 사이의 불가사의한 연결을 느끼지 않을 수 없다. 두 사람의 '지기' 그리고 '도'가 그렇게 다른 것이었음을 생각할 때 더욱 그렇다.

6.
죽음이라는 글자 1:
사랑하는 사람의 죽음

———————

쇼인이 죽음까지 열 달 동안, 이탁오와의 정신적인 교류를 통해 마음속으로 깨달은 바가 있다고 한 사실에 대해서 살펴보도록 한다. 소위 '죽음이라는 글자'에 대한 이야기다.

그가 신사쿠에게 보낸 편지에서 '죽음이라는 글자에 대해 큰 깨달음이 있었다'고 했는데, 이는 앞서 서술한 것처럼 1859년 7월 중순의 일이었다. 그해 5월 25일에는 막부의 명령으로 쇼인을 태운 가마가 에도로 출발했다. 6월 24일 에도에 도착해 조슈번 저택의 구치소에 들어간 뒤, 7월 9일 평정소의 호출에 의해 제1회 심문을 받았다. 그리고 그대로 덴마정에 있는 감옥에 수감되었다. 일주일 정도 지난 뒤 그는 다음과 같은 글을 썼다.

그대가 이렇게 물었다. '장부가 죽어야 할 곳은 어딘가?' 나는 지난겨울 이래 죽음이라는 글자에 대해 크게 깨달은 바가 있었는데, 그것은 이탁오의 『분서』 덕이 크다. 그의 말은 매우 차갑지만 간략히 말한다면 다음과 같다. '죽음은 좋아할 만한 것이 아니다. 또 싫어해야 할 것도 아니다. 도를 다하면 마음이 편안해진다. 그곳이 바로 죽어야 할 곳이다.' '이 세상에 몸은 살이 있어도 마음이 죽은 자가 있다. 또 몸은 죽었어도 혼이 살아 있는 자가 있다. 마음이 죽으면 살아 있어도 이익이 없다. 혼이 살아 있으면 죽어도 손해가 없다.' 또 큰 재능과 지혜가 있는 자는 굴욕을 참고 일을 이룬다. (명나라 서계徐階가 양계성楊繼盛을 돕지 않은 것처럼) 또 사욕이 없고 사심 없는 자가 삶을 구차히 연장하려고 할 때 방해하지 않는다. (문천상文天祥이 애산厓山에서 죽지 않고, 북경의 감옥에서 구차하게 4년간의 삶을 연장했는데 바로 그것이다.) 죽어서도 영원히 죽지 않을 수 있다면 언제라도 죽어야 한다. 나의 소견으로는 생사는 마음에 두지 말고 할 말을 해야 할 때는 말할 뿐이다.(( ) 안의 내용은 이탁오가 소문자로 2행에 걸쳐 써서 삽입한 부분이다.)

'지난겨울 이래'란 그 전해 말경 노야마 감옥으로 들어간 이후를 말한다. 그다음 나오는 이탁오의 『분서』 요약에 대한 이야기는 뒤에 다시 언급하기로 한다.

서계라는 사람은 명나라 중엽에 활약한 정치가다. 당시 고위 관료였던 엄숭嚴嵩의 전횡이 극에 달했는데, 양계성이 그를 탄핵하며 나섰다. 서계는 자신도 연루될까 두려워 당시는 양계성이 죽임을 당하는 것을 두고만 보았다. 그런 뒤 때를 엿봐 스스로 엄숭을 탄핵하여 실각시켰다. 그 뒤에 엄숭의 직위를 물려받았다.

문천상은 남송 말엽의 충신으로, 원나라 군대와의 싸움에서 포로가 되어 북경의 감옥에 들어갔다. 이후 3년간 몇 차례나 항복을 요구받았지만 굴복하지 않다가 결국 처형된 인물이다. 이 일로 그는 후세에 오래도록, 지금까지 중국인의 민족적 기개의 상징이 되어 있다.

이 두 사람처럼 치욕을 참고 자신의 뜻을 이루는 것도, 그리고 구차하지만 삶을 훔쳐 연장하는 것도 때로는 허용된다. 혹은 묘책만이라도 있다면 그것이 허용된다는 것이다. 쇼인은 당시 이듬해 봄까지 한결같이 죽음을 갈망하면서 조급해하고 있었다. 그러한 쇼인을 아는 사람이 본다면 의외라고 할 정도로 그의 태도가 바뀐 것이다.

또 그가 "생사는 마음에 두지 말고 할 말을 해야 할 때는 말할 뿐이다"라고 한 것은 구체적으로는 막부의 심문에 대해서 주장해야 할 것은 주장한다는 뜻이었다. 이것도 태도로서는 일단 멋있다고 할 수 있다. 하지만 오하라 책략이나 마베 책략을 진술하는 데에 이르러서는 부주의했다고 할까, 너무 경솔했다고 할 수밖에 없다. 마베 요격책을 추진하려 했을 때도 번 수뇌부에 그것을 발설하고, 또 그러지 않아도 되는데 총포의 알선을 의뢰하는 등 실수했다. 그는 사람이 좋다고 할까, 정치적 판단이라는 측면에서는 거의 무능했다.

1853년경 미국에서 온 페리 함대의 선박에 몰래 탑승하여 밀항을 시도한 사건 때에도 그랬다. 제자 쇼인을 선동하여 밀항을 시도한 죄로 심문받았던 사쿠마 쇼잔佐久間象山은 존 만지로ジョン萬次郎(1827~1898)가 외국으로 표류했을 때, 죄를 묻지 않고 처벌을 하

지 않았다는 사례를 들고, 해외 사정에 대해 조사가 필요하다는 것을 논하면서 고집스레 자신의 죄를 인정하지 않았다. 이와 달리 쇼인은 나라에서 금한 일을 어겼다고 하면서 자기 잘못을 솔직히 인정했다. 그는 "일이 성사되면 그 공은 왕의 것이 되지만, 일이 실패하면 그 책임은 자기 혼자 지는 것일 뿐"이라는 『사기』의 문장을 인용했다.

그는 "일이 실패하면 우리 목을 치더라도 고통스럽지 않다. 그런 각오를 가지고 했다"며 두려워하는 기색이 없었다. 떳떳한 태도라고 한다면 그렇게 생각해볼 수도 있다. 하지만 쇼인 자신이 그 사건의 전말을 적어 형인 스기 우메타로杉梅太郎에게 보낸 편지를 보면 꼭 그렇게만 생각할 수도 없다. 그는 막부 관리로부터 자신의 그러한 태도를 본다면 "매우 훌륭한 일이라고, 관리들도 혀를 내두르며 국가에 보답하려는 뜻으로 그럴 수 있다고 감동했다"며 편지에 썼다. 형 앞으로 보내는 편지라는 점을 감안하더라도, 어딘가 자기도취 비슷한 분위기를 느끼지 않을 수 없다.

자기도취라는 말이 너무 심하다면, 자신에게 조금이라도 공감을 표하는 사람에 대한 어린아이 같은 신뢰감 혹은 상대방에 대한 입장 차이를 생각하지 않는 외골수적인 순수함 그리고 거기서 오는 단순한 자기 긍정이라고 표현할 수도 있을 것이다.

생사를 돌아보지 않는다는 그의 말에서도 그러한 기미를 느낄 수 있다. 그가 "살아서 큰 업적을 세울 수 있다면"이라고 했는데, 이 말에는 큰 업적에 대한 깊이 있는 사려가 너무 결여되어 있다. 지나치게 감성적이어서, 그는 정치가라기보다는 예술가의 기질이 더 강한 것이 아닌가 생각된다. 이 점은 그 자신도 느끼고 있었던 것 같다.

나는 수만 번 죽는 것을 나 자신의 몫이라고 생각한다. 그러니 한 번 죽는 것은 달게 감수하려고 한다. 그런데 쇼잔은 좀처럼 그렇게 생각하지 않는다. (⋯) 이것이 쇼잔의 근본인데, 진실로 나보다 훌륭하다.

밀항 사건으로 심문받은 일을 그가 나중에 회고한 것이다. 쇼잔의 근본이 나보다 훌륭하다는 것은 쇼잔의 정치적인 강인함을 일컫는다. 다른 한편 "그렇지만 사람은 각자 할 수 있는 일이 있고, 할 수 없는 일이 있다. 내가 반드시 쇼잔을 배울 필요는 없다"고 했다. 그는 정치적인 강인함을 자신의 장점으로 내세우지는 않았다. 즉 스승의 그러한 점을 배우려고 하지 않았다. 좀더 상세히 말하면 쇼인 자신의 성격에는 어울리지 않는다고 생각하고, 오히려 강인함을 멀리하며 물리친 것은 아닌가 여겨진다.

모처럼 세계의 행동에 대해서 오묘하다고 칭찬하면서도 때로는 해야 할 말을 하지 않거나 혹은 자기 몸을 보호해야 할 때는 자신을 굽히고 보호해야 한다는 방법론을 받아들이지 않았다. 정치적인 판단이라고 해야 할까, 먼 곳을 바라보고 계책을 세우는 요령을 받아들이지 않았다. 그는 특히 그러한 요령을 자신에 관한 문제에서는 완전히 거부했다. 그가 말했듯이 그것은 원래 그에게 '불가능한' 일이었을 것이다.

심문을 받으면서 그렇게 중대한 비밀을 진술해버린 탓에 그는 9월 5일 두 번째 심문을 받았다. 그때는 오로지 마베 요격책에 대해서만 심문이 집중되는 사태가 벌어졌다. 그럼에도 그는 여전히 "고향에서 또 칩거하게 될 것인가, 아니면 다른 곳에 몸을 맡기게 될 것인가"라며 낙관적인 편지를 쓰고 있었다.

10월 5일에는 최후로 세 번째 심문이 있었다. 심문이 끝난 뒤, 마침 그때 같은 감옥에 수감되어 있던 하시모토 사나이와 라이 미키사부로賴三樹三郎가 처형을 당했다. 그때도 쇼인은 "유배형으로부터 벗어날 방법이 없다. 유배형을 감히 거부하겠는가"라고 쓴 편지를 신사쿠에게 보냈다. 처형에 대해서는 전혀 생각하지 않았다. 말하자면 정치적 판단이라는 게 쇼인에게는 거의 결여되어 있었던 것 같다.

그가 겨우 사태의 심각성을 느낀 것은 공술서의 확인이 요구된 10월 16일이다. 그 공술서를 보고 나서 별로 궁리도 해보지 않고 그는 "도저히 살아서 나갈 길은 없는 것 같다고 각오"를 했다. 그 공술서에는 '마베의 경호인을 베어버리고 가마에 접근하여……'라고 기술되어 있었다. 이러한 내용은 그가 심문받을 때 말하지 않은 것이었다. 답변에도 없는 말을 적었다고 항변했으나 받아들여지지 않았다.

그 뒤 10월 27일 쇼인에 대한 사형 판결과 동시에 처형이 진행되었다. 그는 조용히 편안하게 죽음을 맞이했다. 하지만 사형에 이르기까지의 과정으로부터, 말하자면 정치성이 결여되어 있는 죽음으로부터 우리는 그가 가지고 있던 죽음과 삶에 대한 인식을 살펴볼 수 있다.

그는 이탁오의 「죽음이라는 글자」의 내용을 다음과 같이 정리했다. 죽음은 좋아할 것도 아니고, 또 싫어해야 할 것도 아니다. 도를 다하고 마음이 편안해지고 맑아졌을 때가 죽을 때다. 혼이 계속 살아 있다면 몸이 죽었어도 부족함은 없다.

여기서는 우선, '죽음은 좋아할 것이 아니다'라고 말한, 그 시점에서 그의 변화에 대해 언급해둘 필요가 있다.

앞서 설명했듯이 그는 "모두에게 앞서서 먼저 죽음으로 보여준다면 그것을 보고 느낀 점이 있어 나중에 일어날 사람이 있을 것이다"라고 했다. 이것이 노야마 감옥에 투옥될 당시 그가 가지고 있던 생사 관념의 기조라고 할 수 있다.

"지금까지 죽음을 결심한 일이 두 번, 세 번에 그치지 않았다. 하지만 결국 죽지 못했다. (…) 아무래도 다른 사람들이 죽어주지 않는다."

"지금 내가 죽으면 일왕을 받들기 위해 죽는 근황勤皇의 죽음이 되지 않겠는가? 죽음을 구하는 마음이 절실하다. 거짓말이 아니다."

"스기조, 와사쿠…… 그리고 나…… 조슈번 가문에서 3명 정도는 목이 잘려나가야 '신의 나라(일본)'라는 이름에 걸맞지 않겠는가?"

"내가 죽음을 바라는 것은 살아서 일을 완성할 가능성이 없기 때문이다. 그리고 죽어서 사람들을 감동시킬 수 있는 이유가 되지 않을까 하는 생각 때문이다. 이번에 국가 대사를 당하여 한 사람도 죽지 않는다면 일본인들이 겁쟁이로 낙인찍혀버리는데, 그것이 너무나, 너무나 비참하기 때문이다. 한 사람이라도 죽는 모습을 보여준다면……."

이렇게 죽음과 관련된 문장을 들자면 끝이 없을 정도로 많다. 그해 말 감옥에 들어갈 때부터 이듬해 봄까지 쓴 그의 수많은 편지 속에는 죽음의 글자가 난무한다. 이 시기에 쇼인은 후시미 요가책에 대한 조슈번의 대응에 항의하여 단식을 한다든지, 행동을 함께하지 않은 여러 친구나 제자에게 차례차례 절교를 선언하는 편지를 쓰는 등 정신 상태가 지극히 불안정한 긴장 속에 있었다.

쇼인은 "내가 죽는 것을 봐줘요"라고 모쿠린에게 편지를 썼다. 그렇게 죽음을 향한 의지가, 그 뒤에 미일수호통상조약의 조인과 안세이 대옥 등의 사건을 겪게 됨으로써 거의 최고 수준까지 도달한 것이다. 특히 4월 4일, 이와쿠라 감옥 안에서 와사쿠 앞으로 보낸 편지는 그러한 의지를 보여준 최후의 사례다. 이 편지에서는 "단지 지금의 기세는 (…) 한판 전쟁을 벌이지 않으면 오랑캐에

게 굴복하는 것이 된다. 오랑캐들이 만약 도쿠가와 정권을 (…) 도
와서 (…) 속국으로 삼을 때는 앉아서 멸망하게 된다"고 했다. 또
"바로 지금의 기세는 동양의 고금 역사에서 볼 수 없는 최악의 징
조다. 잘 다스려진 치세治世의 상태에서 난세亂世를 거치지 않고 곧
바로 망국에 이를 것이다. 이것이 고민이다. (…) 그것만이 걱정스
럽다"라고 썼다.

그는 당시 도쿠가와 정권이 미국에 예속되지 않을까 하는 위
기감에 휩싸여 있었다. 그가 "이번의 큰일로 (일본에서) 한 사람이
라도 죽는 자가 나오지 않는다면……"이라고 말했을 때 '큰일'이란
망국의 위기를 뜻했다. 그는 이러한 위기에 대응하여 곧바로 죽음
으로 뛰어들려고 작정했다.

조슈번의 무사라는 자기규정의 틀 안에 행동을 제한하지 않
으면 안 된다는 현실과 막번 체제를 넘어서 국가와 민족이라는 커
다란 틀의 위기에 대처하고자 하는 이념 사이에서 그는 고심했다.
현실과 이념 사이의 현격한 차이가 그를 충동적이라고 할 만큼 갑
작스레 죽음으로 뛰어들게 한 것이다.

이야기가 좀 다른 곳으로 흐르는데, 쇼인의 그러한 행동에
나는 감탄하지 않을 수 없다. 쇼인은 '자신의 원죄'로부터는 한 발
짝도 도망가지 않았다. 자기 자신을 그러한 제약에 묶어놓고 있었
다. 그리고 그의 몸은 일본의 서쪽 끝인 조슈번의 감옥에 있었다.
억압되어 있는 상황에서 당시의 체제를 돌파한 저편에 국가와 민
족의 새로운 모습을 떠올리고 있었다. 당시 대부분의 사람은 전혀

생각지 못했던 새로운 세계에 대한 통찰력이 감탄스럽다. 그것은 선견지명 혹은 원대한 식견이라고도 할 수 있다.

그래서 나는 그가 갑작스럽게 죽음으로 뛰어들려 한 생각에 대해 즉흥적이라거나, 충동적이라고 평하고 싶지는 않다.

사실 쇼인에게 "죽음은 좋아할 것이 아니다"라는 생각의 변화 조짐은 이미 그 전인 5월경에 시작되고 있었다.

죽음을 갈망하는 일을 나는 평소에도 고집하고 있었다. 하지만 지금 그것을 무엇보다 가장 깊이 후회하고 있다. 왜 그런가? 무릇 일이란 인정人情에 근거하지 않으면 무엇을 가지고 이루겠는가? 죽음은 인정이 매우 싫어하는 것이다. 스스로 죽음에 이르는 것보다 다른 사람을 죽게 하는 것은 더 나쁘다. 나는 얼마 전에 음식을 끊었는데, 조금 있다가 다시 음식을 가까이했다. 이것은 진실로 죽음이 싫기 때문이다. 지금 여러 지인이 죽음에 이르도록 바라는 것은 도리에 벗어나는 일이다. 도리에 벗어나는 일이다. 지금부터 나는 다시는 죽음을 원하지 않겠다. 이 도道는 지극히 크다. 어찌 혼자서 죽어 그것을 낙으로 삼으려 하겠는가? (…) 나는 또 야지로와 시슈를 비난하지 않겠다.

5월 상순경에 쓴 편지다. 수취인 불명의 이 편지에서 이미 죽음에 대한 생각의 변화가 뚜렷이 나타나고 있다.

그는 당시까지만 해도 죽음만을 원하고 있었는데 이제 틀렸다고 생각했다. 일이란 인정에 역행해서는 이루어질 수 없다. 죽음은 인정과 서로 어긋나는 것이다. 자기 자신은 물론이고, 다른 사람들도 죽게 만들어서는 안 된다. 자신이 지난날에 단식을 그만둔 것은 역시 마음 어딘가에 죽음을 싫어하는 것이 있었기 때문임에 틀림없다. 여러 지인에게 죽어달라고 강요한 것은 잘못이었다. 도는 지극히 크다. 죽음만이 도에 다가가는 유일한 방법이라고는 도저히 말할 수 없다. 독선적으로 죽음을 갈구하는 게 좋은 것인가? 쇼인은 이렇게 말하고 있었다.

쇼인의 심리적 변화는 국내 상황이나 국제 정세에 촉발되어 생긴 것이 아니다. 단지 그의 심경 변화에서 비롯되었다. 이미 그 시점에 그는 거의 180도에 가까운 변화를 보였다. 생사 관념에 대한 변화는 당연히 그때까지의 여러 지인에 대한 생각도 바꿔놓았다. 그는 일찍이 야지로나 시슈를 '정부의 개'라고 욕했는데, 이제는 그들을 용납했다. 아니 그러한 용납은 사죄에 가까웠다.

쇼인은 같은 편지에서 겐즈이가 지난번에 "절교가 어찌 쉽겠습니까?"라고 쇼인을 비판한 문장을 들어, 이는 자신의 결점을 멋지게 꼬집는 말이라고 인정했다. "나는 그것을 깊이 후회한다"고 말한 점으로 미루어 그러한 변화는 '용납'이라기보다 '사죄'하고 싶은 기분이었을 것이다.

이야기가 잠시 또 다른 쪽으로 흐르는데, 쇼인의 솔직함은 분명히 쇼인이라는 인물의 매력이다. 단순함은 다른 한편으로는 순수함으로 마음에 남는다. 쇼인이 막부 말기의 인물 중 가장 인기가 있는 이유도 이러한 점 때문일 것이다. 소위 정치적인 감각은 둔하고, 처세에는 실수가 많지만, 그럼에도 통찰력이 뛰어나며 행동력이 있다. 신념은 굳건하며 순수하다. 한편 인간적인 정감에 세심하다. 나는 이러한 점 대부분을 이탁오에게서도 찾을 수 있다. 분명히 두 사람은 진실로, 부끄러울 정도로 서로 닮았다고 할 수 있다.

그야 어찌됐든 이해 5월부터 7월까지 생긴 변화는 그저 갑작스레 찾아온 것이 아니었다. 그보다 빨리, 4월 하순경에 써서 와사쿠 앞으로 보낸 편지에서 그는 이렇게 말했다.

이 도는 지극히 크다. 굶어 죽는 죽음, 간언하다 죽는 죽음, 목 매달아 죽는 죽음, 칼로 베어서 죽는 죽음, 모두 오묘하다. 그것들을 물리치고 삶을 훔치는 것 또한 오묘하다. 죽는 것은 참으로 어렵다. 하지만 삶을 훔치는 것 역시 그에 못지않게 어렵다는 것을 처음으로 깨달았다.

당시 스기조 앞으로 보낸 편지에서도 이렇게 썼다.

다른 사람들의 평가야 어찌됐든, 자연스럽게 결정했다. 죽음을 구하지도 않고, 죽음을 사양하지도 않는다. 감옥에 있을 때는 감옥에서 할 수 있는 일을 하자. 감옥을 나가서는 나가서 할 수 있는 일을 하자. (…) 모두 하지 않을 수 없는 사정이 있다. 역시 자연스럽지 않은가? 나를 감옥에 가두어놓고 영원히 석방하지 않겠다면 그것도 자연……

와사쿠 앞으로 보내는 편지에도 있듯이, 이즈음 쇼인에게서 이미 '도는 지대하게 크다'라는 말이 보인다. 죽음보다 삶 쪽이 더 어렵다는 것을 말하며, 생사 관념에 대해서는 '자연'이라는 단어를 사용하고 있다. 이러한 것은 맨 처음에 소개한 신사쿠 앞으로 보낸 편지에 "도를 다하면 마음이 편안해진다. 이곳이 바로 죽을 곳"이라고 한 7월의 심경에 그대로 연결된다.

"도를 다한다"는 말은 도로써 해야 할 일을 전부 다 한다는 뜻이다. 이러한 도는 천도天道 혹은 인도人道와도 바꿀 수 있다. 하늘에서 부여받은, 사람다울 수 있는 '도'라고도 할 수 있다.

그는 "모두 하지 않을 수 없는 사정이 있다"고 했는데 이는 말하자면 '자연스러움'이다. 5월의 문장에 '인정人情'이라는 단어가 보이듯이, '하지 않을 수 없는' 자연스러움에는 인정의 자연스러움도 포함되어 있다고 해도 좋을 것이다.

인정에 역행하면서까지 무리하게 죽음을 구하지 않는다. 그렇다고 인정에 푹 빠지지도 않는다. 인정을 바탕으로 삼아 사람으로서 해야 할 일을 모두 다 하는 것이다. 그 결과 아주 맑은 경지에 도달한다. 그때에는 살아도 좋고 죽어도 좋다. 주어진 것이 죽음이라면 그것이 죽는 때라는 것이다.

인정을 거슬러가면서까지 무리하게 죽음으로 달려나가지는 않는다. 그가 이렇게 말한 것은 감옥에 투옥되어 얼마 지나지 않은 때, 즉 1월에 실행한 단식을 돌아보면서다.

그때는 친구들은 물론, 후견인 역할을 해주었던 숙부 다마키 분노신玉木文之進도 몹시 놀라워했다. 이에 그는 쇼인에게 "평생 성급한 성질을 이기지 못하고, 또 도리를 잘못 판단한 점도 있다"며 책망하는 편지를 써서 보내기도 했다. 하지만 아마 그때 그에게 가장 크게 감동을 준 것은 무엇보다 어머니 다키瀧로부터의 식사 차입과 함께 전해 받은 편지였을 것이다.

엄마도 병이 많아 몸이 몹시 쇠약해졌다. 오래 살기는 힘들 것 같구나. 혹시 노야마 감옥에 가더라도 무사히 있어만 준다면 엄마에게는 참으로 큰 힘이 될 것이다. 부디 짧은 생각은 하지 말고 오래도록 살아 있기를 기원한다. 이 글을 일부러 준비하여 보내니 엄마에게 꼭 답장해주길 바란다. 몇 번이고 몇 번이고 되풀이하여 마음을 고쳐먹기를 거듭거듭 기원한다.

어머니를 위해서 음식을 먹도록 부탁한다, 거듭 되풀이하여 기원한다는 이 편지를 읽고 쇼인이 어떤 생각을 했는지 알 수는 없다. 하지만 그는 결국 이틀 만에 단식을 중단했다.

와사쿠 앞으로 4월에 보낸 편지에서 그는 이렇게 썼다. "억지로 죽음을 구하는 것은 고통스러운 죽음이다." "나는 고통스러운 죽음이 불가능한 남자다. 기꺼이 죽는 것이 좋다. 그것이 다른 사람에게 부끄럽지 않다. 왜냐하면 나는 정인情人이기 때문이다."

여기서 '정인'은 단지 정에 약하거나 정이 많은 사람이 아니라, 아마도 끊임없이 '진실한 정眞情'에 의해서 움직이는 사람이라는 뜻일 것이다. 그러한 진실한 정을 거슬러 무리하게 죽는 것은 고통스러운 죽음이다. 사람으로서 그칠 수 없는 진실한 정을 다하고 혹은 정성을 다한 뒤에 죽어야 할 때가 온다면 기꺼이 죽는다. 그렇게 기꺼이 죽는다면 결코 다른 사람들에게 뒤처지지는 않는다는 것이다.

'정인'이라는 단어에서 나는 이탁오의 「약무若無가 어머니에게 보내는 글을 읽다」(『분서』 제4권)를 떠올린다.

약무라는 청년은 이탁오의 영향을 받아서 출가했다. 그리고 용호에서의 생활을 버리고, 아주 먼 곳에 있는 금강산金剛山으로 수행을 떠나려고 했다. 이를 슬퍼한 어머니의 편지가 『분서』에 수록되어 있다.

"하물며 진소秦蘇 형이 너에게 절을 사주고 나서는 그 보살핌에도 각별한 것이 있었다. 너는 도道의 도리를 마음으로 삼지만 나는 세상살이의 도리를 마음으로 삼는다. 이 세상의 도리가 있는 곳에 도의 도리도 있는 것이 아니냐?"
"내가 나이 들어 늙은 것은 관두더라도, 너의 두 아이는 아직 보살펴주지 않으면 안 된다. (…) 도대체 너는 가족의 일로 마음이 움직이는 것이 있는가? 없는가? 만약 마음이 움직이는 일이 없다면, 그러한 도리는 있을 리가 없다. (…) 무엇에도 구애받지 않고 마음이 움직이지 않는 것과, 가족의 일과 관련하여 마음이 움직이는 것 중 도대체 어느 쪽이 참다운 것이며 어느쪽이 거짓이겠는가? (…) 가족의 일에 구애되는 것은 겉보기에 마음이 움직이는 것과 같은 것으로, 마음 깊은 곳에는 편안함이 있다. 사실 이것이야말로 부동심不動心이라는 것이다."

"너는 시험 삼아 자신의 마음 안을 응시하고 직시해서 살펴보거라. 가족을 분명히 편안하게 하는 것, 그것이 네가 말하는 정주定住의 마음이요, 금강金剛의 마음이겠지. (…) 너는 이러한 자신의 마음을 안주安住하는 장소로 하지 않고, 바깥의 경치만 보고 안주할 장소를 찾는구나. 분명히 이 용호에서는 정숙한 장소를 찾을 수 없기 때문에 금강산을 안주의 장소로 삼으려는 것이겠지만, 만약 금강산에서 정숙한 장소를 찾을 수 없다면 어디에 가려는 것인가. (…) 너 자신의 마음이 정숙하지 않는 한, 금강산에 가더라도 혹은 바다 바깥으로 나가더라도 점점 더 정숙해지지 않을 뿐일 것이다."

이러한 편지를 전부 인용한 뒤 이탁오는 "약무야, 자네 집에 성스러운 어머니가 계시구나. 자네의 무릎에 참다운 부처가 있구나"라고 썼다. 그리고 약무 어머니의 편지를 칭찬하고, 앞서 자신이 써서 보낸 편지 여러 통이 모두 쓸데없이 목소리 높여 어리석은 사람들을 협박하는 것이라고 자책했다. 그리고 그것들이 진실한 정의情意와는 어떠한 관련도 없으니 빨리 태워서 버렸으면 좋겠다고 했다. "또 원하는 것은, 약무의 성스러운 어머니가 쓰신 편지를 족자로 만들어 염불을 배우는 사람들이 언제든 잘 읽을 수 있게 하면 좋겠다. 그렇게 하면 사람들은 모두 명쾌하게 참다운 부처를 생각하고, 잠시라도 가짜 부처를 생각하는 일은 없어질 것이다"라고도 썼다.

관념적인 이념에 빠져, 인간의 참다운 정에서 벗어난 어떤 곳에서 도를 구한다면 이는 진실한 도가 아니다. 세상에 존재하는 도리 가운데 바로 도의 도리가 있다.

쇼인이 약무의 어머니가 쓴 편지에 자신의 어머니 다키가 쓴 편지를 겹쳐서 읽었으리라고 추측하는 일은 지나친 것일까? 쇼인이 『분서』에서 베껴 쓴 부분을 살펴보면 심정을 솔직하게 토로한 내용과 도에 대한 진실한 정을 말한 내용이 반 이상을 차지한다. 그러한 경향으로부터 말한다면 쇼인은 이러한 글에 뭔가 공감을 했을 것이다. 하지만 쇼인이 왜 그랬는지, 이 편지는 베껴 써놓지 않았다.

자신의 개인적인 일과 다소 비슷하기 때문에 다른 사람에게 보여주는 것을 꺼렸을지도 모르겠다. 아니면 어머니라고는 하지만 여성의 말에 마음이 움직인 이탁오를 너무 나약하다고 생각했을지도 모르겠다. 혹은 옛날에 어머니의 편지 때문에 마음이 움직인 자신을 몰래 부끄러워했을지도 모르겠다. 어찌되었든 경향이 매우 비슷한 문장 가운데 무슨 이유에서인지 이 문장만은 베껴 쓰지 않았다.

오히려 그와 직접적으로 관계가 있을 법하지 않은 『분서』 제 2권의 「장순보에게 보낸다」를 베껴놓았다. 이 글은 이탁오의 사위 장순보에게 보낸 편지다.

부인 황의인이 죽었다는 연락을 받고 이탁오 자신이 쓴 답장 이었다. 여기서의 이야기와 직접적으로 관련된 것은 아니지만, '정 인'이라는 단어가 나왔으니 참고로 소개해두기로 한다.

당시 이탁오는 68세였다. 가족과 떨어져 혼자서 호북성의 용 호에 살고 있었다. 부인은 장녀 및 그 신랑인 장순보와 함께 고향 복건성 천주에 살고 있었다(이탁오는 4남 3녀를 낳았는데 장녀 외에 는 모두 요절했다). 앞서 소개한 「예약」에도 나온 것처럼 용호와 천 주는 편도 40일 정도 걸리는 거리였다. 그래서 사망의 부음은 장 례가 무사히 끝났다는 보고이기도 했다.

일재日倅가 와서 장례가 끝났다는 것을 알았다. 기쁘다. 사람의 일생이란 이러한 것이다.

이렇게 글을 시작한 이탁오는 계속해서 썼다.

함께 살아온 40여 년, 서로 심정이 융합되어 상대의 마음을 깊 이 이해하는 것이 있었다. 내가 단신으로 용호에 떨어져 산 지도 오래되었다. 고향이 같은 두 사람이 서로 이렇게 떨어진 채 오랫동안 지낸 지금, 솔직히 아내에 대한 생각을 완전히 끊어버리는 것은 가능하지 않다.

장순보 앞으로 보낸 편지에서 아내 황의인에 대한 생각을 적은 것이다. 떠오르는 생각을 써나가기 시작하다가 아내 이야기에 이르러 이렇게 썼다.

하늘에서도 지금까지 내가 말한 것을 언제나 잊지 않고 마음에 기억하고 있던 것처럼 해주길 바라네. 그리고 내 수명이 다할 때에는 금방 달려와 마중해주길. (…) 그때까지는 염불하는 곳에 몸을 기탁하는 것도 좋지 않을까? 혹은 내가 평생 동안 사귀었고 경애한, 죽은 친구들을 만나 함께 염불 도장에 귀의하여 내가 가는 것을 기다려주는 것도 좋네.

68세라고는 생각할 수 없을 정도로 눈시울이 뜨거워지는 문장이다. 그는 이러한 모습을 감추려고 하지 않았다. 눈물을 훔치고 굳이 삭발 출가를 하여 도에 귀의하고자 했다. 바꿔 말한다면 도에 귀의했으면서도 이렇게 눈물을 흘리며 애정을 토로한 것이다. 이러한 '정인'의 모습에 쇼인은 무언가 느끼는 바가 있었다. 그래서 이것을 옮겨 적었을 것이다.

눈물이 많은 사람은 좀더 깊이 진실한 정으로 살아갈 수 있다. 말하자면 그것이 이탁오에게는 도道였다. 눈물을 흘리며 죽은 아내를 사랑하는 이탁오의 마음과 고독한 절망감을 떨치고 도를 찾고자 하는 쇼인의 마음은 차마 어찌할 수 없는 진실한 정에 의한 것이라는 점에서 하나다.

쇼인은, 고통스러운 죽음은 택할 수 없지만 기꺼이 죽는 것은 누구보다 기꺼이 택할 수 있다고 했다. "왜냐하면 정인이기 때문이다." 앞뒤 문맥에 충실하게 그것을 해석한다면, 고통스러운 죽음을 택하지 않는 것도 정인이기 때문이며, 다른 한편 기꺼이 달게 죽는 것도 정인이기 때문이다. 진실한 정을 거스르지 않고, 진실한 정으로 산다. 진실한 정으로 사는 것이 도를 다하는 일이기도 하다. 이렇게 해석해도 좋을 것이다.

어찌되었든 '고통스러운 죽음'을 갈망하고 있던 3월과 비교해 본다면, 4월, 5월 이후에는 변화가 적지 않았다.

이러한 변화에 대해, 그는 서두에서도 보았듯이 "이탁오의 『분서』 덕이 크다"고 말했다.

7.
죽음이라는 글자 2:
어떤 회심

———

여기서 다시 한번 이탁오의 '죽음이라는 글자'에 대해 쇼인이 요약한 문장으로 돌아가본다.

쇼인이 요약한 것을 재요약하면, 결국 도를 다하면 마음이 편안해지며, 그때가 죽을 때라는 것이다. 그리고 몸은 없어질지언정 혼이라도 남아 있으면 부족한 것은 없다고 했다. 이 두 가지로 압축된다.

이 둘에 대해서 그는 어떻게 『분서』로부터 얻은 것이 있다고 했을까?

도를 다하고 마음이 편안해지는 것에 대해서는 지금까지 '진실한 정'을 다한다는 측면에서 살펴보았다.

이것은 사실 내가 쇼인과 이탁오 두 사람을 모두 '진실한 정'을 가진 사람으로 보고, 거기에 공통점이 있다고 여겼기 때문이다. 하지만 진실한 정만으로는 정념情念의 세계에 빠질 수 있다. '도를 다한다'는 이상, 그것은 도가 아니면 안 된다. 앞서 도를, 하늘에서 부여받은 사람다울 수 있는 도라고 설명했다. 사람다울 수 있는 도란 단지 부모와 자식, 부부 사이에만 한정되지 않는다.

쇼인의 경우를 말하자면 존왕양이의 도를 들 수 있다. 이는 사람으로서 해야 할 사회적인 당위의 도다. 그러면 무엇이 사회적인 당위인가? 이 점에서 두 사람을 비교해본다면 서로가 무척 다르다.

그러므로 여기서는 공통점만으로 한정한다. 사회적인 당위의 내용은 각기 다른 것으로 인정하고, 단지 이를 수행하는 방법에 한정하여 설명하기로 한다.

그렇게 하면, 당위를 수행한 뒤 무아無我의 '진실한 정眞情'의 역할이라는 공통항이 보인다. 쇼인이 이탁오를 베껴 쓴 초록 중 제3권의 「하심은何心隱을 논하다」라는 글이 있다. 그중 이러한 내용이 있다.

> 죽음을 무서워하지 않는 이는 없지만 하심은이라는 사람만은 그것을 두려워하지 않았다. (…) 머리가 잘려 죽는 것도 내장이 잘려 죽는 것도, 어느 쪽도 기뻐할 일은 아니다. 100가지 약이라도 독이 되는 것이 있는가 하면, 한 가지 독이라도 약이 되는 것이 있다. 어느 쪽이 독이라고도 할 수 없다. 굳세게 위엄을 갖추고 밝은 곳에서 죽는 것도 죽음이라고 한다면, 나약하게 어두운 곳에서 죽는 것도 죽음이다. 어느 쪽이 더 격렬하다고 할 수 없다. 이것은 하심은도 분명히 잘 알고 있었을 것이다. 진실이구나, 하심은이 죽음을 두려워하지 않았다는 것이. (…) 어떤 죽음을 맞게 되든, 하심은은 그것을 받아들였을 것이다. 그렇다면 하심은은 죽음을 두려워하는 것도 아니고,

또 죽음을 두려워하지 않는 것도 아니었다. 단지 그것을 조용히 따랐을 뿐이다. (…) 하심은이 죽음을 원하는 것은 이로써 이름을 이루고자 갈망했기 때문이라고 말하는 사람이 있지만, 그것은 틀리다. 죽음은 죽음이다. 어떤 이름을 이루겠다고 하심은이 죽음을 바랐겠는가? (…) 원래 충효와 절의는 세상 사람들이 죽는 이유인데, 이는 세상 사람들에게 좋은 평판을 받기 때문이다. 소위 죽음이란 태산보다 무겁다는 말이 바로 이것이다. 하지만 도를 위해 죽는 사람이 있다는 말을 나는 들은 적이 없다. 도에는 본래 이름이 없다. 이를 위해서 죽는다고 하더라도 사람들의 평판과는 상관없다. 하심은은 도를 위해서 죽은 것이다. 나는 아마도 하심은이 죽은 뒤에 모든 것이 망각의 저편으로 인멸했으리라 생각한다. 지금 하심은이 죽은 무창武昌을 보니 수십만의 사람 중에 한 명도 하심은을 아는 이가 없다. (…) 하심은의 죄상이 종이에 적혀 길거리에 나붙자 모여서 보는 자가 모두 입이면 입마다 억울하다고 목소리를 높인다. 그중에는 우는 자도 있었다. (…) 당시 인심의 추세를 알 수 있다.

하심은은 명나라 때 재상 장거정張居正과 정책 면에서 대립하고 있었다. 그 때문에 장거정에게 아첨하는 관료로부터 모함을 받아 무창에서 옥사했다. 쇼인은 이 인물에 대해서 아무것도 모른 채로 「하심은을 논하다」라는 글을 통해 그 인물됨에 공감했던 것 같다. 그래서 자주 편지 속에서 하심은의 이름을 들어 그가 이탁오로부터 '견룡見龍'이라 불리는 것과 관련하여 언급했다. 예를 들면 겐즈이에게 "「하심은론何心隱論」을 읽었는데, 나는 우선 '항룡亢龍'으로 해두길 바란다"고 편지를 써 보내기도 했다.

'견룡'이나 '항룡'은 『주역』건괘乾卦에 나오는 말이다. 건괘란 양효陽爻 즉 긴 막대(─)가 6개 나열된 괘다. 그중 가장 밑에 있는 막대기爻가 잠룡潛龍이다. 그 위는 견룡이며 가장 위에 있는 막대기가 항룡이라 불린다. 잠룡은 연못의 바닥에 잠겨 있는 용으로, 세상에 나오지 않은 모습을 상징한다. 견룡은 용이 모습을 드러낸 것이며, 항룡은 위로 끝까지 올라가버린 것을 말하는데, 허물을 남긴 모습이라고 해석하기도 한다.

이탁오는 하심은을 견룡의 위치에 있는 사람이라고 하면서, 다른 한편 용이기 때문에 위로 끝까지 올라가지 않을 수 없다고 보았다. 그래서 항룡의 상구上九(가장 위에 있는 양효) 위치를 공허하게 할 수는 없다고 했다. 그렇다면 하심은은 '상구의 대인大人'이라고도 할 수 있다고 평가했다. 이를 받아서 쇼인은 자신을 항룡의 자리에 두라고 말한 것이다. 이로써 자신이 위기와 혼란을 두려워하지 않는다는 의지를 보여주고자 했으리라 추측된다.

한편 「하심은론」에서 도를 위해 죽는 것은 충효와 절의를 위해 죽는 것보다 위에 있는 것으로 보았다. 왜냐하면 전자는 이름을 세워 좋은 평판을 얻을 수 있지만, 후자는 그것으로 좋은 평판을 얻을 리가 없기 때문이다. 말하자면 이름을 넘어서서 "이름을 붙일 만한 이름이 없기" 때문이다. 이러저러한 명분을 얻기 위해 죽는 것이 아니라 단지 도를 따르다가 죽어야 한다면 죽는 것뿐이다. 이렇게 죽은 하심은은 그 때문에 오히려 많은 사람의 마음을 감동시켰다고 이탁오는 말하고 싶어했다.

> 굳세게 위엄을 갖추고 밝은 곳에서 죽는 것도 죽음이요, 나약하게 어두운 곳에서 죽는 것도 죽음이다. (…) 어떻게 죽게 되든 그것을 받아들인다. 죽음을 두려워하는 것도 아니고, 죽음을 두려워하지 않는 것도 아니다. 단지 그것을 조용히 따를 뿐이다.

이름이라는 유한한 가치를 따르는 것이 아니라, 도라는 무한한 가치를 따라 죽을 때 사람은 조용히 그것을 따라갈 수 있다. 왜냐면 그러한 때에 사람은 이미 생사를 넘어서기 때문이다. 따라서 그러한 죽음도 오히려 영원한 삶이 된다. 이러한 뜻일 것이다.

쇼인이 『분서』의 등장인물 중 특별히 하심은을 좋아하고, 자신을 하심은과 비교해 보인 일은 하심은에게서 마음을 감동시키는 무언가를 찾았기 때문일 것이다. 특히 「하심은을 논하다」에 서술되어 있는, 소위 도를 위해 죽는다는 죽음의 모습에 크게 감동되었을 것이다.

도를 다하여 마음이 편안해지는 때, 바로 그때가 죽을 때다.

이러한 '도'에는 하심은이 보여준 '이름'을 넘어선 생사의 관념이 겹쳐 있었다고 할 수 있다. 그렇게 생각되는 이유는 '이름'이라는 현세의 가치를 벗어나는 것이 쇼인에게는 죽음의 현세적인 효용에서 벗어나는 것을 의미하기 때문이다. '죽음이라는 글자'를 생각하기까지 쇼인으로서는 죽음이 사람들을 감동시켜 그들이 들고일어나게 하는 기폭제였다. 그러한 효용을 명분으로 삼고 목적으로 삼는 것이었는데, 이는 말하자면 '이름'을 위한 것이었다.

결국 쇼인은 도를 다하고 마음이 편안해지는 것을 최고의 도리로 삼고자 한 것이다. 이는 쇼인 자신이 어떻게 의식하고 있었는지는 차치하고라도, 그가 '이름'을 넘어서 하심은의 '도를 위한 죽음'에 동감했다는 것을 의미한다.

『분서』를 통해 보이는 특징의 하나로, 현세적인 가치의식을 극복하고자 하는 경향을 들 수 있다. 사실 쇼인은 『분서』의 초록 중에서 몇 가지 그와 유사한 것을 주석으로 표시하여 그에 대한 공감을 표시했다. 예를 들면 다음과 같다.

대지의 중생은 보는 것이 형체의 범위 안에 있다. 형체의 바깥은 보지 않는다. 욕망하는 것은 겨우 수십 세대의 시간에 있다. 수만, 수억 년의 숫자를 넘어선 것을 욕심내지는 않는다. 공명이나 부귀는 백 년의 음식이다. 자손을 위해서 기반을 세우는 것은 수십 세대의 음식이다. 현자賢者로서 불후의 이름을 남기려 함은 이름을 탐하는 것이다. 그들에게 중요한 것은 하늘과 땅과 함께 서로 부서지는 것이다. 깨달은 자는 이것을 웃으면서 어리석다고 한다. 많은 사람의 병은 이익을 좋아하는 데 있다. 현자의 병은 이름을 좋아하는 데 있다.

이는 제2권에 나오는 「유방백劉方伯에 보내는 답장」을 쇼인이 잘 정리해서 요약한 뒤 주석으로 표시한 것이다. 거의 쇼인의 문장이라고 해도 좋을 정도로 아주 훌륭하게 요령껏 정리됐다.

대지의 중생이 보는 범위는 자기 몸이 속한 세상 안에 한정되어 있다. 그 바깥을 넘어서서 보는 것은 불가능하다. 욕망을 갖는 범위도 기껏해야 수십 세대를 벗어나지 않는다. 만억萬億 세대의 바깥까지는 미치지 못한다. "많은 사람의 병은 이익을 좋아하는 데 있다." 공명이나 부귀 따위는 100년을 넘지 않는 것이다. 자손을 위해 기반을 세우는 것도 수십 세대를 넘지 않는다.

"현자의 병은 이름을 좋아하는 데 있다." 지혜로운 자가 불후의 이름을 세웠다고 하더라도 그 이름 역시 언젠가는 천지와 함께 사라진다. 진실로 깨달은 자는 그것조차 어리석다고 한다. 이러한 뜻이다.

이탁오는 '원견遠見'이라는 단어를 자주 사용했는데, 영원한 시간을 본다는 의미에서 그리했다. 그에게 도에 대한 이미지는 그 정도로 철저하게 초현세적이었다.

하지만 그는 현세를 버리라고는 하지 않았다. 그와는 정반대다. 쇼인도 마찬가지였다. 쇼인이 주석을 달아놓은 한 구절을 인용해본다.

경세經世의 바깥에 어찌 따로 출세出世의 방법이 있겠는가? 출
세의 뜻이 어찌 또 경세의 일을 외면하는 것이겠는가? 소위 대
승大乘은 상근上根(수양할 수 있는 자질이 뛰어난 사람)을 기다린다
는 것 역시 출세와 경세뿐이다.

이것도 제1권의 「경중승경中丞의 담淡을 논하는 것에 답한다」
라는 글을 쇼인이 임의로 재배치한 것이다. 마지막 두 줄은 쇼인
이 자신의 생각을 덧붙인 것이다. 요약이라기보다는 미비眉批, 즉
쇼인의 코멘트라고 해도 좋을 것이다. 이는 『분서』에 보이는 이탁
오 평생의 사고방식과 완전히 일치한다. 그러한 측면에서 훌륭한
요약이라고 하지 않을 수 없다.

이 세상과 관련된 일을 떠나 그 밖에 별도로 어떤 출세간이
있겠는가? 세간世間을 초월한다는 '출세'의 본뜻은 경세의 일 안에
있다는 것이다. 진실한 대승은 자질이 뛰어난 사람에 의한다고 하
지만 결국 이는 출세와 경세가 하나라고 깨닫는 것 외에는 없다.
이러한 뜻이다.

이 세상을 이탈하여 초월적이며 반세속적인 사람으로 살아가
려는 것이 아니라, 세상 안에 풍덩 빠져 세상의 여러 일에 정면으
로 대응하면서 사는 것이다. 나아가 그 가운데 매몰되거나, 또 너
무 깊이 빠져 어찌할 바를 모르면서 사는 것이 아니다. 현재의 일

을 꿰뚫어보면서, 멀리 바라보고 우주 크기의 시점 그리고 무한의 시점에서 현재를 이해하며, 현재 안에서 진실로 바람직한 상태를 전망하는 것이다. 이것이 도와 세상에 대한 이탁오의 인식이었다.

기본적으로 그는 부모와 자식, 부부 사이에서의 개별적이고 구체적인 관계에 존재하는 인간적인 애정을 인정한다. 하지만 개별적인 관계에 속박되지 않고 그것을 통해 인간 세상의 '진실한 정'을 바라본다. 그리고 그러한 보편적이고도 인간적인 진실한 정에 의해 개별적인 관계가 더 높은 경지로 올라가기를 바란다. 나아가 현세의 욕구나 수십 대의 긴 시간에 걸쳐 있는 욕구에 구애받지 않고 진정한 사회관계를 조망해가려는 것이 그의 현세관現世觀이라고 할 수 있다.

한편 쇼인의 현세관을 말한다면 첫째, 조슈번 무사라는 입장에서 이탈하지 않고 그로부터 진실로 바람직한 미래상을 전망한다. 그러한 전망으로부터 현재의 체제를 비판하면서 자신이 지금 해야 할 일을 주시한다. 그것이 쇼인이 현세를 바라보는 입장이었다.

또 쇼인의 경우 그의 현세관을 생사 관념으로 이해한다면, 생사의 현장에 있으면서 생사의 관념에 속박되지 않고, 생사를 넘어서고자 한다. 그렇게 넘어선 곳에서 생사에 대응하는 것이다.

적어도 죽음에 조급해하던 시기의 쇼인에게는 경세의 죽음, 즉 치열하게 살면서 현실에 부딪히는 죽음은 있을지라도 출세의 죽음, 즉 세상을 초월한 죽음은 없었다고 할 수 있다. 그의 죽음은 완전히 현세의 목적에 종속되어 있었고, 개개의 사건에서 죽음의 효과를 크게 기대하고 있었다. 그러한 현세적인 생사를 초월적인 생사로 이해할 때는 개개의 생사에 투영된 현세적인 의미는 사라져버릴 것이다.

하나하나의 생사 자체에 의미가 있진 않다. 의미는 개개의 생사를 관통하는 이념에 있다. 그러한 이념을 가장 높은 것으로 삼고 살아갈 때 삶은 영원하다. 육체의 존망은 문제 되지 않을 것이다.

이렇게 이해한다면 앞서 소개한 쇼인의 요약도 다른 측면에서 의도하는 바를 살펴볼 수 있다.

도를 다한다 함은 단지 사람으로서의 도를 다하는 것에 그치지 않는다. 무한의 시점에서 진실로 해야 할 일을 철저하게 수행하는 것이기도 하다. 이는 죽음에 대한 현세적인 의미 부여를 버리고, 좀더 높은 차원에서 존왕양이의 이념으로 살아간다는 것이다. 누가 배신하고, 누가 '개'라는 문제가 아니다. 그러한 개개 현상에 매몰되지 않고, 이를 넘어선 좀더 강한 신념, 즉 존왕양이에 대한 일종의 낙관적인 전망을 가지고 강한 신념으로 살아간다는 뜻이기도 할 것이다.

그때는 신체상의 생사가 이미 문제 되지 않는다. 문제는 그러한 이념이나 신념이 얼마나 강한가, 얼마나 영원한 것인가이다. 말하자면 이는 쇼인이 말한 '몸은 없어져도 혼은 살이 있다'는 것이 아닐 수 없다.

이 세상에 몸은 살아 있어도 마음이 죽은 자가 있다. 또 몸은 죽었어도 혼이 살아 있는 자가 있다. 마음이 죽으면 살아 있어도 이익이 없다. 혼이 살아 있으면 죽어도 손해가 없다.

마지막 구절인 '손해가 없다'는 말에서 '손해'란 줄어든다는 뜻이다. 혼이 존재한다면 설사 몸이 없어졌어도 줄어드는 것은 아무것도 없다는 뜻이다.

앞의 문장에서는 육체의 생사를 넘어 한층 더 높은 곳으로 올라선 쇼인의 편안함이 느껴진다.

흥미로운 것은 쇼인이 '죽음이라는 글자'에 대해 깨달은 바가 있다고 했을 때와 앞서 소개한 친구들과의 화해 시기가 시간상 일치한다는 점이다. 또 시국에 대한 인식의 완화도 같은 시기에 보이기 시작한다. 가령 당시 그는 일본이 미국의 속국이 될 위기에 처한 것에 대해서 이렇게 말했다.

고향의 친척, 친구, 제자들과 함께 상당히 믿을 만한 인물이 있다. 또 아직 막부가 손을 쓰지 못한 곳도 있다. 일본도 아직은 멸망에 이르지 않았다.

아마도 당시 그는 지난날에 초조해하면서 느꼈던 절박한 위기감에서 벗어난 것 같다. 좀더 높은 위치에서 사태를 널리 보고 조감할 수 있게 된 것이다. 그때까지 개별 사건에 눈을 밀착시켜 거기서 전체 국면을 보고 있던 그가 전체적인 국면으로부터 개개 현상을 널리 둘러볼 수 있게 된 것일까? 아무래도 그의 시점은 180도 전환되었던 것 같다.

그가 서하책을 추진할 때는 거기에 몰두하여 전체 국면의 승패를 걸었다. 그때 그는 그러한 책략의 성패를 전체 국면의 성패로 간주했다. 그래서 거기서 죽음의 의미를 찾았던 것이다. 결국 쇼인이 '죽음이라는 글자'에 대해 새로운 인식의 전환을 이룸으로써 시점 자체도 바뀐 것이다.

달리 말한다면, 어둠 가운데서 한 점의 죽음을 응시하고 있었던 협소한 시야가 와이드스크린처럼 넓어졌다. 쇼인은 거기서 유구한 미래를 관망했는지도 모른다. 고립된 가운데 사건 하나하나에 희비를 느끼는 것이 아니라, 강인한 신념을 가지고 주위 사람들과의 연대 속에서 느긋하게 관망하게 된 것이다. 그러한 신념의 확대가 이 시기의 그에게서 느껴진다.

'회심回心'이라고도 할 수 있는 인식의 대전환이 '죽음이라는 글자'를 둘러싸고 이루어졌던 것이다.

이 시점에 미래가 갑자기 밝아지고 넓어진 것은 아니다. 신념의 확대가 전망을 밝게 만든 것에 지나지 않았다고 할 수 있다.

죽어서 불후不朽의 가능성이 보이면 언제든 죽을 수 있다. 살아서 큰 업적을 세울 희망만 있다면 언제든 살 수 있다.

이렇게 말한 쇼인에게서는 '생사를 염두에 두지 않는' 일종의 '체관諦觀(체념)'에 가까운 편안함이 느껴진다. 참고로 불교에서 '체관'이란 일반적으로 말하는 '체념해버린다'는 뜻이 아니다. 부처의 영원성을 깨달았을 때의 투명한 느낌을 의미한다.

회심이라고도 할 수 있는 이러한 전환은 결코 우연히, 갑자기 바깥에서 찾아온 것이 아니었다. 또 단지 이탁오를 읽었다는 이유로 얻어진 것도 아니었다.

앞서 소개한 요약의 요약, 즉 쇼인 자신이 코멘트한 문장에서 살펴볼 수 있듯이, 『분서』를 그렇게 읽는 쇼인 측에 토대가 이미 마련되어 있었던 것이다. 실제로 '도를 다하면……'이라든지, '몸이 없어져도……'라는 문장을 『분서』의 요약이라고 말한다면, 그 말을 듣고 고개를 갸우뚱거리지 않을 이탁오 연구자는 없을 것이다.

분명히 거기에는 쇼인의 주관적인 생각이 담겨 있다.

그렇게 생각하고 보면 쇼인에게는 원래 현세에서 욕구하는 바가 없었다. 그는 현세를 초월한 이념 속에서 살았으며, 죽는다는 것이 그의 특징이었다. 그러한 점이 곧바로 주목된다.

예를 들면 그는 이미 『강맹여화』의 「어른은 갓난아이의 마음을 잃지 않는다」라는 항목에서 이렇게 말했다.

갓난아이의 마음은 순일純一하고 거짓이 없을 뿐이라고 풀이한다. '순일'하다면 조금이라도 이해득실을 비교, 계산하는 생각이 없다. 거짓이 없다면 조금이라도 임기응변을 하거나 기교를 부리거나 속이지 않는다. 그러므로 부귀, 빈천, 생사, 고락의 어느 하나도 바깥의 사물 때문에 유혹되지 않는다. 철이나 돌과 같은 장腸을 가지고 만사에 아첨하지 않는다. 그러니 천하에 어떤 일을 이루지 못하겠는가?

『맹자』 「이루離婁 하」 편에 나오는 문장인데, '순일하고 거짓이 없을 뿐이다'라는 말은 갓난아이의 마음에 대한 주자의 주석이다. 쇼인은 이를 자기 방식으로 다시 부연 설명했다. 말하자면 현세의 욕구에 유혹되지 않고 계산하고자 하는 모든 마음을 버리며 순일하고 거짓이 없는 정성으로 일한다면 어떤 일이 이루어지지 않겠는가 하는 의미다.

물론 그것만 있다면 "모두에게 앞서서 죽음으로 보여준다면……"이라는, 죽음을 향한 돌진도 가능할 것이다. 다른 한편 현세의 틀에 구애받지 않고, 순일하고 거짓이 없는 정성을 다하며, 나아가 생사도 초월한다는 생각도 쇼인의 마음속에는 이미 초기에 배태되어 있었다고 할 수 있다. 이는 1855년 처음으로 노야마 감옥에 들어갔을 때의 일이다.

혹은 그보다 앞서, 밀항 사건으로 덴마 감옥에 갇혀 있던 1854년에도 이미 그러한 모습이 언뜻 보인다. 친구 앞으로 보낸 시에서 그는 이렇게 노래했다.

몸을 가지고 법을 시험해본다.

누군가 같은 것을 해보는 자가 있을까?

서로 대하며 서로 알아가는 한가로움 가운데

머리가 잘리고 허리가 잘려나가도 그가 하는 대로 맡길까?

단지 기대하는 바는 1000년 동안 거론될 공적이 될 것을.

죽음에 가장 적극적이었던 시기의 글에도 보인다.

옛날부터…… 누가…… 공적이 있고 없음을 생각하고 충의를 실천했는가? 세상 돌아가는 상황을 보고 참을 수 없으니 전후 사정을 돌아보지 않고 충의를 결행한 것이 아닌가?

이 글은 앞에서도 소개했는데, 스기조에게 보낸 편지의 한 부분이다. 여기서는 공적과 충의를 대조하여 보여준다. 그것을 현세의 욕구에 대한 그칠 수 없는, 마땅히 해야 할 정성이라고 한다면, 이 시점에도 생사를 넘어 소위 커다란 업적을 이루기 위한 그의 지향이 명료하게 드러난다.

어떤 시기에는 그것이 그를 갑자기 죽음으로 내달리게 했다가 다시 그가 생사를 넘어서게 만들었다. 그러한 원소가 원래 쇼인의 내부에 있었던 것으로, 이탁오라는 매개를 통해 모양을 바꾼 것에 지나지 않는다.

회심은 이탁오로부터 주어진 것이 아니었다. 쇼인 자신이 본래 가지고 있었던 것을 발휘했다.

그는 실제로 "이탁오는 '좋은 친구를 가지고 삶을 이룬다'고 말했다. 이는 나의 마음과 아주 같다. 단지 삶을 이루는 이유가 약간 다르다는 것을 느낀다"고 말하기도 하고, "이씨가 지은 『분서』를 세 번 정도 읽어봐라. 그 논의가 반드시 좋다고만은 할 수 없다. 하지만 나의 마음과 부합된다. 그러므로 그 책을 읽어보면 나의 뜻도 알 수 있을 것이다"라고 했다. 또 "명나라 이탁오의 논의에는 불만스러운 것이 많다. 하지만 나는 그것을 통해서 나 자신을 잘 알 수 있었다"고도 했다.

쇼인은 자신이 이탁오와 부끄러울 정도로 닮았다고 하면서도 서로 다른 데서 오는 위화감을 감추지 않았다. 아니, 심정적으로 공감하는 바가 깊은 만큼, 오히려 차이가 분명히 눈에 띄었다고 해야 할 것이다.

그러한 의미에서 그는 이탁오의 세계에 감쪽같이 속았던 것은 아니다. 그가 그것에 공감을 표하고 얻고 싶은 것을 얻은 데 불과하다.

다른 한편 그가 만약 이탁오를 만나지 않았다면 어떻게 되었을까 하고 생각하지 않을 수 없다. 혹시 만나지 않았다 해도 쇼인이 이렇게 생사를 넘어선 경지에 도달할 수 있었을까?

역시 이탁오와의 만남이 있고 나서야 비로소 그는 그러한 경지까지 도달할 수 있지 않았을까? 이탁오와의 만남이 없었다면 그러한 경지에 도달하는 일은 적어도 7월의 시점에서는 없었을 것이다.

그는 "살아서 큰 업적을 쌓을 수만 있다면 언제든 살 수 있다"고 신사쿠에게 말했다. 또 사실 사로잡힌 몸으로 오랜만에 에도에 가서 "미국 오랑캐는 사람의 마음을 회유하는 수단이 영국 오랑캐보다 크게 뒤떨어진다. 그래서 몰래 기뻐했다"고 말했다. 금방이라도 미국의 속국이 될지 모른다며 궁지에 몰린 위기감을 토로한 그가 약간 여유를 갖기 시작했는데, 바로 그때 보인 실수는 다소 유감스럽다.

당시 그는 "일본이 아직 망하지 않으면 정기正氣가 쌓여 생生을 발하는 때가 반드시 있을 것이다"라는 신념을 새롭게 했다. 바로 그때 스스로 뿌린 씨앗이기는 하지만 그는 어이없이 30세에 목숨을 끝내지 않으면 안 되게 만든, 굳이 하지 않아도 될 진술을 해버렸다. 몹시 애석한 일이다.

하지만 원래 그렇잖았어도 쇼인은 처형을 당했으리라는 설이 있다. 이 설에 따르면, 이이 나오스케의 강경 노선을 따르던 막부로서는 쇼인이 무엇을 했는가보다 쇼인을 어떻게 조치할 것인가가 더 중요했다. 사형은 처음부터 이미 정해진 방침이었다고 한다.

그렇게 말한다면 그보다 열흘 앞서 처형된 하시모토 사나이도, 죄목이라고 한다면 번주의 의향에 따라 히도쓰바시 요시노부를 쇼군으로 옹립하기 위해 동분서주한 것밖에는 없다. 이 점을 들어 사형에 처한 것도 실은 보여주기 위한 의도가 강했다고 할 수 있다. 혹은 각 번의 존왕양이파 지사들 중 오피니언 리더로서 훌륭한 사람을 몇 명 골라 제물로 삼음으로써 그러한 운동 전체를 진정시키려고 의도했을 수도 있다. 막부의 정치적인 의도에 그들이 희생된 것이었는지도 모른다.

하지만 어느 것이 되었든 쇼인으로서는 갑작스레 찾아온 사형의 예고를 순순히 받아들였다. 사형 집행을 통보받고 그는 "문초한 뒤에 실시한 너그러운 조사는 전혀 쓸모없었다. 나를 속이려는 술수였다"며 일단 화를 냈다. 하지만 금세 "처음부터 목을 자르려고 작정한 것이 틀림없다"면서 사형이 이미 정해진 것임을 깨달았다. 그러자 한층 더 강하게 나아갔다.

우가이鵜飼(우카이)나 하시모토 사나이 등 명사와 같은 죽을죄라면, 소생(쇼인)이 원래 바라던 바다.

그는 이렇게, 갑작스러운 죽음을 맞이하여 그것을 몹시 고분고분하고 자연스럽게 받아들였다.

앞서 설명한 것처럼 사형의 예고라고도 할 수 있는 공술서의 확인은 10월 16일에 있었다. 판결을 전달하고 곧바로 처형을 실행한 것은 27일이었다. 그 10일 동안 그는 부친, 숙부, 형과 어머니 혹은 친구, 제자들 앞으로 유서를 썼다. 또 『유혼록留魂錄』을 정리했다. 다음은 가족에게 보낸 유서의 내용이다.

평생 이루어놓은 학문이 천박하여 지성으로 천지를 감격시키는 일을 하지 못한 채 갑작스러운 변을 당하게 되었습니다. (…) 부모님을 생각하는 마음보다 더한 부모의 마음, 오늘의 소식이 어떻게 들릴까요? (…) 오랑캐는 멋대로 자유로이 활보하지만, 신의 나라(일본)는 아직 땅에 떨어졌다고 할 수 없습니다. (…) 천하의 일에 너무 힘을 쏟지 마시기 바랍니다. 모쪼록 마음을 편히 가지시고, 옥체玉體를 소중히 보존하시어 오래오래 사시기 바랍니다. 이상.

가대인家大人 슬하膝下
옥장인玉丈人 슬하
가대인 좌하座下

10월 20일 도라지로(쇼인) 백배百拜

받는 사람에서 맨 처음에 나오는 가대인(집안의 대인)은 부친 스기 유리노스케다. 그다음의 옥장인은 숙부인 다마키 분노신이며, 가장 나중에 나오는 가대인은 '가대형家大兄'을 잘못 쓴 것이다. (이렇게 잘못 쓸 정도라면 어떠한 심정이었을까? 단순한 오기誤記일지도 모르겠다.) 형 스기 우메타로를 그렇게 지칭한 것이다.

그는, 부모를 생각하는 자신의 마음과 그것보다 훨씬 더 간절하게 자식을 생각할 부모의 마음을 비교했다. 그렇게 굳세던 쇼인도 마음을 평온하게 갖기는 힘들었을 것이다. 부모를 생각하는 심정과 '신의 나라' 일본 그리고 '천하의 일'을 생각하는 심정이 어딘가에서 하나 되었다는 것은 참으로 훌륭하다고 하지 않을 수 없다.

생모인 스기 다키杉瀧와 양모 요시다 구마吉田久滿 앞으로 보낸 유서는 위 편지의 추신 형식을 취한 것이다.

> 두 어머님께, 부디 옥체를 잘 보존하시는 것에만 힘쓰시길 빕니다. 저는 처형당하더라도 머리만이라도 묻어주는 사람이 있다면 아직 천하(일본) 사람들에게 버림받지는 않았다고 할 수 있습니다. 웃어넘기시고 개의치 마시기 바랍니다. 고다마兒玉, 오다무라小田村, 구사카丘坂 세 여동생에게 지난 5월에 말해둔 일을 잊지 말아달라고 전해주시기 바랍니다. 부디 제 죽음은 슬퍼하지 마시고, 두 분이 하시는 일만 소중히 여기시길 바랍니다.

자신의 죽음을 슬퍼하는 것보다는 두 어머니 자신의 일에 마음 쓰시기 바란다는, 격려라고도 할 수 있고 훈계라고도 할 수 있는 정겨운 문장을 썼다. 고다마, 오다무라, 구사카 세 여동생은 고다마 하치노신兒玉初之進에게 시집간 맨 위 여동생 지요千代, 오다무라 시키小田村士毅에게 시집간 둘째 여동생 히사壽, 구사카 겐즈이丘坂玄瑞에게 시집간 막내 여동생 아야文를 말한다.

5월에 세 여동생에게 말해두었다 함은 에도로 압송된다는 소식을 받은 그날인 5월 14일 여동생들에게 편지로 말해둔 것을 가리킨다. 그날 쇼인은 누구보다 먼저 이들에게 곧바로 편지를 썼다.

그 편지에서 쇼인은, 자신은 살아서 돌아가지 못할지도 모르나, 국가를 위해서라면 그 또한 원하는 바라고 썼다. 그렇게 말하기는 했지만 "부모님께 커다란 불효를 저지른 부분은 지난번에 말한 것처럼 신랑들과 잘 이야기해서 나를 대신해 정성을 다해주기 바란다"고 했다. 이미 시집간 동생들의 입장을 배려하면서 양친에 대한 효도와 부양을 부탁한 것이다.

아버지 유리노스케에게는 이튿날 15일에 "이번에 동쪽(에도)으로 간 것은 국가의 재난을 당하여 늘 생각하던 일이었습니다"라며 명예로운 무사의 마음을 표현했다. 날짜로 미루어 단순하게 생각해보면 쇼인이 에도로 압송된다는 이야기를 듣고 제일 먼저 한 일은 여동생들에게 편지를 쓴 것이었다. 거기서 부모에게 효도하고 잘 모셔달라는 부탁을 했는데, '정인情人'의 모습이 엿보인다.

이탁오도 그렇지만, 쇼인도 정이 많은 사람임을 알 수 있다. 그들은 모두 그러한 감정을 잘 넘어서 각자의 이념을 가장 궁극적인 진리로 삼는 삶을 살았다. 그리고 그러한 삶을 잘 살려서 죽음을 맞이한 점이 감동적이다.

그해 봄에 쇼인은 공적功績인가 충의인가 하는 문제를 더 오래 살 것인가 죽을 것인가 하는 차원에서만 생각하고 있었다. 오래오래 사는 것을 비겁한 일이라 생각하고 죽음을 목적으로 삼아, 나쁘게 말한다면 죽음의 효과를 노리고 죽음을 서두르는 사람에게 정감 있는 이의 모습을 기대하기는 힘들 것이다.

삶에 역행하는 죽음이란 삶과 죽음의 현장에서 오히려 그것에 구애받는다. 바꿔 말해 세상 사람들이 부딪치며 살아가는 인정人情의 현장에서 벗어나지 못하며, 황송하여 어쩌지 못하는 것이다.

철저하게 살아가는 것, 즉 이념으로 사는 사람은 어찌 되었든 삶을 지속하려는 그러한 삶을 가엾게 여길 수 있다. 다른 이들의 삶을 애처롭게 생각하는 사람이 이념을 근본적인 가치로 삼을 수 있는 것이다. 말하자면 이념으로 생사를 초월할 수 있다. 세상의 인정을 포용함으로써 그것을 초월할 수 있는 것이다.

쇼인은 이해 5월에 "어떤 일이 인정에 근거하지 않으면 무엇으로 그것을 이룰 수 있겠는가?"라고 말했다. 정확히 그렇다고 할 수 있다.

'죽음이라는 글자'에서 그러한 체념이야말로 쇼인이 이탁오를 만나 얻은 가장 중요한 것이었다고 할 수 있지 않을까?

마지막으로 사족이 될지 모르겠지만 한 가지 덧붙인다. 처형 전날인 10월 26일 저녁에, 쇼인은 『유혼록』 말미에 시 5수를 써넣었다. 세상을 하직하는 인사말이라고도 할 만한 이 시들 가운데 2수를 소개한다.(처형 당일에 쓴 절필의 문구는 이 책 맨 앞에 실린 사진을 참조할 것.)

부르는 소리를 기다리는 것밖에
내가 지금 이 세상에서 기다릴 것은 없구나.

일곱 번이나 계속 살아 돌아오는 오랑캐를
쫓아내려는 마음, 나는 잊을 수 있을까?

제2부

이탁오,
그 사람과 사상

1.

76년의 생애 1:
개처럼 산 50년

나는 어려서부터 성스러운 가르침을 읽으면서도 그 가르침을 알지 못하고, 공자를 존경하면서도 공부자가 왜 내가 존경해야 하는 인물인지 알지 못했다. 마치 어린아이가 연극을 보는 것처럼 사람들이 '좋지?'라고 물어보면 아무것도 보지 못했으면서도 사람들 등 뒤에 서서 '예, 그래요'라며 맞장구치는 식이었다. (…) 이렇게 50세 이전의 나는 정말로 한 마리의 개에 지나지 않았다. 앞에 있는 개가 짖으면 나도 따라서 짖을 뿐이었다.(『속분서』 권2, 「성교소인聖教小引」)

이것은 이탁오가 74, 75세 되던 때에 회상한 말이다. 50세 이전의 자신을 개에 비유하는 그의 말에 놀라지 않을 수 없다.

70세라면 인생이 대개 그 반을 넘어 사람에 따라서는 이미 한고비 혹은 두 고비를 넘기고는 마침내 최후를 정리해야 할 그런 시기다.

이미 지나가버린 과거에 안주할 수도 있다. 그러지 않고 과거에 잘못된 일에 대해 어느 정도 인정할 수도 있다. 만약 다시 새로운 길을 내딛는다 하더라도, 과거에 축적한 경험을 토대로 삼는

일까지 사양할 필요는 없을 것이다.

그런데 그는 그 나이가 되어서 그때까지의 인생 가운데 50년, 보통 사람이라면 아마도 가장 충실한 시기였다고 할 그 50년을 과감히 잘라버리고 싶다고 말한 것이다.

아아, 이제야말로 나는 우리 공부자를 알게 되었다. 더 이상 개 짓는 소리가 아니다. 지난날의 어린이가 나이 들어서 드디어 키 큰 어른이 되었다. (…) 이미 스스로 성인을 알게 되었으니 이제는 또 스님들과 함께 배우고 싶다.

그는 이렇게까지 말했다. 일흔이 넘어 처음으로 공자의 가르침을 알게 되었다. 드디어 자기 눈으로 무대를 볼 수 있는 키 큰 어른이 된 것이다. 더 이상 부화뇌동하는 개가 아니다. 들떠 있는 그의 말투에서 흥분된 분위기마저 느껴진다.

지금 이렇게 새로 도달한 경지에서 본다면 50세 이전의 자신 따위는 전혀 존재하지 않았던 것과 같다. 일흔이 넘어 보여준 이탁오의 흥분된 모습에서 나는 갑자기 모네 전람회를 관람했을 때의 일이 생각났다. 만년에 모네가 보여준, 이상할 정도로 싱싱한 정신력에 경탄하고 압도되었던 기억이다.

지베르니 정원의 연못을 배경으로 그린 그림은 화면 가득히 화려한 색채가 흘러넘쳤다. 특히 그가 여든 넘어 그린 「일본식 다리」 등에 보이는 그림은 화면에 물감을 두드려 붙인 듯한 격렬한 터치가 인상적이었다. 그것은 50년, 60년의 그림생활을 한 덩어리로 만들어 순식간에 내던져버린 느낌조차 있었다.

그러한 예술가다운 강인한 생생함을 나는 이탁오에게서 느낀다. 그를 아는 사람이라면, 50세 이전의 이탁오를 부화뇌동하는 한 마리의 개에 지나지 않았다고 말할 이는 누구도 없다. 사실은 오히려 그 반대다. 그는 그때 관료로서 신념을 가지고 다른 사람 못지않게 충실히 살았다. 그 탓에 사람들과 자주 충돌할 수밖에 없었다.

그는 열심히 주체적으로, 진지하게 살았다. 하나하나 매사를 바보처럼 흘려보내지 않았다. 적당히 타협하거나 포기하지 않았다. 세상에 매몰되어 자신을 잃지도 않았다. 그렇기 때문에 세상이나 사람들이 가져야 할 본래 모습에 대한 그의 지적이 날카로웠던 것이다. 또 그만큼 '진리眞'에 대한 희구 역시 강했다. 그런 까닭에 70세가 넘어서 50세 이전을 내팽개치는 강인한 주체가 구축될 수 있었던 것이다.

그는 50세까지의 인생을 누구보다 열심히, 충실히 살았다. 그렇기 때문에 50세 이후에도 충실한 삶을 지속할 수 있었다. 그것을 바탕으로 높아진 안목에 따라 50세 이전을 잘라버릴 수 있었던 것이다. 말하자면 그는 누구보다 뛰어난, 사람다운 사람이었다. 그런 까닭에 자신을 개라고 단언할 수 있었다. 한 인간으로서 그가 도달한 경지는 그 정도로 높았기에 그러한 충실감에 놀라지 않을 수 없는 것이다.

그에게는 앞서 소개한 「예약」을 빼고는 자서전 같은 게 아무 것도 없다. 저서도, 목판까지 포함해 모두 소각 처분되었으며, 공식적으로는 청나라 때도 계속 금서로 취급되었다. 당연히 정사正史에 그의 전기를 수록할 수도 없었다. 하물며 젊었을 때의 이야기가 기록으로 남겨지는 일은 있을 수도 없었다.

정리된 것으로는 단 두 가지 기록이 있을 뿐이다. 하나는 공약곡孔若谷이라는 친구가 44, 45세까지의 이탁오를 간단히 소개한 글(「탁오논략卓吾論略」)이다. 다른 하나는 만년의 이탁오에 대한 스케치풍의 인물평으로 원중도袁中道라는 문인이 남긴 것이다(「이온릉전李溫陵傳」). 그 외에는 그가 살았던 시대의 문헌에서 단편적으로 남겨진 그에 대한 언급을 모을 수밖에 없다.

이들을 바탕으로 그의 개략적인 경력을 살펴보기로 한다.

그는 명나라 말기에 가까운 가정嘉靖 6년(1527) 복건성福建省 천주부泉州府 진강현晉江縣(현재의 취안저우시 일부)에서 태어났다. 그가 살았던 옛집은 취안저우 시내에 지금까지 남아 있다. 대문에 '이지고거李贄故居(이탁오가 살았던 옛집)'라는 편액이 걸려 있다. 최근 그곳을 방문한 여행자의 말에 따르면, 현재는 그 편액이 걸린 상태로 사람이 살고 있다고 한다. 그렇다면 밖에서 사진을 찍거나 안으로 구경하러 들어가는 사람이 있거나 해서 거주자로서는 매우 불편할 것 같다. 하지만 유적지에 살고 있는 이상 어쩔 수 없는 일이다. 무엇보다 그것이 유적지라 하더라도 이탁오가 살고 있던 당시 그대로의 모습은 아니다. 몇 번인가 불에 타거나 무너지면서

구멍가게 옆에서 다 허물어져가던 이탁오 고거故居가 정비된 모습.
중국 취안저우泉州에 위치

이지·탁오 인장

집의 바깥문

이씨 집안의 사당으로서 전해진 건물의 유적에 지나지 않는 것이다. 하지만 청말 동치同治 연간에 이 집이 수리될 때, 지하에서 '이지' 혹은 '탁오'라고 새겨진 인감 두 개가 출토되었다. 그것을 발견한 사람의 자손이 해방 후, 즉 1949년의 중국 혁명 이후에 시 당국에 제출하여 이탁오의 옛집으로 인정받았다. 이에 1964년 취안저우시에서 중요문화재로 지정한 것이다.

그런데 지금 그 집에 사람이 살고 있다는 사실은 그곳의 주택 사정에 의한 것일 수도 있으나, 원래 중국에서는 명나라 시대 정도의 유적으로는 대단히 중요한 것이 아닌 한, 유적이라 해도 특별히 국가의 보호가 미치지 못한 데서 기인한 것 같다. 난징 부근에서도 명대의 종루鐘樓를 근방에 사는 아주머니가 빨래 말리는 장소로 사용하는 것을 본 적이 있다.

그런데 이 취안저우시는 타이완과 마주보는 아모이廈門에서 해안선을 따라 100킬로미터 정도 동북쪽으로 있는 항구 도시다. 이곳은 특히 원나라 때 아랍, 인도 등지와 연결된 해외 무역의 거점이었다. 일본으로 말한다면 전국시대의 사카이堺(지금의 오사카)와 같은 기능을 한 도시다. 마르코 폴로의 견문기에도 세계 최대 항구의 하나로 소개되어 있다. 이 때문에 회교도도 많았는데, 이탁오의 가계 중에도 그들이 섞여 있었다.

그도 무역 상인 집안 출신이었던 듯하다. 하지만 할아버지 때부터 몰락해 그가 어렸을 때는 겨우 생활을 유지하는 정도였던 것 같다. 그래도 그의 아버지는 교육에 열심이어서 기대에 부응하여 그 역시 26세에 향시라는 하급의 과거시험에 합격했다. 그는 장남이었던 터라 연로한 부모나 형제, 누이들을 돌봐야 했다. 그래서 30세 이후, 그에게는 내키지 않았던 것 같은데 관리생활을 했다.

그가 관리생활을 내켜 하지 않았다고 한 것은 그가 원래 과거시험을 열심히 준비하지 않았기 때문이다. 공약곡이 전한 바에 따르면, 그는 필수 과목에 포함된 주자의 사서四書 주석을 읽어도 명쾌하게 마음에 와닿는 것이 없었다고 한다. 그래서 그는 "에라 모르겠다, 될 대로 되라"며 무턱대고 외워서 시험을 치렀는데 합격해버린 것이다.

뿐만 아니라 그 자신이 이렇게 말했다. "나는 어려서부터 고집이 세서, 교화教化를 받아들이기가 힘들었다. 배움이라든지, 도道라든지, 신선이나 부처님 등 어느 것이나 믿을 수 없었다. 그래서 도사를 보면 싫었고, 스님을 봐도 싫었다. 도학道學 선생은 누구보다 혐오했다."

이런 성격의 사람들은, 내가 경험한 바에 따르면 대개 자신의 내면 깊숙한 곳에 어떤 형태로든 이념 비슷한 것을 가지고 있다. 자기 자신에게 자기도 알지 못하는 어떤 그것이 있기 때문에, 어려서는 동질同質의 다른 것에 오히려 반발한다. 즉 이렇게 유, 도, 불 어느 것에나 반발했다는 것 자체가 그에 대한 무의식적인 관심을 보여준다.

과연 나중에 그는 관료를 그만두고 도를 배우는 사람이 되었다. 그리고 도에 대한 자신의 갈망을, 먹지도 않고 추운 들판을 유랑하는 여행자의 배고픔에 비유했다. 마음의 배고픔을 충족시켜줄 수 있는 것이라면 무엇이든 탐냈다고 한다. 도교든, 불교든, 유교든 선별할 여유 따위는 있을 수 없었다. 실제로 그는 유불도, 즉소위 삼교三敎의 어느 것에나 발을 담갔다. 그뿐만 아니라 마테오리치의 회상록에 따르면 그는 기독교에도 매우 호의적인 관심을가진 사대부 중 한 명이었다고 한다. 지난날 그가 보인 반발의 깊이는 뒤집어 보면 나중에 그가 갖게 되었던 갈망의 깊이와 수맥水脈을 같이하는 것이었던 셈이다.

어찌되었든 그는 본래 보통 사람처럼 관직생활로 일생을 마칠 그런 타입은 아니었던 것 같다. 그렇다고 그가 관료로서 불성실했다든지, 세상사에 열중하지 않았다는 뜻은 전혀 아니다. 앞서서술한 것처럼 오히려 그 반대였다. 이런 점을 살피기 위해 다음에는 연보 방식으로 그의 생애를 기록해보기로 한다.

가정嘉靖 31년(1552) 26세. 향시에 급제했다. 이보다 4, 5년 전에 이미 결혼했다. 부인은 같은 천주 시내에 사는 황씨의 딸이었다. 이탁오보다 여섯 살 아래였다.

가정 34년(1555) 29세. 장남이 물놀이를 하다가 익사했다. 죽은 아들을 애도하며 「귀한 아들로 울다哭貴兒」라는 시를 지었다. 그중 두 수를 소개하면 다음과 같다.

물이 깊어 사람들이 자주 죽었는데,

분별없이 이곳에서 목욕을 했구나.

잠을 자려 해도 잠이 오지 않네.

아들이 여기서 죽은 것을 생각하니.

마시지도 않고, 취하지도 않고,

아이는 지금 무슨 죄가 있는가?

소리쳐 물어봐도 결국 대답 없네.

너무나 한스러운 이 깊은 물.

가정 35년(1556), 30세. 하남성河南省 휘현輝縣의 현학縣學 교유教諭(교사)에 임명되었다.

가정 39년(1560), 34세. 남경南京 국토감國土監 박사로 영전되었다. 부임하고 수개월이 지난 뒤 부친 백재공白齋公의 부보訃報를 들었다. 관직을 내놓고 가족과 함께 천주로 돌아와 상복을 입었다. 당시 왜구가 내륙 지방에까지 발호하여, 귀향하는 데 반 년이나 걸렸다.

가정 41년(1562), 36세. 상복을 벗고 가족과 함께 북경으로 갔다. 공석이 된 자리가 없어 그대로 거기서 서당을 열고 생계를 유지했다.

가정 42년(1563), 37세. 북경 국토감 박사에 임명되었다. 그러나 또 금방 할아버지 죽헌공竹軒公의 부보가 도착했다. 동시에 차남도 북경에서 병으로 요절했다.(참고로 뒤에 태어난 3남과 4남도 어려서 죽은 것 같다.)

이때의 일은 공약곡의 기록에 상세히 소개되어 있다. 그에 따르면, 이탁오는 당시 혼자서 천주로 돌아갈 생각을 했다. 상복을 입는 일 외에도 겸사겸사 증조할아버지, 할아버지, 아버지 3대의 묘지를 수리하고 장례를 치를 생각이었다. 혼자 가려 했던 것은, 확실하지는 않지만 북쪽에 있는 북경에서 남쪽으로 1000킬로미터 이상 멀리 떨어져 있는 천주까지 어린 딸을 데리고 가기가 걱정스러웠기 때문인 듯하다. 혹은 경제적인 사정으로 보유하고 있던 자금을 여비로 쓰기보다는 안전한 토지를 사 그곳에서 가족이 살아갈 방안을 짜낸 것 같기도 하다. 기록을 보면 그는 제사 지낼 비용의 절반 정도를 투자하여 휘현에서 밭을 샀다. 그곳에서 부인과 아이들이 농사지으며 자신이 돌아올 때까지 살도록 한 것이다.

하지만 당초에 부인 황씨는 "천주에는 제 늙은 어머니도 있어요. 저를 생각하면서 매일같이 눈물 흘리며 지내신대요. 만약 제가 돌아오지 않았다는 것을 아시면 슬픔을 못 이겨 죽어버리실지도 몰라요"라면서 혼자 남는 것을 매우 강하게 반대했다. 이러한 반대를 예상했던 이탁오는 "내가 설득하기 어려우니 자네가 어떻게 설득해주게"라며 공약곡에게 부탁했다고 한다.

결국 황씨 부인의 저항은 수포로 돌아가고 이탁오는 단신으로 천주를 향해 출발하게 되었다. 당시 그가 산 땅을 관할하는 욕심 많은 관리가 하천의 운송을 돕는다는 명목으로 원류의 물을 거의 다 하천으로 유입시켰다. 밭으로 가는 관개용 수로에는 일절 물을 보내지 않았다. 이 때문에 이탁오는 관청에 가서 몇 차례나 인정과 도리를 들어 간청했으나 받아들여지지 않았다. 나중에는 간신히 이탁오의 밭에만 물을 보내주겠다고 제안했다. 하지만 이탁오는 "모든 마을의 수많은 밭은 가물도록 방치해놓고, 얼마 되지 않는 우리 밭에만 물을 보내 수확을 기대하는 것은 절대 있을 수 없는 일이다"라고 하면서 그대로 출발해버렸다.

　　그런데 그해에 큰 흉년이 들어 대기근이 발생했다. 그의 밭에서도 피稗만 몇 석 수확했을 뿐이다. 장녀는 그럭저럭 그것으로 버텨주었으나 어린 둘째 딸과 셋째 딸은 거친 음식을 목구멍에 넘기지 못해 영양실조로 차례차례 사망했다. 이탁오는 3년간의 상복 기간을 마치고 가족 곁으로 돌아와 처음으로 그러한 사실을 알게 되었다. 공약곡이 전한 당시 이탁오의 심정은 다음과 같다.

　　묘지 쓰고 장사 지내는 일을 순조롭게 마쳤다. 새삼스럽게 하늘 저편 멀리 떨어져 있는 곳으로 고개를 돌렸다. 그러자 1만 리나 멀리 떨어져 있는 처자 생각에 견딜 수가 없었다. 이윽고 다시 휘현으로 돌아왔다. 문을 열고 들어가 아내를 재회하는 기쁨은 매우 컸다. 하지만 두 딸의 안부를 묻고 비극적인 사실을 들었다. 당시 자신이 떠난 뒤 몇 개월 지나지 않아 두 딸 모두 요절해버렸다는 것이다.

그때 황씨 부인은 끊임없이 눈물을 흘렸다. 그러면서도 남편의 안색이 바뀐 것을 보고는 다시 예를 차리고 장사 지낸 일과 자기 어머니의 안부를 물었다.

그날 저녁에 나는 아내와 촛불을 사이에 두고 마주 앉았다. 마치 꿈속에 있는 것 같았다. 죽은 아이들을 생각하는 아내의 복받치는 서러움을 대하면서 나는 짐짓 평정한 표정을 꾸미고 있었다. 하지만 나도 마음속으로는 애간장이 끊어질 것만 같았다.

안색을 바꾸고 부인에게 예를 차리도록 한 이탁오의 모습에서 오히려 인간미가 느껴지는 것이 기이하다. 또 한편으로 자기 부인을 설득하는 일을 친구에게 부탁하고 그런 일을 글로 남긴 것도 신기하다. 중국 사대부 중에서 이런 일의 다른 사례가 없을 정도로 이탁오의 솔직함이 엿보인다.

물을 대준다는 관리의 선처를 사양한 것은 상대에게 뇌물을 기대하는 그 관리의 속마음을 보았기 때문이리라. 그것을 거부했기 때문에 두 딸이 죽음에 이른 것이다. 그렇다고 해서 그로 하여금 그러한 삶의 방식을 바꾸게 할 수는 없었다. 또 그렇다고 불행한 결과에 대해 어깨에 힘주며 자신을 강하게 보이고 으스댈 위인도 아니었다. 불행은 불행으로 꾸밈없이 솔직하게 슬퍼한 것이다.

그는 휘현에서 교유教諭로 활동할 때부터, 그 뒤 남경에서 국자감 박사 혹은 북경에서 국자감 박사, 예부사무禮部司務 등의 일을 하고 있을 때에도 늘 자신의 상사나 동료들과 충돌했다. 자기 성격이 너무 편협하지 않은지 스스로 반성하고 조금이라도 마음을 더 너그럽게 갖기 위해서 그는 호를 굉보宏甫(마음이 넓은 사나이)라고 짓기도 했다. 하지만 그러한 충돌은 그가 편협했기 때문에 일어난 일은 아닌 것 같다. 그보다는 그의 정의감이나 혹은 자신의 가치관을 굽혀서까지 상대를 따를 수 없다는 그 나름의 삶의 방식 때문에 생긴 듯하다.

삶에 대한 태도 때문에, 두 딸이 죽어서 겪은 고통까지는 아니지만, 그가 이래저래 경험한 고통은 적지 않았던 듯하다.

가정 44년(1565), 39세. 아내와 장려를 데리고 휘현에서 다시 북경으로 갔다. 이즈음에 양명학과 불교를 접했다. 서당 등에서 활동하면서 생계를 유지한 것 같다. 이후 5년간 북경에 체재했다.

융경隆慶 4년(1570), 44세. 남경南京의 형부원외랑刑部員外郞이라는 박봉의 관직에 취임했다. 이즈음부터 강학생활을 하기 시작했다. 왕용계王龍溪, 나근계羅近溪 등 양명학파의 대가들과 교류했다.

만력萬曆 5년(1577), 51세. 운남성雲南省 요안부姚安府의 지부知府
로 영전되었다. 부인과 함께 그곳으로 부임했다. 가는 길에 호
북성湖北省 황안黃安의 유력자인 경씨耿氏 집안을 방문했다. 아울
러 자신을 잘 이해해주는 친구 경정리耿定理에게 사위 장순보莊
純甫를 맡기고 가르침을 부탁했다.

만력 8년(1580), 54세. 임기가 만료되었다. 업적이 쌓여 연임하
도록 요청받았다. 간곡한 요청을 뿌리치고 혼자서 운남성 대리
부大理府의 계족산鷄足山으로 들어갔다. 그곳에서 『대장경大藏經』
을 탐독했다. 이때 부인 황씨는 아마도 황안으로 돌아간 것 같
다. 경씨 집안에 기거하고 있는 장순보와 장녀에게 몸을 의탁
하기 위해서 합류한 것이다.

이탁오는 요안부에서 지부(부지사府知事)로 근무할 때 선정善政
을 베풀었다. 그곳은 한족漢族과 소수민족이 잡거하는 국경지대였
다. 그곳에서 법의 규제를 풀고, 요즘으로 말하자면 자치를 하도록
각 민족에게 맡겼다. 도덕으로 교화하는 데 힘써서 민간에 큰일이
있으면 대신묘大神廟를 세워 위무하는 등 민심의 장악에 힘썼다.
그 결과 『요주지姚州志』에 따르면, 그가 사임하고 떠날 때에는
전송하는 백성이 '마차에 기어오르고 도로에 드러누워 떠날 수가

없었다'고 한다. 전송하는 주민들이 출발을 막아 가는 길을 방해했다는 것은 옛날에 지방 관리의 업적을 칭송할 때 흔히 사용하는 상투어이기에 실제 그런 상황이 있었는지는 알 수 없으나 이탁오가 떠나는 것을 아쉬워했다는 사실만은 틀림없다.

또 최근에 어떤 젊은 연구자가 조사한 바에 따르면, 청나라 말기에 편찬된 『요안현지姚安縣志』에 이탁오가 건축했다는 돌다리에 대한 기록이 있다. 그 다리는 지금도 현존해 있을 가능성이 크다.

만력 9년(1581), 55세. 그도 황안으로 갔다. 경씨 집안에 잠시 기거했다. 그곳에서 마성麻城의 주우산周友山과 친교를 맺었다. 드디어 도道를 배우는 일에 전념했다. 아마도 이즈음에 황씨 부인은 장순보 등과 함께 천주로 돌아간 것 같다.

만력 16년(1588), 62세. 각지를 유람한 뒤 2, 3년 전부터 마성의 용호로 이주한 뒤 삭발하고 출가했다. 이즈음 『장서藏書』의 초고가 완성되었다. 또 부인 황씨의 사망 소식이 이해에 전해졌다고 추정된다. 그는 부보를 접하고 「황의인에게 울다」라는 시를 썼다. 6수 가운데 3수를 소개한다.

머리 묶고 부부가 되었지.
은혜와 애정, 어디에도 묶이지 않았네.
오늘 아침 들었지. 자네의 죽음을.

문득 떠오르는 정, 애달프고 슬프구나.

물에 다가가 물고기 노는 것을 보았네.
봄이 오는 산에서 새가 홀로 우는구나.
가난할 때 사귄 친구도 버리지 못하거늘
하물며 쌀겨로 끼니를 함께한 아내는.
기결冀缺과 양홍粱鴻을
어찌 다른 사람들에게 견줄 수 있겠는가?
대장부는 천하에 뜻을 두었다네.
한스럽구나. 그대가 함께할 수 없음이.

첫 번째 시는 한나라 무장 소무蘇武가 출정하면서 부인에게 남긴 시에서 일부를 따온 것이다. "머리를 묶고 부부가 되었네. 은혜와 애정은 둘이지만 의심할 나위 없이……"라는 시구에서 빌렸다. '머리를 묶고 부부가 되었다'는 말은 약관(20세)의 나이에 머리를 틀어올렸다는 것과 그때 결혼을 했다는 뜻이다. 이탁오는 이 구절에 이어서 은혜와 애정 어디에도 구속되지 않았다고 했다. 사랑의 인연을 과감하게 끊고 도를 배우는 일에 힘썼다는 뜻으로 바꾼 것이다. 물론 소무가 흉노에게 붙잡혀 귀순을 거부했기 때문에 시베리아 땅에서 20년 가까이 혼자 지내며 망향의 생각에 괴로워하던 그 처지를 함께 비유한 것이다.

세 번째 시에 나오는 기결은 춘추시대 사람이다. 밭에서 일할 때 그 부인이 부지런히 식사를 준비해와 같이 먹었는데, 두 사람은 서로 사이가 좋으면서도 마치 손님과 주인처럼 예의를 차렸다. 지나가던 사람이 이를 보고 진晉나라 문공文公에게 추천하여 관리에 임명되었다는 것이다.

마찬가지로 양홍은 후한시대 사람으로 그 부인의 이름은 맹광孟光이었다. 맹광은 돌로 만든 절구통도 들 수 있을 정도로 힘이 장사였다. 하지만 피부 색깔은 보통보다 까맣고 추녀였다. 그러면서도 30세가 넘도록 결혼 이야기가 나와도 시집갈 생각을 하지 않았다. 부친이 그 이유를 물으니, 양홍과 같은 지혜로운 사람에게 시집가고 싶다고 했다. 그 말을 전해 들은 양홍은 그녀를 부인으로 맞이했다. 그녀는 태어나서 처음으로 화장하고 옷치장을 하여 시집을 왔다. 그런데 양홍은 그녀를 본 뒤 상대해주지 않고 일주일간이나 지냈다. 맹광은 원래처럼 머리를 아무렇게나 묶고 평상복을 입고 일을 시작했다. 이것을 보고 양홍은 처음으로 '이것이 바로 내 아내의 모습이다'라고 인정했다는 것이다. 그 뒤 두 사람은 산속으로 들어가 농사짓고 베 짜는 것을 업으로 삼았다. 그 뒤 양홍은 장제章帝가 그를 관직에 임명했는데도 응하지 않았다고 한다.

이탁오의 황의인에 대한 애정이 어떠했는지는 앞서 소개한 시에 나타나 있다.

위의 서술이 어쨌든 이탁오의 62세까지의 약력이다. 그런데 그중 요안부의 지부가 될 때까지 50년을 개처럼 살았다고 했는데, 과연 그랬을까? 밭의 물을 둘러싼 에피소드에 보이는 그의 진솔함 하나를 보더라도 그것이 객관적인 사실과는 거리가 아주 먼 자평이었음을 금방 알 수 있다.

그보다 여기서 내가 특별히 서술하고 싶은 사실은 그가 도를 배우는 생활을 하면서 저작활동에 들어간 때는 퇴직한 뒤인 55, 56세경이었다는 것이다. 본격적으로는 60세 이후였다.

나쓰메 소세키가 사실상 첫 작품인 『나는 고양이로소이다』의 집필을 시작한 때는 38세였다. 그렇게 늦게 집필을 시작한 점도 놀라운데, 그 뒤 왕성한 저작활동을 했던 것은 나에게는 경이로운 일이다. 그런데 이탁오는 한참 더 늦게 시작했다. 그가 그때까지 아무것도 쓰지 않았다는 사실 자체가 이미 불가사의한 일이다.

이렇게 말하는 이유는, 중국에서는 청나라 시대까지 과거에 합격해 관리가 되는 것이 동시에 지식인으로서 이 세상에 자립하는 일이었기 때문이다. 거꾸로 말한다면 지식인은, 가령 문인이라든지 학자는 거의 다 관료이기도 했다. 따라서 그들은 관료생활과 저작활동을 어떤 모순도 없이 잘 조화시켰다. 이는 당연한 일이었다. 하지만 이탁오는 상당한 학식과 문장력을 지녔으면서도 그가 관료가 되었던 때부터 쉰을 넘길 때까지 전혀 저술활동을 하지 않았다. 문장을 중시하는 중국에서 그것은 아주 특이한 일이다.

50대 중반부터 저술활동을 시작했다는 사실보다는 그때까지 그것을 하지 않았다는 사실이 더 특이하다.

관직을 시작해서 30여 년, 국가를 위해 어떠한 힘도 발휘하지 않고 헛되이 봉록을 훔쳐 스스로를 윤택하게 했다. 다행히 양친은 이미 땅으로 돌아가시고 일곱이나 되는 동생들도 모두 결혼해서 각기 어찌되었든 입을 것, 먹을 것 걱정 없이 산다. 아이들도 있고, 손자들도 잘 살고 있다. 단지 나 혼자 4남 3녀를 낳았는데 딸 하나를 남겼을 뿐이다. 하지만 나도 나이가 벌써 예순에 가깝다. 몸도 태어날 때부터 허약해서 동생이나 조카가 많이 태어나준 것만으로도 고마워해야 할 것 같다.

다만 이 인생에서 해야 할 큰일이 여전히 분명해지지 않고, 마음엔 언제나 번뇌가 응어리져 있었다. 그래서 문득 관직을 버리고 이곳 마성麻城으로 옮겨 선지식善知識(선종의 스님)을 모시고 조금이나마 득도해보려 노력하는 것이다. 생각해보면 지금까지 너무나 오랫동안 세속의 먼지 더미에 파묻혀 살아왔다. 늙은 지금 그것을 처음으로 깨달았다. 결코 좋아서 인륜의 바깥으로 나 자신을 유기遺棄하려는 것이 아니다.

위의 글은 그가 마성에서 출가하려는 것을 걱정스러워하는 친구에게 보낸 편지의 한 구절이다. 인륜의 유기란 부자, 형제, 부부 등 혈연관계를 끊고 출가하는 일을 말한다.

관직생활을 한 지 30여 년, 결국 그는 동생들에게 집안일을 맡겼다. 생각해보면 속세의 인연에 너무 매몰되어 산 인생이었다.

그때까지 자기 인생에서 가장 중요하다고 생각되는 일은 시도해볼 겨를이 없었다. 그사이에 문득 가족과 집안에 얽매인 의무가 끝났다. 그러니 그는 지금이야말로 그것을 해볼 기회라고 생각한 것이다.

그가 말한 인생에서 가장 중요한 일大事이란 삶과 죽음에 관해 도를 깨치는 것을 말한다. 이는 원래 불교 용어로 자기 삶의 근원이자, 자기에게 있는 법성法性(즉 실체)을 말한다. 이탁오는 그것을 좀더 일반적인 의미로 사용했는데, 말하자면 '인생이란 무엇인가' '인간의 본질이란 무엇인가'라는 뜻이었다.

앞서 그에 대해서 '증도證道(도를 밝히고 증명하다)' '학도學道(도를 배우다)'라는 단어를 썼는데, 이는 인간의 본질에 대해서 탐구하는 일을 말한다. 도를 깨우친다는 뜻이기도 하다.

그렇다면 그는 30여 년 동안 관직생활을 하면서 인간의 본질에 대한 추구를 완전히 잊고 살았던가? 그것을 지금 추구하고 싶다고 말하는 것인가? 그렇지 않을 것이다.

그는 나름의 신념을 가지고 있어서 때로는 비타협적으로 행동했다. 주위 사람들과의 충돌도 불사했다. 다른 한편으로는 부모나 조상에 대해서 효도를 다하고 부인과 자녀 그리고 동생들을 사랑으로 보살폈다. 자신의 진실이 때때로 좌절되기도 했지만 움츠러들면서도 해야 할 일은 다 했다. 그가 살았던 50여 년의 생애는 그대로 한 인간으로서 본질적인 삶의 방식을 밟아가는 한발 한발의 과정이었다. 몸을 던져 실천해간 일생이었다고 할 수 있다.

속세의 인연을 팽개치지도 않았고, 또 적당히 대응하며 살지도 않았다.

이를테면 부인을 설득할 때도 여의치 않자, 친구에게 진실하게 부탁할 정도로 어느 한 가지 일도 소홀히 처리하지 않았다. 속세의 인연에 푹 빠져서 정면으로, 온몸으로 대응하며 살아온 것이다. 그러한 삶의 방식이 다름 아닌 인간의 본질에 대한 매일매일의 절박함이기도 했을 것이다.

바꿔 말한다면 그렇게 진지하게 속세의 인연을 마주하며 살았기에 그 시기에 가졌던 인간의 본질에 대한 생각이나 의문을 새롭게 정리하여, 이를 검토해보고 싶은 욕구가 나날이 축적되어 한없이 높아졌다고 할 수 있다.

그에게는 저작활동에 시간을 소비할 여유가 없었다. 멋진 일을 써서 남길 시간이 없었다. 만약 그러한 것을 쓰려 한대도 써야 할 것이 너무 무겁거나 혹은 혼란스러웠다. 그래서 쓸 수 없었다. 아니 쓰고자 하는 마음조차 생기지 않았다. 그 정도로 그의 생활에는 여유가 없었다. 그는 매일매일 인생의 대사를 몸으로 부딪히며 살고 있었던 것이다.

이렇게 본다면 그가 썼는지 쓰지 않았는지 하는 것은 그다지 문제 되지 않는다. 관건은 어떻게 살았는가 하는 점이다. 전반의 50여 년은 인생의 대사를 겪으면서 살았기에 쓰지 않은 것이다. 후반의 20년은 인생의 대사를 경험하기 위해 쓴 것이다. 거기에 질적인 변화는 없는 셈이다.

그렇기는 하지만, 인간의 본질은 어떤 것인가? 이렇게 묻는다면 젊은 사람 같다고 할지 모르겠다. 그렇다면 그것이 막 60세가 될 사람이 몰두할 만한 문제일까?

하지만 우리는 이탁오와 거의 동시대에 유럽에 몽테뉴나 베이컨이 살았다는 것을 상기할 필요가 있다. 또 한 세대 늦게 데카르트나 파스칼이 살았다. 인간을 신이나 교리로 이해하는 것이 아니라, 인간을 인간으로서 이해하고 그 본질을 분명히 이해하려는 시도를 하지 않았다면 종교개혁도 르네상스도 없었을 것이다. 16, 17세기는 바로 그런 시대였다. 당시 인간의 본질에 대한 탐구는 근대 이후 청년들에게 보이는 단지 개인적인 자기 회의나 자기 발견의 수준이 아니었다. 조금 과장해서 말한다면 인간이 처음으로 인간이 되는, 즉 인간이 인간 이외의 것에 지배되지 않고, 스스로 자신의 운명을 만드는 창조자로서 등장하기 위한 필수적인 역사 단계였다. 이렇게 말할 수 있다면 그와 유사한 것을 이탁오의 시대에 대해서도 말할 수 있다.

인간을 경전의 교리나 전통적인 규범에 따라 이해하는 것이 아니라, 인간 자체로 파악하여 거기에 근거해서 새로운 교리나 규범을 창조해가는 것, 그것이 이탁오에게 부과된 역사적인 과제였다고 할 수 있다.

그것은 과제로서 결코 가볍지 않았다. 그는 소위 자기 내부의 목소리에 의해서 강력한 자극을 받아 행동으로 표출했다. 관직을 버리고, 가족과 헤어져 삭발 출가까지 감행했다. '자신을 이기는勝己' 지기知己와 함께 인생의 대사를 탐구하기 위해서였다. 결국 그것은 모색에 이은 모색의 과정이었다. 그는 기존의 교리나 규범에 대해 대담하게 반항했다. 하지만 그것을 대신할 만한 새로운 것은 아직 세우지 못한 채, 다음 세대에게 바통 터치를 기대하면서 죽어갔다.

그것은 잔인할 정도로 충실했던 인생 후반의 삶이었다.

2.

76년의 생애 2:
박해받은 70대

만력 30년(1602) 76세, 윤2월. 예과禮科의 도급사중都給事中 장문달
張問達이 이탁오의 탄핵을 상소했다.

이지라는 사람은 30세에 관직에 임명되었는데 만년에 삭발을
했습니다. 최근에 또 『장서』『분서』『탁오대덕卓吾大德』등의 책
을 써서 천하에 유행시키고, 인심을 혼란스럽게 했습니다. 그
는 여불위呂不韋, 이원李園을 지모智謀가 뛰어난 자로 여기고, 이
사李斯(?~기원전 208)를 재능이 뛰어난 자로 평가하며, 풍도馮道
(882~954)를 이은吏隱(낮은 벼슬자리에 머물며 은거함)으로 삼았
습니다. (…) 진나라 황제를 1000년에 한 번 나올 만한 인물로
여기고 공자의 시비 판단은 의지할 만하지 못하다고 평가했습
니다. 지극히 오만하고 터무니없으며, 허황되고 이치에 맞지 않
습니다. 그러니 반드시 불태워야 합니다. 무엇보다 마성에서 살
면서 (…) 나쁜 무리와 어울려 비구니들의 거처인 암자나 여자
도사들의 거처인 사원에서 노닐며, 기녀들을 끼고서 벌건 대
낮에 함께 목욕을 하기도 한 점이 한탄스럽습니다. 또 지식인
들의 부인이나 딸들을 유인하여 암자에 집어넣고 불법을 강연

하고, 이불과 베개를 들고 가 잠을 자기도 했습니다. 이러한 모습이 마치 미친 사람들과 같았습니다. (…) 최근에 들으니 이지(이탁오)는 또 통주通州로 이주했다고 합니다. 통주는 수도에서 40리 떨어진 곳으로 만약 조금이라도 수도의 성문으로 들어온다면 민심을 유혹하여 마성에서와 같은 일이 이곳에서도 퍼질 것입니다. 바라옵건대, 예부에 칙명을 내리셔서 (…) 이지를 원적지原籍地로 강제 송환하여 죄를 다스리고, 이지가 간행한 여러 서적과 함께 그의 집에 아직도 남아 있는 미간행 원고를 색출하여 모두 불사르십시오. 재앙을 후대에 남기지 않도록 해야 세상에 올바른 도가 행해질 것입니다.

예과는 예제禮制 등에 관한 감찰 기관이다. 도급사중은 그 기관의 장에 해당된다. 장문달은 나중에 호부戶部 상서尚書, 이부吏部 상서, 즉 내각의 호부와 이부의 담당 대신까지 오른 사람으로 이탁오를 탄핵한 점을 보고 보수적인 인물이리라 추측해서는 안 된다.

탄핵의 요점은 두 가지였다. 하나는 『장서』의 역사관이었다. 다른 하나는 마성에서 일어난 음란한 일들이었다. 우선 『장서』에 대해서 살펴보면 다음과 같다.

이 책은 1000년 후에 자신을 알아주는 자가 나타날 때까지 산속에 숨겨두겠다는 의도에서 이름을 붙인 역사서다. 『분서』(이 책은 읽은 뒤에 불태워서 없애야 할 책이라는 뜻)와 함께 이탁오의 대표적인 저서다. 전국시대 말엽의 진나라에서부터 한나라, 당나라,

송나라를 경과해 원나라까지의 역사적인 인물을 이탁오 자신의 평가 기준에 따라 나열한 것이다. 명나라 시대의 분량은 별도로 모아 『속장서續藏書』로 편찬했다. 참고로 요시다 쇼인은 『분서』와 함께 이 『속장서』에 대해서도 초록을 만들어 남길 정도로 그 가치를 중시했다.

여불위라는 사람은 자신의 애첩이 이미 임신한 것을 알면서도 모른 체하고, 진나라 장양왕莊讓王에게 헌납했다. 왕이 죽고 난 뒤에는 그 아이(사실은 자신의 아들)를 황제로 세웠는데 그 사람이 즉 진시황이었다. 그러한 진시황을 보좌해서 그는 진나라 개국 시기의 재상으로 권세를 부렸다.

이사는 처음에 여불위에게 발탁되었는데, 나중에 여불위의 뒤를 이어 진나라가 천하통일한 뒤 재상이 되었다. 진시황이 분서갱유焚書坑儒(유학 경전을 불사르고 유학자들을 파묻은 사건)를 실행하도록 했으며, 군현제도의 정비 등에 관여한 인물이다.

이원은 전국시대 초나라 재상 춘신군春申君에게 우선 자기 여동생을 헌상하고, 그 동생이 임신하도록 했다. 그리고 계획적으로 춘신군을 구워삶아 그 여동생을 초나라 왕에게 헌상하도록 했는데, 그 뒤 아이가 태어났다. 그 아이가 태자太子(나중의 초나라 유왕幽王)가 되고, 여동생은 초나라 왕후가 되었다. 자신 또한 중용되도록 모사를 꾸며 성공한 뒤 춘신공을 죽인 인물이다.

풍도는 여러 나라의 흥망성쇠가 계속되던 당말唐末 오대五代에 활약한 자로 네 왕조에 걸쳐 10명의 황제를 모셨고, 20여 년에 걸처 재상의 자리에 있었던 사람이다.

이들 네 사람은 도덕과 절개를 중시한 유가 전통에서 본다면 도저히 인정받을 수 없는 인물임은 말할 필요도 없다.

하지만 이탁오는 장문달이 탄핵한 바와 같이, 앞의 세 사람을 '재능 있는 명신名臣' '지모 있는 명신' 등에 포함시켜 칭찬하고, 나머지 한 사람은 '낮은 관직생활을 하면서 몸을 숨긴 은자이자 관리吏隱' 가운데 포함시켜 자기 나름의 평가를 했다.

『장서』의 특징은 중국 역사에서 특별히 공적이 많은 황제를 선정하여 나열한 것이다. 그 외에도 그들을 보좌했던 대신, 그 대신들을 보좌했던 명신, 그 아래에서 학문으로 정책에 관여한 유신儒臣들, 무술武術로 관여한 무신들, 또 그들 주위에서 제후나 외척의 입장으로 정치에 참여한 친신親臣, 근신近臣들, 나아가 그 바깥에서 눈에 띄지 않으면서도 공을 세운 외신外臣들을 분류, 정리하고 평가했다. 이렇게 역대의 정치가를 대신, 명신, 유신, 무신, 친신, 근신, 외신으로 분류하고, 나아가 그것들을, 가령 명신은 경세經世 명신名臣, 부국富國 명신 풍간諷諫 명신, 재능才力 명신, 지모智謀 명신, 절개直節 명신 등으로 업적의 내용에 따라 다시 분류하며, 자신의 평가에 따라 인물들을 순서대로 나열한 점이 특징이다.

그가 인물들을 그룹으로 나누고 순위를 매긴 것은 독창적이었을 뿐만 아니라, 거기에 포함된 여러 인물 중에는 때때로 사람들의 의표를 찌르는 평가가 섞여 있었다. 앞서 소개한 네 사람이 그런 경우다.

여불위와 이사에 대해서 소개한다면, 그들은 진나라 건국과 건국 후의 군현제에 의한 중앙집권 체제를 확립했으며, 나중에 중국의 모형을 만드는 데 공적이 있었다고 평가했다. 이것은 진시황을 '1000년에 한 번 나올 만한 황제'라고 칭찬한 평가에 대응하는 것이었다.

다만 이사의 '재능'은 그렇다 치더라도 여불위가 임신한 자신의 애첩을 왕에게 헌상한 일은 마찬가지로 여동생을 헌상한 이원과 같이, '지모(지혜로운 계책)'라기보다는 권모술수에 가깝다. 장문달이 아니더라도 마음에 걸리는 점이다. 그러면 이 '지모'에 대한 이탁오 자신의 설명을 살펴보자.

지식인 중에 어떤 사람이 지혜로운 계책을 가지고 있다고 해서 반드시 그가 정직하다고 할 수는 없다. 또 정직한 자라고 해서 꼭 지모가 있는 것은 아니다. (⋯) 내 생각에 지모가 있는 사람을 등용하지 않은 뒤에 정직한 신하가 나타나고, 절개와 의리가 있는 사람이 나타나기 시작한다. 절개와 의리가 있는 자가 나타나는 것은 패망의 징조다. (⋯) 무릇 단지 국가가 망하고 나서 정직하고 절개 있는 지식인이 그 이름을 드높여 후세에 칭송을 받는다. 그런데 그것이 나라에 무슨 도움이 되겠는가? (⋯) 내 생각에는 지모가 있는 지식인을 먼저 소중히 여겨야 한다.

지모가 있는 지식인은 정직하지 않으나 정직한 지식인에게는 지모가 없다. 정직한 지식인이 출현하는 것은 지혜로운 계책을 가지고 있는 지식인이 등용되지 않는 쇠퇴한 시대다. 또 절개와 의리가 행해진다는 것은 말하자면 국가가 멸망하기 전에 나타나는 징조에 지나지 않는다.

절개와 의리가 중요한가, 아니면 지모, 즉 지혜로운 계책이 중요한가는 일반적으로는 왕도인가 권도權道(임기응변의 조치)인가, 혹은 도덕인가 공리功利(공적과 이익)인가의 문제이기도 하다. 지혜로운 계책을 중요시하는 것은 권도나 공리를 중시하는 것에 연결되기 때문에 유가의 상식에서 본다면 이단적이라고 하지 않을 수 없다. 그러나 사실 '지모 명신'에 대한 설명만을 크게 중시하면 이탁오의 진의로부터 벗어나버리게 된다.

『장서』 전체를 통하여 말할 수 있는 것은 그가 통일되고 안정된 부강한 중국을 염두에 두었다는 사실이다. 그는 현실적인 시책의 적절성을 확보하여 민생이 충실한 중국의 실현을 하나의 이상으로 삼았다. 그러한 이상에 근거하여 과거 역사를 재구성했던 것이다.

그가 지모를 좋게 본 것은 그러한 목적을 전제로 해서였다. 그것은 도덕과 절개를 지상으로 삼는 나머지, 현실적인 민생의 향상이나 국력의 충실함과는 거리가 멀고 이상에 치우친 유가의 관념론에 대한 하나의 반론이기도 했다.

그러한 '지모 명신' 중에는 소진蘇秦과 장의張儀라는 소위 전국시대의 종횡가縱橫家들도 포함시켰다. 그 외에도 맹상군孟嘗君과 같은 인물도 들어가 있었다.

맹상군은 식객을 중요시한 것으로 유명한 사람인데 그가 보살핀 식객 중에는 특이한 재능을 가진 사람이 많았다. 가령 개처럼 남의 집에 잘 숨어들어갈 수 있는 사람이라든지, 닭이 우는 소리를 잘 흉내 내는 사람이 있다. 한번은 이 두 사람의 재능을 이용한 적이 있다. 개처럼 몰래 남의 집에 숨어들어가 그 집에 소장되어 있는, 매우 귀중한 흰여우 모피를 훔치게 했다. 그리고 밤중에 닭 우는 소리를 내게 해서 관문을 열게 하여 탈출에 성공했다.

식객의 재능을 소중히 여기고 그들을 중용한 맹상군의 현명함도 그렇지만 개처럼 능숙하게 남의 물건을 훔친 사람이나 닭 우는 소리로 관문을 열게 하는 사람들조차 위급한 상황에서는 도움이 된다는 점을 이탁오는 주목했다. 즉 어떠한 소인小人이라도 그 사람 나름의 재능이 있으며, 그것들을 잘 발휘시키면 국력을 여러 측면에서 충실히 할 수 있다는 것이 이탁오의 진의였다.

여불위나 이원을 좋게 평가한 것도 그러한 입장에서였다.

그러므로 그러한 입장에서 본다면 절개나 지모는 바꿔 말해 개인적인 절개 혹은 사회적인 유용성을 뜻하기도 한다. 이러한 점에서 본다면 그는 철두철미하게 사회적인 유용성을 중시한 입장에 서 있었다.

그러한 입장은 풍도馮道에 대한 다음과 같은 발언에서도 엿볼 수 있다.

맹자는 '국가가 중요하고 임금은 가볍다'고 말했다. (…) 원래 토지의 신인 사社에게 제사 올리는 것은 백성을 편안하게 하기 위해서다. 곡식의 신인 직稷에게 제사 올리는 것은 백성을 잘 부양하기 위해서다. 백성이 편안하게 되고 잘 부양된 뒤에 임금과 신하들의 책임이 완수되는 것이다. 임금이 백성을 편안하게 하지 못하고 부양하지도 못하면 신하들만이라도 백성을 편안하게 만들고 부양해야 한다. 풍도는 그러한 책임을 다했다.

즉 풍도는 네 왕조에 걸쳐 열 명의 임금을 모셨는데, 그러면서 각 나라 사이에 일어나는 전쟁의 폐해를 최소한으로 억제했다. 덕분에 백성은 전쟁의 재앙에서 벗어날 수 있었다.

'사직社稷'은 왕조와 국가를 가리키는 말이다. 이탁오는 그것을 백성을 편안하게 만들고 부양하기 위한 것으로 규정했다. 왕조나 국가는 군주의 것이 아니다. 백성을 위해서 존재한다고 이탁오는 정의했다.

군주가 백성을 편안하게 하지 못하고 부양하지 못한다면, 신하가 그 일을 해야 한다. 풍도는 그렇게 함으로써 '사직'에 대한 책임을 다했다. 이러한 평가는 두 왕조를 섬겨서는 안 된다는 개인적인 절개보다 민생의 안정이라는 사회적인 업적을 훨씬 더 중시한 것이다.

청렴, 근면, 돈후敦厚 등과 같은 덕목을 지식인들은 좋아한다.

그들은 그러한 덕목을 잘 행한다. 또 그것들은 몸을 보존하는 데 충분하다. 하지만 그런 덕목으로 천하와 국가를 경영하는 데 필요한 일에 대응하기는 부족하다.

'지모'에 대한 이탁오의 발언으로, 앞서 소개한 내용 다음에 이어진 것이다. 청렴과 근면 그리고 돈후함(인정이 두터움) 등의 덕목은 자중자애하는 지식인, 즉 자신의 명예를 소중히 여기는 지식인이 자기 한 몸을 관리하기에는 더할 나위 없이 좋은 것이지만, 그것으로 천하 국가의 대사를 처리할 수는 없다는 것이다.

풍도는 자신의 명예를 중시하고 절개와 의리를 소중히 여겨 관직을 사양하고 은퇴했어야 좋았을지도 모른다. 그렇게 했다면 그는 후세에 악명을 떨칠 일이 없었을 것이다. 하지만 그렇게 했더라면 그 자신은 명예와 절조를 지켰을지언정 민생의 안정은 실현되지 않았을 것이다. 그는 달리 말한다면, 일신의 명예를 버리고 천하와 국가의 대사를 위해 자기 몸을 던져 희생했다고 할 수 있지 않을까? 이렇게 이탁오는 종래의 관점과는 완전히 다른 평가를 제안했다.

사회적인 유용성이라 함은 여기서는 민생 안정에 대해서 언급했으나, 원래 그는 민생의 안정에 의한 민력民力의 충실, 민력의 충실에 의한 국부의 축적, 국부의 축적에 의한 부강한 중화제국의 확립이라는 정치적인 구도를 상정하고 있었다. 여기서는 그 일단을 보여준 것이다.

그는 위에 있는 황제가 무능하다면 현명한 재상이 강력한 리더십을 발휘하여 민생의 안정을 실현해야 한다고 기대하고 있었다. 구체적으로는 만력萬曆 시대를 대표하는 유력한 재상 장거정에게 기대를 걸고 있었던 것 같다.

하지만 그 장거정이 만력 10년, 즉 1582년에 사망했다. 이에 위로부터의 강력한 시책에 대한 반동이 일어났고, 신종 황제가 실정失政을 거듭하여 내정이 불안해졌으며 모순이 격화되었다. "국시가 분분해지고 (…) 사대부들은 붓과 혀로 서로 싸우는 전쟁이 수십 년간 이어졌다." 결국 명나라는 국론 분열의 시대로 들어갔으며, "왕과 조정에서 쓰는 비용이 국초 때와 비교해서 수십 배에 이르렀다". "대관들에게 들어가는 공물이 1년에 수만금에 달했으며" "북방 변경의 군사비로 지출되는 비용 역시 날마다 늘어, 매년 수입 지출을 계산해보면 은으로 140여 만 냥이나 부족했다. 민력은 이미 고갈되어 비용을 조달할 곳이 없었다". 이렇게 당시의 재정 위기는 갈수록 심해졌다.

그래서 결국 만력 20년(1592)에는 2월에 서쪽의 영하寧夏에서 보바이哱拜의 난이 발생했으며, 5월에 동쪽에서는 일본의 도요토미 히데요시豊臣秀吉가 군대를 이끌고 조선에 침략하는 사건이 일어났다. 국경의 위기가 한꺼번에 몰려온 것이다. 이어서 나중에 청나라를 수립한 만주의 여진족도 남쪽으로 몰려들기 시작했다. 명나라 조정은 그대로 비탈에서 굴러떨어지듯이 장거정이 죽고 수십 년 뒤인 숭정 17년(1644)에 멸망으로 치달았다.

이탁오가『장서』를 집필한 것은 장거정이 죽은 뒤 수년이 지난 때였던 것 같다. 그는 국가적인 위기를 피부로 예감하면서 난국을 헤쳐나갈 정치의 책임자를 필사적으로 모색하고 있었을 것이다.

그러한 위기의 예감에 의해서 쓴 것으로는『분서』제3권의 「충의 수호전서忠義水滸傳序」, 제4권의 「곤기왕사困記往事」 등이 있다. 참고로 간단히 그 내용을 소개한다.

「충의 수호전서」는 양산박에 결집하여 송강을 두목으로 한 108명의 도둑 집단이 사실은 충의의 신하들이었다고 주장하는 것이다. 이탁오에 따르면 그들이 양산박에 모인 것은 자기들 재능이 당시 세상에서 용납되지 않았기 때문에 어쩔 수 없는 일이었다는 것이다. 그들이 조정의 위무慰撫를 수용하여 귀순한 뒤 북쪽 변경의 요나라를 격파하고, 또 남쪽으로 정벌을 가서 방납方臘을 토벌한 것은 그들이 충성과 의리의 지사임을 여실히 증명하는 것이었다고 했다. 특히 송강에 대해서는 "몸은 수호水滸에 있으면서도 마음은 조정에 있어" 곤란을 무릅쓰고 큰 성공을 쟁취했다고 칭찬했다. 송강은 그러면서도 최후에는 간신 때문에 독이 든 술을 마시고 조용히 죽음에 이른 '충의의 열사'이며, 그보다 더 충성스러운 신하는 없었다고 평가했다.

「인기왕사」는 당시 실재한 임도건林道乾이라는 해적에 대한 이야기다. 그는 복건과 광동廣東의 해상을 30년 동안이나 장악하고 있었다. 대담하고도 신출귀몰하는 이 해적에 대해서 당시 조정은 거의 포기하고 있었다. 그런 사람을 이탁오는 "그의 재능과 견식은 발군이다. 담력 또한 다른 이들을 압도한다"고 평가하며 그런 까닭에 오히려 그를 등용해야 한다고 했다. 군수郡守에 임명하여 2000석의 녹봉을 준다면 강병 30만에 필적하는 효과가 있다고 했다.

당시 관료들은 형식적인 참배의 예를 차리는 일만 잘할 뿐, 하루 종일 돌부처처럼 정좌하고 앉아 있을 뿐이었다. 아니면 유행하는 학문에 따라 고위직에 오르면서도, 일단 위급한 사태를 당하면 얼굴이 사색이 되어 서로 책임을 전가할 뿐이었다. 그러한 무리와 비교한다면 임도건은 훨씬 유용한 인물이라고 단언했다.

이탁오는 다가올 동란과 쇠망을 예감하면서, 자기 한 몸의 보신만을 챙기고 개인적인 절개와 의리에 급급한 사대부들에게 초조감과 분노를 느끼고 있었다. 위기 상황을 앞에 두고 서로 책임 전가에만 몰두하고 있는 중앙 관료들에 대해서도 마찬가지였다. 절개와 의리보다는 지모나 재능을 중시한 그의 주장에는 그 배경으로 쇠망에 대한 예감이 있었다는 사실을 잊어서는 안 된다.

참고로 일본의 쇼인도 이 두 편의 문장을 선택해서 중요한 내용을 메모하여 소지하고 있었다. 그는 자기가 소속된 번의 수뇌부나 막부의 관료들에게 절망감을 느끼고, 재야의 지사들에게 희망을 걸고 있었다. 이탁오가 지은 그 문장들 속에는 쇼인이 바라던 절실한 무언가가 있었다.

한편으로는 현재의 제국을 유지하기 위해, 다른 한편으로는 현재의 정치체제를 뒤엎기 위해 체제 바깥에서 인재를 구했다. 목적은 정반대였지만 동란에 처한 상황에서 인재를 바깥에서 구했다는 점은 같았다.

하지만 이탁오의 경우 위와 같은 역사관을 단지 그러한 측면에서만 보는 것은 타당하지 않다.

하늘이 어떤 한 사람을 낳으면 반드시 그 사람의 쓰임이 있다. 구태여 공자에게 그것을 구하지 않더라도 스스로 만족하게 될 수 있다.

이렇게 말한 그의 발언을 상기할 필요가 있다. 누구에게나 그 개인의 고유한 유용성은 있는 법이다. 공자로부터 교화를 받아야만 한 명의 사회인으로 성장할 수 있는 것은 아니라고 그는 주장했다.

여기에는 인간의 본질에 대해서 그가 내린 하나의 결론이 드러나 있다.

단적으로 말한다면 인간의 가치는 공자의 가르침, 즉 교화를 어느 정도 수용했는지로 결정될 수 있는 것이 아니다. 주자학은 '배움學'에 의해서 사람은 누구나 성인聖人이 될 수 있다고 했다. 이러한 이상理想이 초래한 하나의 성과는 도덕적인 본성을 인간의 본질로 여김으로써 그것을 인간 평등의 바탕으로 삼은 것이다. 이것은 사실 그때까지의 인간관에 하나의 혁명을 몰고 왔다. 당나라 시대까지 사람들은 귀족 문벌에 의한 세습적인 신분질서에 묶여 있었다. 신분에 따라 정해진 빈부귀천은 인간이 태어나면서 갖게 되는 운명이었다.

주자학을 계승한 왕양명은 도덕적인 본성을 인간의 본질로 삼는다는 주자학의 전제를 그대로 계승했다. 하지만 도덕적인 본성 자체에 대해서는 주자학의 좁은 틀을 부수고 대담하게 인간의 자연적인 성정性情으로까지 확장했다. 주자학은 엄격한 독서와 수양의 단련을 필수로 삼았다. 성인에 이르는 도는 이러한 엄격한 도덕적 규범을 따름으로써 달성되는 것이었다. 반면 왕양명은 성인이 되는 도를 매우 일상적이며, 신변에 가까운 것으로 재해석했다. 예컨대 부모가 아이를 생각하고, 아들이나 동생이 부모나 형을 흠모하는 그 원초적인 감정이 그대로 성인의 도라고 주장했다.

이제 이탁오는 한발 더 앞으로 나아갔다. 인간의 본질을 도덕적인 본성에 한정하는 것이 과연 타당한가 물었다. "구태여 공자에게 그것을 구하지 않더라도 스스로 만족하게 될 수 있다"고 한 것이다. 달리 말해, 성인이 되는 일 혹은 성인 그 자체를 인간의 궁극적인 가치로 삼을 필요는 없다는 것이다.

성인이 된다 함은 말할 필요도 없이 유교와 관련된다. 구체적으로는 사서오경의 가르침을 어느 정도 체득했느냐는 말이다. 이것을 자세히 바꿔 말하면 사서오경을 필수과목으로 하는 과거시험에 합격했는지 여부를 따지는 것이다.

누구나 성인이 될 수 있다 함은 원리적으로는 모든 사람을 평등하게 인정하는 것이다. 하지만 실제로는 과거시험 공부를 할수 있는 유복한 계급의 아이들만이 성인이 될 도를 목표로 삼을수 있다. 그것이 불가능한 서민들은 성인을 목표로 하고 있는 관료나 사대부 계층에게 계속 통치를 당하는 피통치자가 될 뿐이다.

주자학은 성인을 사실상 통치자 그룹에 한정한다. 그에 반해 양명학은 사람이 원초적으로 부자간, 형제간에 효나 우애, 자애와 같은 감정을 가지고 있는 이상 그 상태 그대로 성인이라고 인정한다. 그것을 대담하게 일반의 서민층, 즉 피통치자 집단까지 넓혔다. 그럼에도 불구하고 인간의 가치는 성인인가 아닌가에 의해서 평가된다. 바꿔 말한다면 인간의 가치를 도덕성에 따라 평가한다는 점에서 주자학의 틀을 벗어나지는 않았다.

하지만 이탁오는 그러한 틀을 완전히 제거해버리고자 했다. 성인을 인간의 궁극적인 가치로 삼지 않는다는 것은 달리 말해 인간의 본질을 도덕적인 본성에 한정하지 않는다는 것이다.

다음 절에서 서술하는 바와 같이, 가령 이탁오는 물욕이나 소유욕이라는 욕망을 인간의 본질로 인정하려고 한다.

그러한 욕망은 성인들에게도 예외 없이 존재한다. 이렇게 말함으로써 이탁오는 사실상 성인을 보통 사람들 가운데 해방시켜 버린 것이다.

성인도 사람이다. 높은 곳에서 날며 먼 곳에서 거동하면서 인간의 속물적인 세계를 초월하여 존재하는 것이 아니다. 그들은 의복과 음식을 모두 단절하고 황야에서 도피해 있는 것도 아니다. 그렇다면 성인이라고 하여 권세나 이익을 구하지 않는다고 말할 수도 없다.

성인이 보통 사람들 사이에 뒤섞여버렸다는 것은 무슨 뜻인가? 인간의 가치를 특정한 틀에서 해방시켜 보통 사람들 사이에 확산시킨다는 것이다. 이는 개별적인 다양한 것 가운데에서 각 개체를 다시 평가하는 것으로 연결된다.

지금 『장서』에서 그가 여불위, 풍도 등의 지모나 재능을 그 자체의 가치에 근거해서 평가하려는 것은 말하자면 인간의 가치를 다원적으로 인정하려는 뜻이다. 그는 유교적인 덕목에 의해서 평가가 정해져, 그것이 사회적인 신분을 정해버리는 기준이 되는 사회적 질서관에 반발했다. 그래서 다른 질서관을 도입해 인간의 다양한 능력을 발휘시키려고 한 것이다.

사실 청나라 시대로 접어들면, 송·명 시대가 과거에 합격하는 것을 거의 유일한 사회적인 상승의 기회로 삼았던 것에 반하여, 상업이나 대지주 경영 등에 의해 경제적인 분야에서의 신분 상승이나 소설, 회화 등 예술적 분야에서의 신분 상승의 길이 열렸다. 인간의 가치에 대한 사고방식이 상당히 다원화해간 것이다.

이탁오는 그러한 사회의 기존 질서관에 커다란 변혁을 불러일으킬 생각이었다. 하지만 진시황이나 여불위, 이사, 풍도 등과 같은 인물을 높이 평가하고 내세운 것은 역시 너무나 자극적인 시도였다. 게다가 그는 그러한 인간관과 그 위에 세운 질서관을 축으로『장서』의 서두에서 이렇게 선언했다.

> 이탁오는 이렇게 말한다. 사람의 옳고 그름에는 처음부터 정해진 규정이 없다. 사람이 사람을 평가하는 것도 역시 정론이 없다. (…) 그렇다면 오늘의 시비 판단은 나 이탁오 한 사람의 시비 판단이라고도 할 수 있다. (…) 하·은·주 삼대에 대해서 나는 논하지 않았다. 그 뒤 삼대, 즉 한나라, 당나라, 송나라 시대의 인물들에 대해서는, 즉 중간의 1100여 년에 대해서는 시비 판단이라고 할 만한 것이 없었다. 하지만 어찌 그 시대 사람들에 대한 시비 판단이 없겠는가? 모두 공자의 시비 판단을 옳고 그름의 판단으로 삼았다.

옳고 그름에는 보편적인 절대 규정이나 정해진 정론이 없다. 그것은 개별적이며, 상대적인 것이다. 그런데 한나라 이래 1100여 년 동안은 공자가 내린 시비 판단을 보편적, 절대적인 것으로 삼아왔다. 그런 탓에 시비 판단이라는 게 없어져버렸다. 이러한『장서』의 문장(「전론前論」)은 장문달이 말한 "공자의 시비 판단은 의지할 만하지 못하다"라는 언급에 해당된다는 것은 말할 필요가 없다.

여기까지 살펴보면 그가『장서』때문에 탄핵이라는 쓰라린 비판을 당한 것은 당시로서는 어쩔 수 없는 일이었다고 생각된다.

실제로 그에 대한 비난은 오로지 『장서』의 공리주의적 역사관을 향한 것이었다. 명말 청초의 저명한 진보적 사상가 중 한 명인 왕부지王夫之(호는 선산船山)도 예외는 아니었다.

> (이탁오는) 세상을 미혹하게 만들고 백성을 기만했다. 그는 사악한 흉계를 더욱 넓혀, 초주譙周와 풍도를 칭찬하고 품행이 올바른 지식인들을 비방하며 헐뜯었다. (…) 난폭하고 광기 어린 그의 말을 올바르게 천하에 알려서……."
> 천하를 사악하고 음란한 길로 이끌어, 중화 민족의 도덕적인 문명에 재난을 조성했다. 이 사람은 어찌 홍수보다 사납고, 맹수보다 무서운 자가 아니겠는가?

왕부지의 이러한 비난은, 비난이라기보다 이탁오라는 존재를 말살해버리려는 의도를 가진 듯 격렬하다. 하지만 생각하기에 따라서는 이탁오에게 이러한 비난의 언사가 오히려 고마운 것이었다. 자신의 주장을 정면으로 거부하고 대결하려는 것인 만큼, 그래도 구원의 기회는 있었기 때문이다.

그로서는 아마 무엇보다 견딜 수 없었던 것은 또 하나의 사건, 즉 마성에서의 추문이었다. 사실 그것 때문에 한때는 노년을 보낼, 영주永住의 땅이라고 생각했던 마성의 용호에서 쫓겨나는 처지가 되었다.

그가 마성의 사인층士人層으로부터 배척되기 시작한 것은 좀더 이른 시기부터였다. 용호 지불원芝佛院에 거주한 뒤 65세가 되던 때부터였다.

이하 그가 받은 박해에 중점을 두고, 앞서 서술한 연보 형식으로 그의 행적을 살펴본다.

만력 18년(1590), 64세. 마성에서 『이씨 분서』를 간행했다. 서문에 이렇게 썼다. "이 책에는 몹시 분하고 격한 감정이 북받쳐 오르는 말이 많다. 보통의 말과 비교할 바가 아니다. 아마도 독자로서는 원망스러운 유감을 갖게 될지도 모른다. 그래서 『분서焚書』라는 이름을 붙인 것이다. 마땅히 불태워서 버려야 한다는 뜻을 담았다."

이해는 봄에서 여름이 지날 때까지 무창武昌에 체류했다. 이해에 일본에서는 도요토미 히데요시가 일본 전역을 통일했다.

만력 19년(1591), 65세. 다시 무창에 체류했다. 그가 자리를 비웠을 때 '도를 그르치고 사람들을 미혹하게 했다左道惑衆'며 마성의 지식인들이 추방의 목소리를 높였다.

"평생, 이렇다 할 만한 사람들과 만난 적도 없는데 도대체 누구를 미혹시켰다는 것일까? 단지 '도를 그르쳤다左道'는 문제라면 혹시 그랬을지도 모르겠다. 어쨌든 혼자 산 지도 오래되어서 좋은 말을 들을 기회도 없고, 거기다 몸도 쇠약해져 죽음을 두려워하는 생각도 깊어졌다. 이런 상태에서 도를 그르쳤을지도 모르겠다. 생각지도 못한 일이로다. 세상일을 걱정하는 분들이 어찌 이렇게 대자비大慈悲를 내려서 나를 지도해주시는가? 오늘이라도 곧 머리를 묶고, 유생들이 쓰는 관모를 뒤집어 쓰고 (…) 좋은 가르침에 복종한다면 도를 그르쳐 죽게 될 죄도 면할 수 있을 것인가? (…) 65년을 살아 또 64년간의 잘못을 깨닫는다는 것일까?"

비꼬는 듯한 말투 속에서 울적하면서도 분노에 찬 감정을 느낄 수 있지 않은가?

만력 20년(1592), 66세. 무창에서 병상에 누웠다. 이해 보바이의 난이 일어났다. 일본의 도요토미 히데요시가 조선을 침략했다.(임진왜란) 이후 4년간 전란이 계속되었다.

만력 24년(1596), 70세. 「예약」을 썼다. 원래 자신이 지켜야 할 계율과 약조를 간단하게 항목만 써둘 계획이었다.

"하지만 무의식중에 써내려간 분량이 20쪽이 넘어 (…) 끝에는 결국 자신이 살아온 한평생을 나열해서 쓴 결과가 되었다. (…) 나와 같은 사람은 마땅히 죽어야 한다. 장수했다고 할 수 있는 나이인 고희古稀(70세)에 도달했으니, 그것이 죽어야 할 이유 중 첫째다. 세상에 이익이 되지 않으니, 또 그것이 죽어야 할 이유 둘째다. (…) 마쳐야 할 일도 이제는 없으니 죽어야 할 이유 셋째다."

이해에 지방검찰관인 호광분순도湖廣分巡道인 사史모씨가 이탁오는 풍속 교화를 해치는 자이기 때문에 마성에서 추방하여 그의 원적지인 천주로 송환해야 한다는 탄핵을 올렸다.

"지방의 자율이 엄하지만 나에게 미치는 일은 없었다. (…) 나를 법률에 의해서 처리하는 것이 아니라, 멋대로 추방하려는 것은 무슨 일인가?"
"거주지는 지방 관청에서 30여 리나 떨어져 있다. 누구와도 거의 만나지 않는데 (…) 도대체 홀로 멀리 떨어진 곳에 사는 늙은이의 (…) 무엇이 풍속의 교화에 해를 끼친다는 것일까?"
"내 마음에 사악함이 없고 몸가짐에 잘못이 없으며 (…) 정정당당하게 포진을 하고, 깃발을 올려 매일 이 세상과 전투를 벌여 패하지 않는 것은 올바른 군대가 나에게 있기 때문이다."

결국 이때에도 대사에는 이르지 못했다. 추적도 풀리고 가을에는 산서山西의 심수沁水에 사는 유진천劉晉川을 방문하여 강학에 참석했다. 그때의 문답이 나중에 『도고록道古錄』으로 간행되었다.

"유진천이 노중盧中에서 『예禮』를 읽고, 세속의 인연을 끊었다고 들었다. 그래서 1500리를 멀다 하지 않고 나아가서 배움을 함께했다. 무릇 독학은 이루기 힘들고, 단지 친구와 같이 해야 도움이 되기 때문이다."

만력 25년(1597), 71세. 그대로 심수에 체류했다. 용호로 돌아오라고 권장했던 친구 초횡焦竑에게 답장을 썼다.

"나는 중국에서 태어나 살았지만, 나를 이해해주는 친구, 즉 반쪽의 나를 아직 만나지 못했다. (⋯) 용호는 아직 내가 죽을 곳이 아니다. 나보다 훌륭한 친구 또 진실로 나를 이해해주는 친구가 있는 곳, 그곳이야말로 바로 내가 죽을 장소다."

5월에 매국정梅國楨이 순무巡撫가 되어 부임한 대동大同으로 갔다. 『손자참동孫子參同』을 지었다. 가을에 북경으로 갔다. 『정토결淨土訣』을 간행했다. 6월에 명나라 황궁에서 황극皇極, 중극中極, 건극建極의 세 궁전이 불에 타 소실되었다.

이해부터 이듬해까지 일본의 군대가 조선을 다시 침략했다.(정유재란) 유럽에서는 프랑스에서 낭트 칙령이 발표되어 종교의 자유가 확립되었다.

만력 26년(1598), 72세. 봄에 초횡과 동행하여 남경으로 갔다.

영경사永慶寺에 체류했다. 여기서 강학 기록이 『영경답문永慶答問』으로 남아 있다. 그가 마테오리치와 만난 것은 이즈음의 일이다. 가을 이후 『역경易經』을 탐독했다.

상업세, 광산세 등 악명 높은 임시 세금이 환관 특파特派에 의해서 강제 징수되기 시작했다. 지난해에 소실된 세 궁전을 다시 짓는 비용과 조선 원조를 위한 군비 등을 모으기 위한 것이었다. 관료층에서도 반대 의견이 속출했으며, 국론 분열의 조짐이 있었다.

만력 27년(1599), 73세. 가을에 초횡 등에 의해서 『장서』 68권이 간행되었다. 환관에 의한 상업세, 광산세의 강제 징수에 반대하여 각지에서 민중의 반란이 일어났다. 사인층도 여기에 참가하기 시작했다.

만력 28년(1600), 74세. 봄에 유진천과 함께 남경에서 산동성 제녕濟寧으로 갔다. 『양명선생 도학초陽明先生道學鈔』와 『양명선생 연보陽明先生年譜』를 편찬했다. 이 뒤에 용호로 돌아갔다. 그를 기다리고 있었다는 듯이 세 번째 박해가 시작되었다. 지금까지 없었던 격심한 박해였다. 마성의 향신鄕紳(관료 경험자로서 지방에서 명성을 지닌 부유한 호족층)들이 "놈팡이 승려를 추방하고 음란한 절을 헐어내서, 올바른 도를 수호하고 풍습의 교화를 유지"하기 위해서라고 주장하며 당국을 움직여 그가 주거하고 있던 지불원을 파괴했다. 아울러 그가 사후를 위해 준비해두었던 납골당도 파괴했다. 이탁오는 난을 피해 하남성河南省 황벽산黃檗山으로 이동했다. 난을 듣고 하북성河北省의 통주通州에서 달려온 지기 마경륜馬經綸과 함께 『역경』을 강독했다.

이해 각지에서 광산세 납부에 반대하는 민중 반란이 계속 일어났다.

만력 29년(1601), 75세. 2월, 마경륜과 함께 그의 고향인 통주로 갔다. 그곳에서 몸을 의지하고 지냈는데, 결국 그가 이 세상을 떠나는 장소가 되었다.

이탁오의 자술에 이렇게 적혀 있다.

"나는 지금 나이 75세. 금방 죽을 몸이지만, 그래도 서적 속에 몸을 묻고 붓과 먹에 끊임없이 물을 묻히며 벼루도 끊임없이 갈고 있다."

다음은 유진천의 증언이다.

"금년 여름, 이탁오는 마경륜 시어侍御와 함께 산속에서 독서생활을 하고 있다. 내가 가끔 사람을 보내 이곳으로 맞이하려고 했으나 나의 관저(유진천은 공부상서시랑工部尚書侍郎 겸 하조총독河

漕總督이라는 중책을 맡고 있었다)는 방문하여 쉴 수 있는 곳이 아니며, 관서는 독서의 장소가 될 수 없다고 하여 오지 않았다. (…) 관직에 있기는 하지만 내가 가난하다고 할 수 있을 만큼 청빈한 것은 마경륜에 뒤지지 않는데, 이렇게까지 구별하는 것은 유감이다. 이탁오는 지금 병이 들었다고 한다. 아마도 저술 활동에 너무 많은 정열을 쏟아서 그럴 것이다. 노인이 병들어 있는 것은 너무나 좋지 않다."

마경륜은 조정에 올린 진정서에서 이탁오를 이렇게 변호했다.

"75세나 된 노인을, 지금이라도 당장 죽을지 모르는 노인을 마성 사람들은 불쌍히 여기는 마음이 조금도 없이 공격하고 또 공격하고, 재삼再三, 재사再四 공격하여 아직도 그런 움직임을 쉬지 않고 있습니다. 이러한 사실은 오히려 그 노인이 결코 이 세상을 미혹시키는 자가 아님을 거꾸로 증명하는 것일 겁니다. 왜냐하면, 만약 이 노인이 정말로 이 세상을 미혹하게 할 수 있는 자라면 마성 사람들도 그 노인에게 미혹되었을 것이며, 그 결과 그들이 이렇게 떼거리로 일어나 그 노인을 집단으로 공격할 리는 없을 것이기 때문입니다."

통주에서 간행한 『역인易因』을 개정하여 『구성역역九成易易』을 지었다. 이탁오는 이렇게 말했다.

"나는 옛날에 공자의 책을 읽어도 마음으로 복종하는 데까지는 이르지 않았었다. 지금 『역경』을 읽고 처음으로 미치지 못한 바를 알게 되었다."

만력 30년(1602), 76세. 윤2월, 장문달이 이탁오 탄핵 상소문을 올렸다. 이 상소문의 제안이 받아들여져 칙명이 다음과 같이 내려졌다.

"이지는 감히 어지러운 도를 주창하고 세상을 미혹하게 했으며, 백성을 속였다. 곧바로 동창東廠과 금의위錦衣衛 그리고 오성병마사五城兵馬使에게 명령을 내려 엄중하게 체포하여 처벌하라. 그의 서적은 이미 간행했든, 아직 간행하지 않았든 상관없이 각지의 관청에서 모두 색출하여 불태우고 하나도 남기지 마라. 만약 불순한 무리가 법을 왜곡하여 그를 비호하고 몰래 그의 서적을 숨긴다면 급사중어사給事中御史와 유사有司는 철저히 조사하여 조정에 보고한 뒤, 함께 처벌하라."

이러한 칙명에 의해서 그는 곧바로 체포되어 투옥되었다.

이상 연보 형식으로 그의 일생을 살펴보았다. 세 번에 걸쳐 마성에서 그가 받은 박해는 온전히 앞서 소개한 두 번째의 사악하고 음란한 행적을 가장한 것이었다.

　서두에서 장문달이 기녀 운운하면서 탄핵한 것은 그가 마성에서 풍문으로 듣고 쓴 것임에 틀림없다. 물론 기녀와 백주대낮에 함께 목욕했다는 것은 완전히 날조한 것으로, 밥 먹다 밥알을 뿜어낼 정도로 웃기는 이야기이지만, 사인, 즉 지식인들의 부인이나 딸들 운운한 내용은 그렇게 근거 없는 이야기만은 아니었던 듯하다. 아니 땐 굴뚝에 연기 날까라는 말이 있듯이 다소 근거가 있었던 듯하다.

　이렇게 말하는 이유는 다음과 같다. 그가 살았던 마성의 지식인 중 매국정梅國楨이라는 사람이 있었다. 이탁오와도 친교가 있었는데, 이 사람의 딸이 여자의 몸인데도 출가하여 매담연梅澹然이라 자칭하고 이탁오에게 사사師事를 받고 있었다.

　이탁오를 스승으로 모셔서 '사사'라고 했지만, 이탁오는 원래 다른 사람의 스승이 되는 것을 싫어했다. 담연도 그 점을 잘 알고 있었기에, 질문이 생기면 30리 떨어진 이탁오 쪽으로 사람을 보내 서면으로 묻는 식으로 가르침을 받았다. 두 사람은 직접적으로는 한 번도 만나지 않았다. 말하자면 담연 쪽에서의 서신을 통한 일방적인 사사였던 것이다.

　이탁오는 그러한 담연의 질문에 단정하게 예의를 갖추고 대응했다. 답장을 보낼 때 이름도 담연사澹然師(담연 선생님)라고 써서 대등한 경칭을 사용했다. 그러한 답장은 『분서』에 「관음문觀音問」이라는 제목으로 수록되어 있다. 또 「예약」에도 그녀에 대해서

「출가한 여장부」라고 하여 "여자의 몸이지만, 남자도 쉽게는 이 여성에게 미치지 못한다. 지금은 이미 도를 배워 분명한 분별력과 지식을 갖추고 있다"고 칭찬했다. "아아, 서로 만나지 않고도 서로 스승같이 대한다. 혼자만으로는 스승에 미치지 못하여 피차간에 서로 스승이라고 부른다. 이상한 일일까?"라고 하여 자신도 기이하게 여기면서 그것을 즐기고 있는 듯 보인다.

원래 그에게는 여성에 대한 편견이 없었다. 부인 황의인을 대하는 그의 태도에서도 그러한 경향이 엿보인다. 『분서』에는 「여성이 도를 배우기에는 생각이 좁다는 의견에 대한 답장」이라는 긴 제목의 서간문이 수록되어 있다. 거기서 그는 훨씬 더 분명하게 그 점에 대해 언급했다.

그는 여성들이 견식이 짧아 도를 배우는 일을 감당하기 힘들다고 한 의견에 대해 다음과 같이 반박했다. 견식이나 생각이 긴지 짧은지는 그 사람이 보는 것이 집 안의 뜰인가, 자기 한 몸인가, 아니면 자손까지인가, 혹은 기껏해야 100년 정도로 한정되어 있는가, 혹은 생사를 초월해서 백천만 억겁의 앞날까지 포함된 것인가 하는 그 내실에 의해서 결정되는 것이다. 남자인지 여자인지로 결정되는 것은 아니다.

그런데 길거리의 소인들에게 이것을 말하면 그들은 모두 '그만둬라, 여자들은 다른 사람을 똑바로 볼 수가 없지. 그것이 정숙한 여성의……'라고 하면서 이것저것 여성들에게 요구하는 것이 많다. 마침내 주나라 문왕의 왕비나 무왕의 왕비인 읍강邑姜까지 들먹이면서 죄인으로 몰아세운다. 사실 두 왕비는 남자들 못지않게 치세의 공이 있었던 여성들이다. 정말로 여성이라는 이 이상의 원죄가 이 세상에 또 어디에 있을까?

그리고 당나라 방거사龐居士의 딸이 좌선한 채로 사망한 일을 '고금古今의 쾌사快事(통쾌한 일)'라고 하여 칭송했다. 출세간의 도를 깨달은 사람을 만나면 설사 그가 여성이라 해도 그에게 심복하지 않을 수 있을까라고도 말했다.

근년에 중국에서는 이 문장 하나를 들어 이탁오를 남녀 동권론자, 즉 남녀평등주의자로 보려는 경향도 있다. 하지만 나는 꼭 찬성할 수만은 없다. 내가 그것을 읽고 곧바로 연상한 것은 당나라 한유韓愈가 쓴 「사설師說(스승을 논하는 글)」이라는 문장이다.

나보다 먼저 이 세상에 태어나 나보다 먼저 도道(진리)를 들은 사람을 나는 쫓아가 스승으로 삼는다. 나보다 늦게 이 세상에 태어났어도 나보다 먼저 도를 들은 사람을 나는 쫓아가 스승으로 삼는다. (…) 그러므로 귀하든 천하든, 윗사람이든 아랫사람이든, 도가 있는 곳이 바로 스승이 있는 곳이다.

귀천이나 장유에 관계없이, 도에 대해서 자기보다 앞선 사람은 설사 자기보다 나이가 적어도 그를 스승으로 모신다는 것이다.

이러한 '도道' 중심적인 관점은 그대로 이탁오의 것이다. 단지 그는 여기서 말한 귀천, 장유에 남녀를 추가했을 뿐이다.

이는 남녀평등이라는, 남자와 여자의 권리 차원에서의 문제가 아니다. 인간에게 있어서 무엇이 가장 중요한 것인가 하는 인간 존엄과 그 바탕에 대해서 언급한 문제다. 남녀평등도 원래는 여기에 근거를 두고 있기 때문에 사실상 문제의 차원에서는 이쪽이 훨씬 더 근본적이라고도 할 수 있다.

하지만 그것이 근본적인 문제인 만큼 오히려 세상 사람들에게는 통하기 어려운 것이었다. 이러한 취지에 부응하는 한 여성에 대한 그의 노골적인 찬사와 공감은 당연히 오해를 초래할 수밖에 없었다.

그것과 함께 또 하나의 문제가 있다. 이는 단순한 추측에 지나지 않으나, 매국정에 대한 정치적 혹은 사회적인 반감이 이러한 비판의 배후에 있었을지도 모른다.

앞서 소개한 것처럼 만력 20년에 보바이의 난이 일어났다. 당시 매국정은 주위의 반대를 무릅쓰고 조정에 이여송李如松을 진압군의 제독으로 추천했다. 이 건의가 채택되어 자신도 이에 따라 공적을 올렸다. 이여송이라는 인물은 나중에 일본군이 조선을 침략했을 때 조선 지원군의 제독으로 임명된 사람이다. 그는 이듬해 만력 21년, 즉 1593년 정월, 일본 장수 고니시 유키나가小西行長의 군대를 패주시켰다.

조선 출병 당시 이여송은 주로 북방계 병사들을 이끌고 갔다. 그 뒤 남방계 병사들을 이끈 장군들과의 사이에서 대립이 있었다. 게다가 일본과의 전쟁이 끝난 뒤 공적을 논할 때, 이여송이 이끈 북방계 군대가 남방계보다 더 높은 대우를 받았다. 이러한 일이 서로 얽혀 두 파벌 사이의 대립은 은밀하고도 뿌리 깊게 퍼져 있었다.

마성이 있는 호북성은 남방에 속한 지역이다. 그러므로 그들은 어딘가에서 남방계 군대의 장군들과 연결되어 있을 가능성이 있다. 그래서 추측이지만, 어쩌면 이 남북 간의 대립이 서로 맞물려 이여송을 추천한 매국정에게 반감이 미쳤던 것은 아닌가 생각된다. 그 결과 이탁오와 매담연의 관계를 훨씬 더 부풀려 스캔들로 만들어낸 것은 아닌가, 다소 지나친 추측일지 모르나 그렇게 생각해본다.

감히 이렇게 추측하는 이유는 마경륜이 이탁오의 투옥에 대해 항변한 상소문에서 "이 일은 마성의 사대부들이 비구니(담연을 뜻함)가 음란함을 퍼뜨리고 있다는 명목으로 매국정 가문의 위신을 추락시키고, 그것으로 매국정의 관직을 박탈시키려고 일으킨 것입니다"라고 했기 때문이다. 이러한 기록에 따르면, 이탁오는 매씨 집안의 일에 휘말려들어간 셈이 된다. 적어도 마경륜이 그렇게 판단할 정도의 원인이 매씨 집안 쪽에 있었던 것이다. 그렇다면 이여송 건이 얽혀 있었던 것은 아닌가 하고 자연스레 추측하게 된다.

어쨌든 『장서』의 역사관뿐만 아니라 마성의 향신층으로부터 제기되었던 악의적인 추문이 드디어 중앙 관료인 장문달을 움직이게 한 것이다. 여기서 하나 언급해두고 싶은 것은 장문달이 소위 보수 반동적인 사람은 아니라는 점이다.

앞서 소개한 것처럼 만력 26년경부터 중앙에서 특파한 환관이 상업세나 광산세를 강제로 징수하기 시작했다. 만력 27, 28년에는 각지에서 민란이 계속 일어났다. 민란은 대중의 실력 행사를 포함한 항의 행동이었지만 거기에는 지방의 사인층도 자주 참가했다. 사인들이란 과거시험에서 하급 시험에 합격한 자나 현縣이나 부府에서 세운 학당의 학생들을 말한다. 이들도 민란에 참가했는데, 때때로 향신들까지 세금 징수 반대의 목소리를 높이고 있었다.

본래 관료가 담당해야 할 세금 징수 업무를 중앙에서 직접 파견한 환관이 추진하는 형태로 집행하려는 것은 만력 황제의 세금 징수가 이미 관료층으로부터조차 외면받고 있었음을 보여준다. 당시 환관들의 징세 태도 역시 상당히 악질적이었다. 광산세는 광산 발굴에 따른 세금을 말하는데, 세금을 징수하는 관리가 부유한 저택을 가리키며 저기에 광산이 있다고 하면 그를 따르는 하급 관리나 앞잡이들이 우르르 달려들어 금은보화에서 가구 세간에 이르기까지 모두 강탈해버린다. 만약 거기에 반대하는 자가 있다면 살해당한다. 혹은 그 집의 부인이나 딸이 폭행을 당하기도 한다. 그중에는 임산부의 배를 갈라 태아를 빼내 강에 내던져버렸다는 기록도 있다.

이러한 상황에 직면하여 가장 강력하게 반대하고 환관들과

도 대항한 것이 나중에 동림파라고 불린 관료들이었다. 그들 대부분은 이 때문에 환관의 우두머리였던 위충현魏忠賢에게 탄압당하거나 투옥되어 사망했다.

　장문달도 사실은 그중 한 사람이었다. 그는 한편으로는 광산세에 반대하는 상소를 올리고, 다른 한편으로는 환관들의 죄목을 들어 처벌할 것을 조정에 건의했다. 또 불에 탄 세 궁전을 다시 짓는 일에 저항하기도 했다. 결국 천계天啓 5년(1625)에 위충현 일파에 의해 관직을 박탈당했으며, 10만금이라는 막대한 추징금까지 부과되었다. 이 일로 그는 실의에 빠져서 죽고 그의 가족도 파산했다.

　장문달에 그치지 않고, 이탁오의 사후에도 그에 대한 비난의 목소리를 끊임없이 냈던 황종희, 고염무, 왕부지 등 명말 청초의 저명한 진보적 인사들도 이러한 동림계東林系의 정치 자세를 계승했다. 여기에 명말이라는 시대의 복잡함이 있다.

　여기서는 이 이상 들어가지 않겠으나, 이 동림계 인사들은 한편으로는 만력 황제 신종 및 그를 둘러싼 환관파와 대결하면서 또 다른 한편으로는 지방의 정치에 힘을 쏟아, 사회적 혼란을 도덕의 선양에 의해 극복하려 한 그룹이었다는 점만 간단히 소개해 둔다.

　장문달은 진지하게 이탁오가 옳고 그름을 혼란스럽게 만들어 세상의 풍습과 교화를 파괴한다고 믿고 있었던 셈이다.

만력 30년(1602) 3월 15일, 감옥에 들어간 이래 그때까지 서적들을 손에서 떼어놓지 않았던 이탁오는 갑자기 곁에서 시중 드는 사람을 불러 머리를 깎고 싶으니 면도칼을 가져오라고 부탁했다. 면도칼을 가져오자 시종이 자기 곁을 떠난 틈을 타 자기 손으로 목을 그어버렸다. 하지만 하루 이틀은 의식도 분명하여, 시종이 "스님, 아픈가요?"라고 묻자 손바닥에 손가락으로 "아프지 않다"라고 썼다. 또 "왜 자결하시려고 했는지요?"라고 묻자, 또 손가락으로 이렇게 썼다. "칠십 먹은 노인이 무엇을 더 구하겠는가?" 그러고는 숨이 끊어져버렸다.

마경륜은 이탁오의 처벌이 기껏해야 본적지 송환 정도에 그치리라 예상했다. 그래서 안심하고 병든 부친을 간병하기 위해 고향에 가 있었다. 말하자면 이탁오의 죽음은 그가 부재중에 발생한 일이었다.

그는 자신이 자리를 비워 결국 이탁오가 죽은 것이라고 자책했다. 급한 대로 이탁오의 유언에 따라 통주의 자택 부근에 정중하게 장사 지냈다. 유언이라 함은 이해 2월 2일, 즉 죽기 한 달 전에 그가 아마도 체포 직전에 써둔 것이다. 혹은 노인 특유의 죽음에 대한 예감이 그것을 쓰도록 했는지도 모르겠다.

유언이라고는 하나 그것은 이탁오 자신의 시신을 어떻게 묻을까 하는 형식적인 내용만을 써놓은 것이었다. 유언서로 본다면 너무나 특이했다. 자신의 묘지는 통주의 성 바깥, 높은 구릉의 남쪽 사면에 구덩이를 파고, 깊이나 너비, 길이 등에 대해서 이렇게 저렇게 해달라는 내용이었다. 또 묘지 바닥에 갈대로 만든 자리 다섯 장을 깔고 그 위에 시신을 올려놓고, 시신에는 흰옷을 입히고, 얼굴에도 흰옷을 덮어놓으라. 시신 위에는 20~30개의 서까래를 늘어놓고, 그 위에 또 갈대 자리 다섯 장을 겹쳐서 놓은 뒤, 흙을 덮고 성토해라. 주위에는 나무를 심고, 묘지 앞에 비석을 세워라. 비석은 '이탁오 선생의 묘'라고만 파고, 글자는 초횡에게 써달라고 해주면 좋겠다 등등의 내용을 적었다.

1926년 9월 스즈키 도라오鈴木虎雄(1878~1963) 박사가 그의 묘지를 방문한 적이 있다. 스즈키 박사는 일본에서 최초로『이탁오 연보』를 만든 사람이다. 통주의 성곽에서 북쪽으로 3리 떨어진 곳에 영복사迎福寺라는 절이 있고 그 서쪽에 이탁오의 묘지가 있는 것을 발견했다. 매장할 때 마경륜이 주위에 심었다고 전해지는 100여 그루의 버드나무는 이미 없어지고, 황폐한 잡초더미 사이에 비석이 엎어져 있었다고 한다. 비석의 뒷면에 만력 40년 2월의 날짜로 '오호라, 이것은 명나라 이탁오 선생의 묘지다. 선생은 죽음을 함께하기로 약속한 친구의 우의友誼로, 통주에 있던 마경륜에게 와서……'라는 비문이 음각되어 있는 것을 확인했다.

비문의 '죽음을 함께하기로 약속한 친구死友'라는 표현은 이탁오가 생전에 '자신을 알아주는 친구의 손에 죽는 우의'라고 한 말과 통한다. 그렇다면 혹시 그가 스스로 자기 목을 벤 것은 천주로 강제 송환될 것을 예측하고, 그렇다면 차라리 최후의 지기인

베이징 교외에 위치한
이탁오 묘역

왼쪽에 보이는 반원 형태의 물체가 묘지임

부인 황의인 묘비 중 남아 있는 조각

마경륜 옆에서 죽어야겠다고 결의한 것일지도 모른다.

76세의 고령으로 자기 목을 베었다는 것은 다년간의 병으로 기력이 상당히 떨어져 있었다는 것인가. 아니면 거꾸로 그러한 일을 감행할 정도의 기력이 충실히 남아 있었다는 것인가 알 수 없으나 나는 그가 말한 '사우의 우의'를 그가 최후의 기력을 쥐어짜내서 실천한 것이라고 생각하고 싶다.

또 그의 묘비는 지금 벽돌로 지은 작은 사당 안에 보존되어 비바람을 막을 수 있도록 되어 있는데, 베이징시 문물관리처文物管理處가 보존을 담당하고 있는 것 같다. 최근 내 친구가 그곳을 방문해 사진을 촬영해서 보내왔다. 그 사진을 보면 비문에 '이탁오선생묘李卓吾先生墓'라고 쓰여 있다. 관직의 명칭도 없고 아무것도 없다. 깔끔하게 여섯 글자만 파놓았다. 글씨는 아마도 유언장에 쓰인 것처럼 초횡의 글씨일 것이다. 유언장에서는 '이탁오선생지묘李卓吾先生之墓'라고 부탁했는데, 실제 비문에는 '지之'가 생략되어 있다. 묘비의 뒤에는 콘크리트로 발라 굳은 둥그런 무덤이 있다. 그 아래에 이탁오의 뼈가 묻혀 있을 것이다.

한편 황의인의 묘지에 대해서 살펴보자. 그녀의 묘지는 민국民國 25년, 즉 1936년에 취안저우시 시외의 자모산紫帽山이라는 언덕의 남쪽 비탈에서 발견되었다. 왜 그런지 묘비석은 종縱으로 둘로 나뉘어, 한 조각만 남아 있었다. 전해오는 사진을 보면, 비석 표면에 '이탁오 처 황씨지묘李卓吾妻黃氏之墓'에서 '오吾' 이하의 여섯 글자와 그 옆에 쓰인 '만력무자萬曆戊子(만력 16) 서장순보립婿莊純甫立

(사위 장순보가 세움)'이라는 작은 아홉 글자가 뚜렷이 적혀 있다.

만력 16년(1588)이라면 이탁오가 삭발하고 마성에서 살기 시작한 시기다. 부인이 사망한 해는 그 이전, 즉 이탁오가 드디어 도를 배우는 데 전념하기 시작한 바로 그때였다. 하지만 이 묘비의 글씨는 장순보의 청을 받아 이탁오가 스스로 쓴 것일 가능성이 크다.

베이징시 교외에 있는 통주(현재는 베이징시와 인접한 퉁저우시)에서 푸젠성의 남쪽 해안에 있는 취안저우시까지는 지도에서 직선거리로 계산해보면 약 2000킬로미터에 달한다. 부산에서 신의주까지 왕복한 거리보다 멀다. 이렇게 머나먼 거리를, 이탁오 자신은 아마도 멀다고 생각하지 않았을 것이다. 그는 아무튼 시간이나 공간을 초월하여 먼 곳을 바라보며 살았던 사람이기 때문이다.

3.
'무無'와
'참다운 공眞空'

이탁오가 마성의 용호에 거주하자, 그 주변에 많은 사람이 방문하여 모임을 결성했다. 그중에는 같은 호북성 공안公安에 사는 원삼袁三 형제가 있었다. 원종도袁宗道(1560~1600), 원굉도袁宏道(1568~1610), 원중도袁中道(1575~1630)라는 삼형제다.

그들은 시가 시인의 성령性靈을 표현해야 한다고 주장했다. 이에 성령파라고도 불렸으며, 출신 지역에서 이름을 따 공안파라고도 불렸다. 그들의 자유로운 시체를 공안체公安體라고도 했는데, 명말의 문학사에서 상당한 지위를 차지하는 시인들이다.

그들이 이탁오를 처음 만난 것은 만력 18년(1590)이었다. 이탁오가 마성에서 공안으로 놀러 갔을 때다. 당시 그들이 서로 나눈 문답이 막내 원중도가 쓴 「작림기담柞林紀譚」이다. 아울러 참고로 「이온릉전李溫陵傳」을 쓴 것이 이 원중도다. 앞서 소개한 이탁오의 투옥으로부터 죽음에 이르는 상황은 모두 이 글에 상세하게 그려져 있다.

그런데 「작림기담」에 수록된 문답에 이러한 기록이 있다.

원종도: 형가荊軻와 전광田光 같은 사람들 역시 도를 배워야 할

까요?

형가와 전광은 전국시대에 활약한 의협義俠의 인물들이다. 연나라 태자는 전광에게 진나라 왕(시황제)을 암살하려는 극비 계획을 솔직하게 털어놓고 상의했다. 전광은 그러한 임무에 적합한 인물로 형가를 추천했다. 그리고 계획의 비밀을 지킨다는 증거로 자신의 목을 잘라, 형가가 그 머리를 가지고 태자를 만나러 가도록 했다. 형가는 그의 신의에 부응하여 자객으로서 진나라 왕에게 접근하여 찔러 죽이려고 했다. 하지만 그 칼을 피한 진나라 왕에게 제압당해 살해되었다. 이것은 모두 『사기』「자객열전」에 수록되어 있다.

이탁오는 이 두 사람이 신의를 위해 순직했기에, 그들의 죽음은 태산보다 무겁다며 칭찬했다. 그러자 원종도가 위와 같은 질문을 한 것이다.

이탁오: 형가나 전광과 같은 사람들이야말로 도를 배우는 데 어울리네. 또 그러한 사람들에게는 도를 배우게 하고 싶지. 하지만 그대에게는 차라리 도를 배우지 말라고 권하고 싶다.
원종도: 예? 도를 배워도 도움이 안 된다는 말씀인가요?
이탁오: 전혀 도움이 안 되네.
원종도: 그렇다면 저는 생사를 초탈하는 것이 불가능해집니다.
이탁오: 대체 어떠한 부처가 생사를 초탈했다고 말하는 건가?

원종도: 그러면 부처님은 중생과는 어떤 점이 다릅니까?

이탁오: 부처와 다른 중생이 있는가?

그때 이탁오는 64세, 원종도는 31세였다. 원종도는 일찍부터 도가道家 양생養生의 학문에 관심이 많았다. 과거시험을 보러 가는 길에 부친의 뜻에 반하여 중도에 포기하고 돌아가거나, 부인이 죽은 뒤 주위에서 재혼을 권유하자, 오히려 은거생활을 함께하고 싶다며 농촌 여자를 부인으로 삼거나 했다. 그러면서 오로지 도를 배우는 일에만 열중했다. 이러한 문답을 주고받은 시기에는 불교의 철리哲理를 배우는 일에 열중하고 있었다.

그런데 이탁오는 그에게 자네가 도를 배워봤자 아무런 도움이 되지 않을 것이라고 했다. 왜 그랬을까? 그 이유는 위의 문답 가운데 이미 들어 있다.

대화를 보면 분명하듯, 원종도는 생사를 초탈하여 영원한 삶을 얻고자 했다. 즉 인생의 본질이나 우주의 진리를 깨달아 생사의 번뇌를 초탈함으로써 영원한 세계에 사는 것을 도를 배우는 목적으로 삼았다. 목적을 염두에 둔 생각이었던 것이다.

그렇다면 어떤 점이 나쁜가? 생사를 초탈하여 영원한 세계에서 산다는 것은 이탁오 자신도 목적으로 삼은 것이 아닌가, 하고 물을 수 있다. 문제는 생사를 초탈하는 방법에 있다.

원종도는 이러한 문답 이전에도 "성聖과 범凡은 어디가 다른가요?"라고 물었다. 사실 그렇게 질문한 순간에 원종도는 이미 이탁오에게 자신의 문제점을 간파당했다. 이렇게 말하는 것은, 그가 생사를 초탈하는 일을 마치 이 세상, 즉 속계를 버리고 다른 차원의 성역聖域으로 뛰어드는 것처럼 이해하고 있기 때문이다.

좀더 구체적으로 말한다면, 세속의 일상생활, 즉 일하고, 돈 벌고, 기뻐하고, 슬퍼하며, 먹고 자는 일과 같은 생활을 그는 저차원의 범속한 일로 보고, 이와는 다른 차원의 높은 곳에 무슨 현묘한 깨달음의 영역이 있는 것처럼 생각했다. 그러한 깨달음의 경지에 몰입하는 것을 도를 배우는 목적으로 삼았다. 그것을 목적으로 삼았다는 것은 자신으로부터 떨어져 있는 어떤 곳을 하나의 장소나 사물로 설정했음을 의미한다. 다시 말해 그러한 깨달음은 현실의 일상적인 자신으로부터 멀리 떨어진, 관념적인 세계로의 도피이기도 하다.

이탁오는 현실로부터 유리된 그러한 관념적인 도의 추구가 도움이 되지 않는다며 거부했다. 대체 어떤 부처가 생사를 초탈했는가라고 묻는 이탁오의 한마디가 그러한 사정을 암시한다.

이탁오가 암시한 바를 이해하려면 불교에서 말하는 '이장理障(관념의 장애)'이라는 개념을 미리 파악해둘 필요가 있다. 이를 알기 쉽게 보여주는 것으로 『임제록臨濟錄』에 다음과 같은 문구가 있다.

> 그대가 만약 부처님을 찾는다면, 즉 부처님 마귀에 끌려가서는 안 된다. 그대가 만약 스승을 찾는다면 스승의 마귀에 속박되어서는 안 된다. 그대가 만약 찾는 것이 있다면 그것은 모두 고

통이다. 차라리 아무것도 찾지 마라.

만약 부처나 달마조사達磨祖師가 되길 원한다면 그 순간 부처
나 조사祖師, 즉 스승이라는 이름의 악마에게 포로로 잡힌 꼴이
된다. 임제는 그렇게 설명했다. 부처나 스승이 보여준 깨달음의 경
지를 무슨 속세를 초월한 현묘한 다른 세계에 있는 것처럼 생각하
고, 일상생활을 버리고 그것을 관념적으로 찾으려 할 때, 그 사람
은 부처나 스승이라는 그러한 관념의 방해를 받는다. 사실은 그
평상적인 생활이야말로 깨달음이 있는 곳임을 놓치는 결과가 된
다. 이러한 자기 관념의 장애를 '이장理障'이라고 한다.

『임제록』에는 또 '금가루는 매우 귀중하지만 눈에 떨어지면
방해가 될 뿐이다'라는 문장이 있다. 금으로 된 작은 가루가 아
무리 비싸다 해도 그것들이 눈에 들어가면 시야를 가리는 귀찮은
물건이 될 뿐이라는 것이다. 금가루는 달리 말해 부처가 되려는
혹은 스승이 되려는 자기의식일 수 있다.

중생과는 다른 어떤 별세계에 깨달음의 경지가 있다고 생각
하지 마라. "차라리 아무것도 찾지 마라." 이 말은 "불법에는 공부
할 것이 없다. 단지 평상시처럼 아무 일도 하지 않고, 똥 누고 오줌
싸고, 옷 입고, 밥 먹고 졸리면 자고" 하면 된다는 것이다. 이것이
바로 임제의 말뜻이다.

불법에서 말한 도를 특별한 수행에 의해서 얻어야 하는 도라
고 생각하지 마라. 단지 평상시 하던 대로 대소변을 보고, 옷 입

거나 음식을 먹거나, 졸리면 자면 된다. 바로 그러한 생활에 불법, 즉 깨달음이 있다. 평상시 그대로가 깨달음이라는 것이다.

이러한 입장에서 이탁오는 원종도의 고지식하면서도 '이장_理障'에 속박된 미숙함을 뒤흔들었던 것이다.

그렇게 머리만 큰 관념적인 자네보다는, 형가나 전광 쪽이 쓸데없는 자의식 따위에 이끌리지 않고 단도직입적으로, 해야 할 일은 하고 죽어야 할 때 죽는 사람들로서 진실로 도를 배우는 데 어울린다고 이탁오는 말하고 싶었던 게 아닐까?

이러한 문답 안에는 명말 사상계의 쉽지 않은 사상적인 과제가 포함되어 있다. 앞 장 '지기를 찾아서 1'에서 무선_{無善}이나 무적_{無跡}에 대해 언급했는데, 그것을 여기서 다시 상기해볼 필요가 있다.

'무선'을 제시한 것은 왕양명이다. 여기서 잠시 당시의 사상사에 대해서 살펴보자.

왕양명은 '심즉리_{心卽理}', 즉 '마음은 이_理다'라는 대명제로부터 출발해 중년 이후에는 치양지_{致良知}(양지를 발휘함)를 제창했다. 그리고 만년에는 무선, 무악이라는 개념을 제기하기 시작했다.

'심즉리'는 이_理, 즉 사람다울 수 있는 도덕의 모범은 사람 바깥에, 지향할 대상으로서 존재하는 게 아니라는 뜻이다. 그것은 사람의 마음속에 태어나면서 갖추어져 있다는 것이다. 앞서 간단히 언급한 것처럼 주자학은 무언가를 배워서 성인이 된다고 한다. 다시 말해 배움에 의해서 이_理를 획득한다. 반면 양명학은 길거리에 있는 사람 모두가 성인이라고 한다. 즉 어떤 사람이라도 다 성인이다. 바꿔 말해, 사람은 태어나면서 마음의 작용 가운데 이미 이理를 포함하고 있다. '마음과 이理는 하나'라는 것이다.

하지만 그것만으로는 마음 가운데에 이理가 어떻게 존재하는지 의문이 생긴다. 즉 이에 대한 탐구가 새롭게 제기되는 것이다. 결과적으로 이는 마음 가운데의 어떤 존재물로서 인식된다. 달리 말해 마음과 이理는 하나가 아니라 두 개가 되어버린다. 이러한 문제가 새롭게 제기되어 그는 '치양지', 즉 양지를 발휘한다는 새로운 명제로 그 자신의 사상 내용을 변화시켰다.

양지는 『맹자』에 나오는 개념으로, 사람은 태어나면서 '배우지 않고도, 생각하지 않고도' 양지를 이미 갖추고 있다고 했다. 말하자면 배움이나 사색에 의하지 않고도 태생적으로 도덕을 알고 있다는 것이다. '치양지'에서 '치致'는 발휘한다는 뜻이다. 가령 효孝나 제悌(공경), 자慈(사랑) 등은 인간이 갓난아기 때부터 갖추고 있다. 그러한 감정은 부모 형제를 공경하고 그리워하는 마음으로서 원초적으로 갖추고 있기에 그것을 타인에게도 충분히 발휘하면 좋다는 것이다.

왕양명은 그러한 양지를 '진성측달眞誠惻怛' 즉 '정성스러움과 동정의 마음'이라고도 했다. 아이가 우물에 빠지려는 것을 보면, 누구나 자신을 잊고 도와주려고 뛰어간다. 그렇게 자기 내면에서 어쩔 수 없이 뿜어져 나오는 연민의 감정도 그러한 마음의 하나다.

하지만 이러한 양지도 도덕지道德知 즉 도덕적 선성善性이라는 것을 전제로 하기 때문에 마음의 어느 곳이 선한가 하는 문제가 생긴다. 그렇다면 기존의 선 관념 틀에 구속되지 않을 수 없다. 가령 양지는 그것이 선한 것이라면 효도, 공경, 자애 등 기존의 선 관념과 다를 수 없다.

하지만 왕양명의 시대, 즉 명대 중엽은 사회의 계층 분화가 이뤄져 하나의 도덕률로 통제될 수 없었다. 주자의 남송 시대는 어떤 의미에서는 목가적이었다. 황제나 관료 등 위정자가 잘 배워서 성인이 될 만한 수양을 쌓아, 덕정을 베풀고 그에 따라 백성을 덕화德化하면 좋다고 생각하는 시대였다. 하지만 왕양명의 시대에는 백성 사이에 사회적인 분화가 일어났다. 따라서 이미 위에서부터 일률적인 덕화로 상황이 정리될 수 없었다. 이익의 추구로 치달은 상인층이 있고, 농민 사이에도 대지주와 중소 지주 혹은 자영농이 있고, 소작인이 있으며, 고용인이 있고 노비가 있었다. 여러 계층의 분화가 진행되어 그 사이의 계급 갈등이 현재화되기 시작했다.

예를 들면 '제悌(공경)'라는 개념은 나이 어린 사람이 연장자를 따르는 것인데, 형제간에 토지를 놓고 다투거나, 형이 잘못을 했을 때라도 동생이 형에게 순종하고 따라야 하는지 하는 다양한 문제를 낳았다. 똑같은 문제가 사회적으로 위에 있는 지주와 아래에 있는 소작인 사이에서도 발생했다.

이렇게 사회 분화가 진척되어 사람들의 가치관도 다양해졌다. 그러자 효도·공경·자애 등 기존의 도덕관념으로는 현실의 국면에서 잘 적용할 수 없는 사례가 생긴다. 따라서 반쯤 형식화된 기존의 도덕관념을 타파하여 실제 현실의 다양한 국면에 적용할 수 있는 새로운 도덕관을 만들어나가지 않으면 안 된다.

이에 '양지'도 기존 도덕관념의 틀로부터 자유스러워질 필요가 있었다. 결국 그가 만년에 도달한 것이 '마음의 본체는 무선(선하지 않음)이며 무악(악하지 않음)'이라는 인식이었다. 즉 마음의 본체는 기존 관념으로서의 선악으로부터 침투받지 않는다. 그것은 상대적인 선악에서 자유롭다는 뜻이다. 그는 그러한 마음의 본체를 지선至善 즉 '최고의 선最高善'이라고도 말한다. 그러므로 기존의 선악 혹은 상대적인 선악으로부터 자유라고는 하지만, 그 자유는 마음 자체가 가지고 있는 심오한 최고선을 기존의 선악에 구애받지 않고 자유자재로 발휘하는 것이다. 다만 아무 거리낌 없는 일탈된 자유와는 다르다. 그가 의도하는 바는 예컨대 선의 형태로서 정형화된 기존의 효도·공경·자애의 패턴을 부수고, 진실로 싱싱한 사람의 내면에 잠재된 도덕 감정을 자유롭게 방출시키려는 그런 범위 안에서의 자유였다.

그런데 이러한 마음의 본체가 선하지도 악하지도 않다는 사고방식은 이후 왕양명의 예상을 넘어선 전개를 보인다. 우선 왕양명 사후에 뛰어난 제자 중 한 명인 왕용계王龍溪가 사무설四無說을 제창했다. 그것은 마음의 본체가 선하거나 악하지 않다면 마음이 작용하는 모든 것도 선하거나 악하지 않다는 것이다. 즉 마음의 본체, 의지의 작용, 지의 작용, 작용이 미치는 대상 네 가지 모든 것에는 선도 없고 악도 없다고 본다. 기존의 선악 관념에 대한 자유의 정도를 현격하게 확대해버린 것이다.

이탁오가 앞서 "나 이탁오 한 사람의 시비 판단이라고도 할 수 있다"고 한 발언은 이러한 무선무악의 흐름을 타고 한발 더 나아간 것이라고 할 수 있다.

그러면 다시 처음의 문답으로 돌아가보자.

거기서 주고받은 문답에는 당시 위와 같은 사상적인 상황과 깊이 관련된 내용이 포함되어 있다고 할 수 있다. 다양한 현실 국면에 대응할 수 없게 된 위로부터의 도덕률을 무선무악의 이론으로 타파해나간 것은 그렇다 치고, 그러면 새로운 도덕률은 대체 어디서, 어떻게 구축해야 할까? 무선무악을 주장하는 그들에게는 이 문제에 답해야 할 의무가 있었다. 적어도 이탁오는 스스로에게 그러한 의무를 부여하려고 했다.

그는 만년에 마경륜에게 보내는 편지에서 이렇게 썼다.

무릇 학문을 하려는 것은 누구나 자기가 살고 죽는 근본 원인을 규명하고, 자신이 가지고 있는 성명性命을 깊이 있게 검토하기 위함이다.

자기가 살고 죽는 일이나 자신이 가지고 있는 성명은 여기서는 일단 자기 입장에서 보는 인간의 사회적 본질이라고 해석해둔다. 인간의 사회적 본질이라고 말하는 이유는, 인간적인 본질이라고 할 때의 인간이 중국에서는 보통 사회로부터 동떨어진 개인이 아니라, 유기적인 전체 가운데에서의 개인, 즉 사회적인 개인이기 때문이다.

그렇다면 또 이탁오가 말한 '규명'이나 '검토'는 무엇인가? 그것들은 결국 인간이 그 본질에 있어서 진실로 어떻게 사회와 관련 지어져야 하나, 인간에게 있어서 지켜야 할 참다운 사회적 도덕률이란 무엇인가, 라는 과제의 탐구에 다름 아니다. 사실은 그것이 그가 말한 '도'이기도 하다. 즉 '도를 배운다學道' 혹은 '도를 밝히고 증명한다證道'고 말할 때 언급되는 도다.

원종도의 이야기로 돌아가서 말하자면, 그에게는 기존 도덕률에 얽매이지 말라는 주체가 적어도 관념상으로는 이미 형성되어 있었다. 생사를 초탈한다는 것은 속세간의 규범을 초월하는 말이기도 하기 때문이다. 하지만 그는 결과적으로 현실 사회로부터 유리된 곳에 자신이 따라야 할 진리나 법칙성이 있다고 생각했다. 그러한 생각으로부터는 현실에 입각한 새로운 도덕률의 모색이나 창출이 불가능하다. 이탁오는 그것을 거부한 것이다.

이탁오는 매담연의 질문에 답한 「관음문觀音問」에서 이렇게 말했다.

무릇 성불成佛은 부처가 원래부터 스스로 되는 것이다. 만약 부처가 된다고 말한다면, 그것은 이미 이치에 합당하지 않는다. 하물며 부처가 되고자 발원한다는 것은 더더욱 말이 되지 않는다. 성불이란 부처가 될 필요가 없는 그러한 부처가 되는 것이다.

일본에서는 성불이 죽는 일을 의미한다. 원래는 불법佛法을 성취하여 자기 본래의 불성佛性을 발현하는 것이다. 그것을 이탁오는 부처가 원래부터 스스로 되는 것이라고 했다. 즉 자기가 본래 부처임을 각성하는 것이다. 그것을 '부처가 된다'고 말한다면 부처는 되어야 할 대상이 되어버린다. 그러한 대상은 자기 바깥에 존재하는 목표물로 설정되어 자기 자신이 본래 부처라는 이치에서 벗어나는 것이다. 하물며 '발원'이라는 표현을 써서 그렇게 말하면 더욱 이치에 맞지 않는다. 성불은 어떤 목표로 설정할 필요가 없는 것이다. 자기 본래에 갖추어진 불성을 스스로 실현하는 것이다. 이탁오는 이렇게 말하고 있다.

부처는 달리 말한다면 의지해야 할 진리이며 법칙성이다. 사회 및 인간과 관련지어 말하자면 기존의 사회관계에 구애받지 않는 참다운 법칙으로 인간이 의존해야 하는 준칙이기도 하다. 그러한 진리가 사실은 현재 존재하는 자기 자신의 내부에 있다는 것이다.

이러한 사상이 발전하여 다음과 같은 그의 유명한 발언이 등장한다.

옷을 입고 밥을 먹는 일穿衣吃飯, 이것이야말로 인륜이며 사물의 이理(이치)다. 옷을 입고 밥을 먹는 일 없이 인륜과 사물은 없다. 세간의 여러 일은 모두 옷과 밥으로 환원된다. 그러므로 옷과 밥을 높게 받들면 세상의 여러 일도 모두 저절로 거기에 딸려간다. 옷과 밥 외에, 백성의 생활과 관련된 일들이 따로 있는 것은 아니다. 배우는 사람은 인륜과 사물에서 '참다운 공眞空'의 진리를 찾아내야 한다. 인륜과 사물 위에 그것들과 구분되는 어떤 것을 찾으려고 해서는 안 된다.

옷을 입고 밥을 먹는다는 것은 앞서 소개한 임제의 '옷을 입고 밥을 먹는다着衣喫飯'라는 말과 완전히 같다. 다만 옷을 입고 밥을 먹는 일에 대한 의미는 둘 사이에 다소 차이가 있다. 임제는 그것을 현대어에서 말하는 '일상성'이라는 추상적인 의미로만 사용했다. 하지만 이탁오는 옷과 음식, 즉 일상생활에 필요한 기본 요건이라는 의미로 썼다. 좀더 자세히 말한다면 그것은 인간의 생존을 위한 경제적인 요건이며 그것을 충족시키기 위한 생존욕이다.

이탁오는 그러한 의미를 사용하여 두 가지 주장을 하려고 했다. 첫째는 인간의 근저에는 생존욕이 있다. 그것이 세상의 여러 일의 근본이 된다는 것이다. 둘째, 따라서 인륜과 사물의 이치 즉 사회적인 도덕률은 그러한 생존욕에 근거하고 또 그것을 포괄하는 것이지 않으면 안 된다.

지금까지 주자학 이래의 도덕률은 인의예지나 효제자로, 그것들은 인간의 생존욕이나 물질욕과는 별로 관련 없는 것으로 간주되어왔다. 즉 그것들을 억제하거나 극복하고 나서 접할 수 있는 것으로 제시되어왔다.

'인욕을 버리고 천리를 보존한다去人欲, 存天理'라는, 주자학으로부터 양명학에 이르는 명제가 이를 단적으로 드러낸다.

그러한 명제를 이탁오는 180도로 전환하자는 것이다. 옷을 입고 밥을 먹는 일, 이것이야말로 인륜이며 사물의 이치다. 이렇게 말하는 것은 다소 설명이 부족한 느낌이 들지만, 앞서 든 명제로 말하면 인욕이야말로 천리天理다, 혹은 인욕 안에 천리가 들어 있다. 달리 말해 '인욕'이라는 모습을 가진 천리라고 할 수 있다.

이탁오는 사람의 본질로서 생존욕을 주목했던 것이다.

그가 성인에게도 권세와 이득을 얻으려는 마음이 없을 수는 없다고 한 주장에 대해서는 앞서 이미 언급했다. 그 외에도 그는 사람에게 있어서의 '사私(나 자신, 개인, 이기심, 사적인 것)'를 긍정적으로 보고 다음과 같이 말했다.

무릇 '사私'라는 것은 사람의 마음이다. 사람은 반드시 '내'가 있고 나서야 그의 마음이 나타난다. 만약 '내'가 없다면 마음이 없다. 이를테면 농사짓는 사람은 '나'에게 가을의 수확이 있어야 농사일에 힘을 쓴다. 경영을 하는 자는 '나'에게 창고를 채울 수확이 있어야 경영에 힘을 쓴다. (…) 그렇다면 즉 '내'가 없다는 '무사無私'의 설은 모두 그림의 떡과 같은 이야기다. (…) 일에 이익이 없고 단지 총명함을 혼란스럽게 만들 뿐으로 취할 만하지 않다.

사적인 물욕이나 소유욕이 인간의 본심, 즉 실심實心(진실한 마음)이다. 그것이 충족된다고 생각해야 열심히 주어진 일을 한다. 그렇다면 '무사', 즉 '내가 없음' 혹은 '사적인 이득'이 없음을 인간의 본래적인 모습으로 삼는 설은 사람들의 판단을 흐리게 만드는 환상이나 소설 같은 이야기로, 전혀 문제로 삼을 만한 가치가 없다는 것이다. 주자학에서는 예컨대 사욕이나 이기심을 사람에게 있어서는 안 될 것으로 부정했다.

현대의 우리에게는 이성이나 도덕성이 인간의 보편적인 본질임과 동시에 생존욕이나 사적인 물욕, 소유욕도 직시해야 할 또 하나의 보편적인 본질이라는 게 완전히 상식이 되었다. 하지만 16, 17세기의 세계에서는 결코 그렇지 않았다.

특히 유교의 나라인 중국에서는 도덕적인 본성이야말로 인간의 유일한 본질이라고 이해했다. 생존욕이나 사적인 욕망 등을 긍정하는 것은 사람을 금수처럼 여기는 것이라는 생각이 상식이었다. 그러한 상식에 이탁오는 대담하게 도전했다. 생존욕이나 사적인 욕망에 시민권을 부여하고, 거기에서 도덕성을 배제하지 않으며 그것을 바탕으로 삼은 뒤 새로운 도덕률을 확립하려고 노력한 것이다.

그러한 새로운 도덕률이 어떤 내용을 가지고 있는지는 다음 절에서 다시 언급하겠다. 여기서는 생존욕에 대한 직시가 '진공眞

空', 즉 '참다운 공空'의 이론을 쓸모없는 일로 만들어버린 것을 주목하고 싶다.

'배우는 사람은 인륜과 사물에서 참다운 공의 진리를 찾아내야 한다. 인륜과 사물 위에서 그것들과 구분되는 어떤 것을 찾으려고 해서는 안 된다'는 말이 그것이다.

사실 길을 약간 에둘러 왔지만 이것이 서두에서 소개한 원종도의 문답과 관련된다. 이 정도만으로는 아직 관련성을 찾기 어려우므로 이 뒤의 '참다운 공'에 대해서 이탁오가 말한 것을 좀더 살펴보기로 하자.

소위 '공空은 비울 필요가 없다空不用空'는 것은 태허太虛의 공空의 본성을 말하는 것이다. 그것은 본래 사람이 비울 수 있는 것이 아니다. 만약 사람이 그것을 비울 수 있다면 그것을 태허의 공이라고는 할 수 없다. (…) 소위 '결국에 비울 수 없다'는 것은 다음을 말한다. 만약 조금이라도 사람의 힘을 용납한다면 그것은 바로 '참다운 공'의 한 부분을 메우는 것이다. 공의 한 부분을 메운다면 그것은 바로 한 점의 더러움을 물들이는 것이다. 이 한 점의 더러움은 바로 천겁千劫의 시간 동안 당나귀를 얽매는 말뚝처럼 거기에 속박되어 영원히 벗어날 수 없을 것이다.

'옷을 입고 밥을 먹고……'라는 문장은 사실 이탁오가 어떤 친구에게 보낸 답장이었다. 인용한 이 부분은 '공은 비울 필요가 없다' 혹은 '결국에 비울 수 없다'라는 개념에 대해서 그 친구와 주고받은 편지 내용을 염두에 두고 쓴 것이다.

'공은 비울 필요가 없다'는 '태허의 공'을 말한다. 태허의 공을 이탁오는 '참다운 공'이라도 불렀다. 참다운 공이란 '비우려는' 목적을 가진 노력에 의해서 얻어질 수 있는 것이 아니다. 그것은 '결국 비울 수 없는' 것으로, 만약 조금이라도 '비우려고' 하는 의식이 작동한다면 '비우려고' 하는 자기의식에 의해서 그만큼 참다운 공은 막힌다. 즉 그것은 참다운 공에 있어서 한 점의 더러움이 된다. 이 더러운 한 점이야말로 천겁에 걸쳐 자신의 번뇌세계에 속박되는, 소위 '당나귀를 얽매는 말뚝'이라는 것이다. 당나귀를 얽매는 말뚝은 참선과 관련된 용어로, 당나귀를 연결하는 말뚝을 일컫는다. 이는 문자나 언어의 표현에 구애를 받고 그에 속박되어 깨달음에 도달하는 자유를 잃어버린 상황을 예시한 것이다.

앞서 말한 '부처가 되다'나 '금가루' 이야기를 여기서 상기한다면 이탁오가 말하려는 게 금세 명백해진다.

'참다운 공'은 목적으로 삼는 대상이 없다. 있는 그대로 현재의 자기 자신을 기준으로 하여 존재한다. '참다운 공'을 현묘한 경지처럼 간주하여 자신의 바깥에서 뒤쫓아 가는 것이 아니라 그것이 자신에게 본래 갖추어져 있다는 것을 알아야 한다는 얘기다. '참다운 공'에 도달하기 위해 자신의 번뇌를 '비우려고' 하는 작위적인 행동이 오히려 '금가루'가 되고 '장애理障'가 된다. 결국 본래의 자신에게 더러움을 추가하는 꼴이 된다는 사실을 이탁오는 역설했던 것이다.

"인륜과 사물 위에서 그것들과 구분되는 어떤 것을 찾으려고 해서는 안 된다. 인륜과 사물에서 '참다운 공'의 진리를 찾아내야 한다"는 말은 인륜과 사물의 이치에 대해 관념적인 사색을 함으로써, 실생활로부터 유리된 허공에서 형이상학적인 어떤 것을 찾으려 해서는 안 된다는 것이다. 곧바로 자신이 서 있는 자리를 직시해야 한다. 현재 있는 그대로의 자신을 떠나서 어떤 특별한 인륜과 사물의 이치가 있다는 환상을 갖지 말라는 것이다.

불교에서 '참다운 공'은 무無의 극치를 말한다.

하지만 이러한 무는 존재를 깔보는 존재 부정의 무가 아니다. 욕심을 없애고 희로애락喜怒哀樂을 없애며, 고목枯木이나 불기가 사라진 재처럼 되는 것이 아니다. 분명히 불교에서는 탐욕이나 분노, 증오 등을 부정한다. 하지만 그것은 소위 초보 단계의 것이다. 그러한 단계를 넘어서 인생의 목적이나 인간에게 있어서의 영원한 가치를 생각할 때, 가끔 사람들은 현재의 자신이 취하고 있는 악착같은 행위를 허무하게 느낀다. 그러면서 삶의 가치가 있는 훨씬 더 고상한 세계가 있지 않나 생각한다. 앞 장에서 소개한 약무가 어머니와 아내를 버리고 금강산으로 들어가려 한 것처럼 정신의 방랑이 시작된다.

'지금'을 버리고 '앞'에 놓여 있는 무언가를 찾아서 방랑한다. 그러한 방랑을 과감히 끊어버리는 것이 무無다. '앞'을 잘라버리고 얻어낸 '지금'이 바로 '참다운 공'이라고도 할 수 있다.

탐욕은 사물을 구하는 것이다. 탐욕이나 분노, 증오, 원한 등은 상대에게 잘못을 찾는 것이다. 하지만 고상한 무언가를 찾는 것도 자신의 바깥에서 찾는다는 점에서는 이러한 것들과 뿌리가 같다. 탐욕이나 분노, 증오, 원한 등은 물론 고상한 어떤 것도 마찬가지로 얻고자 하는 바를 바깥에서 추구하는 것이다. 이를 과감히 잘라버리는 것이 불교의 무다.

이탁오는 "단지 인륜과 사물 위에서 계산하고 헤아리며 추측한다면 결국 자신이 얻는 날은 없다"고도 했다. 찾고 구한다는 것은 달리 말해 계산하고, 헤아리며 추측한다는 것이다. 불교에서 말하는 분별이다. 그것은 또 자의식이며, 의지이고, 생각하는 것이자, 계산하고 헤아리며 추측하는 것이다.

자신에게 얽힌 분별을 매몰차게 뿌리치고 자기를 재발견하여 편안하게 만들며, 자신을 살리고, 탐욕을 버리고 자연의 욕구로 살며, 분노와 원망과 증오를 버리고 기쁨에 살며, 생각을 잊고 생각하며, 자유자재로 살아가는 것이 무의 극치다. 또 '참다운 공'이기도 하며, 임제가 말한 '평상무사(평상시 그대로 아무 일이 없음)'의 경지다.

하지만 이탁오는 불교에서 '무'의 논리나 '참다운 공'의 개념을 개인적인 깨달음의 세계에 한정하여 그것이 충분하다고 여기지는 않았다.

그는 전통적인 도덕률에 속박되지 않아야 한다고 주장했을 뿐 아니라, 새롭게 확립해야 하는 도덕률에 대해서도 형이상학적인 '분별'을 일체 배제해야 한다고 했다. 그리고 인간의 생존욕을 본질로 하는 적나라한 실태를 들춰내는 데 힘썼다.

"대체 어떤 부처가 생사를 초탈했다고 말하는 건가?"라는 질문은 달리 말해 생존욕을 떠나서 어떤 도덕률이 있는가 혹은 인욕을 떠나서 어떤 천리天理가 있는가 하는 말이다. 앞의 문장은 이러한 내용으로 바꿔 말할 수 있다. 여기에 이탁오의 사상적인 사유의 깊이가 있다.

"부처와 다른 중생이 있는가?"라고 이탁오는 말했다. 앞서 소개한 "공은 비울 필요가 없다. (…) 영원히 벗어날 수 없을 것이다"라는 문장 바로 뒤에서도 그는 유사한 말을 했다.

세상의 평탄한 대로는 많은 사람이 오가면서 밟고 지나가는 곳이다. 나는 이곳에 있고, 그대도 이곳에 있고, 마을 사람들 윗사람, 아랫사람 모두가 이곳에 있다. 만약 스스로 생각만을 깊게 하면 백성의 일용日用에도 미치지 못한다.

생존욕에 근거한 이 현실을 널리 조망해보면 이것이야말로 수많은 사람이 일상적으로 이용하는 평탄한 넓은 길이다. 나도 그대도 한 마을의 사람 모두가 상하의 구별 없이 모두 그 위에 서 있다. 만약 그러한 현실을 직시하지 못하고 쓸데없는 생각만 더해간다면 백성의 일용에도 미치지 못할 것이다.

백성의 일용은 『역경』에 나오는 말이다. 인간의 본질을 말할 때 어진 사람은 선善이라 하고, 지혜로운 사람은 지知라고 한다. 하지만 백성은 매일 그것을 활용하면서도 알아차리지 못한다. 즉 자각이 없는 대중 쪽이, 자각이 없기 때문에 쓸데없는 분별 없이 현실에 밀착해서 생활해간다.

성인이나 부처를 속세의 중생과 동일한 지평에 둔다는 것은 인간이 마땅히 해야 할 일, 즉 당위를 인간의 현실에 근거하도록 하는 것이다. 이러한 인식에 입각하여 그는 다음과 같이 말한다.

"천하의 백성이 사용하는 사물은 매우 많다. 그것을 '나의 논리'에 귀일歸一시키려는 것은 천지라도 불가능한 일이다. 천지간의 찬 기운은 아교풀을 부러뜨릴 수 있더라도, 부귀를 좇는 사람의 다리를 부러뜨릴 수는 없다. 뜨거운 열은 금을 녹일 수는 있지만, 권세와 이권을 향한 사람의 발을 녹일 수는 없다. 왜 그런가? 부귀와 높은 지위가 하늘이 내린, 사람의 오관五官을 즐겁게 하는 한, 사람들은 그것을 좇을 수밖에 없기 때문이다. 이 때문에 성인聖人은 이러한 자연스러운 추세에 순응하여 그들을 만족시키려고 한다."

"사람이 천만 명 있다면, 모두 천만 개의 마음을 갖게 한다. 마음이 천만 개 있다면 모두 천만 개의 욕구를 만족시킨다. (…) 천하의 백성이 각각 자기 삶에 만족하고, 자신이 원하는 바를 가질 수 있다면, 도덕률이 문제 되는 사태는 있을 수 없다. 세속의 유학자들은 그들이 내세운 도덕률이 사람들의 마음에 보편타당하다고 여긴다. 그 이유는 본래 수없이 변화되는, 활발한 이理 때문이라는 것이다. 그리고 그것을 깊이 생각해보지도 않고 고집스럽게 일률적으로 위에서부터 강요한다. (…) 이 때문에 자신은 덕 있는 군주라면서 자질구레한 정령政令이나 형률刑律에 의지할 수밖에 없다."

'나의 논리'라 함은 소위 덕 있는 위정자(혹은 성인이나 부처로 바꿔도 좋다)가 보통의 중생 위에 서서 자기야말로 도덕률의 운영자라면서 정식화定式化한 그것을 위에서 강요하는 것이다.

그에 대응하여 '수없이 변화되는, 활발한 이理'는 수많은 사람이 갖가지 욕망을 서로 만족시키면서 그 사이에 여러 모순에 다양하게 대응할 수 있는, 현실 사회에서 살아 있는 도덕률을 말한다. 그것은 각기 다양하면서, 일률적이지 않기 때문에 활발하게 작용하는 것이다. 그런 까닭에 성인도 그것에 순종한다.

여기에는 당위로 현실을 규제하는 것이 아니라, 현실에서 당위를 찾아내려는 새로운 지향이 있다. 위정자의 질서관념으로 위에서부터 사회를 규제하는 것이 아니라, 민중의 생활에 근거해서 아래로부터 질서를 구축해가는 것이다. 이것은 세계사적인 측면에서 말한다면 중세에서 근대로 전환하는 시기에 이루어진 정치사상사에서 특필할 만한 변화다. 유럽에서는 신의 법에 따라 지배가 이루어진 중세 때부터 인간의 자연적인 권리에 근거한 근대적인 정치 질서의 구축으로서, 그것은 우리 눈앞에 불쑥 나타났다.

이탁오의 주장은 그 정도로 이론적이지는 않았다. 또 아마도 그는 그것의 역사적인 의의를 아직 인식하지 못했을 것이다. 그러나 그의 주장에는 위정자가 위험을 느낄 만한 요소가 알게 모르게 내포되어 있었다.

성인이나 부처를 보통 사람들이나 중생과 동일한 지평에 두는 것 자체는 당시 불교인이나 양명학자 누구나 말하는 것이었다. 그것이 인간에게 도덕률은 내재적인가 아닌가, 인간은 본질적으로 도덕적으로 완전한가, 인간은 도덕적으로 어떻게 자유스러울 수 있을까 등등의 문제에 머물러 있는 한, 어떠한 위험성도 없었다.

하지만 그것을 위에서 본 것처럼, 정치에 있어서 질서 원리의 문제로 깊이 발전시키면 위정자의 정치 질서에 관한 통치 집행권은 부정된다. 정치 질서 구축의 주체가 백성 쪽으로 이행되기 때문이다. 이는 위정자들이 도저히 인정할 수 있는 바가 아니다.

다만 이런 문제의 위험성에 대해서는 장문달을 비롯하여 이탁오 비판자 누구도 눈치채지 못했다. 물론 이탁오 자신도 깨닫지 못했다. 그 이유는 두 가지다. 첫째, 이것이 곧바로 위험 사상이 될 정도로 정치 상황이 불안하지 않았다. 유럽에서 보이는 것과 같은 변동이 아직 당시 중국에서는 나타나지 않았다. 둘째, 이탁오 자신도 주관적으로는 그런 목적으로 위와 같은 발언을 하지 않았기 때문이다. 이탁오는 단지, 어디까지나 '생사의 근본 원인'

과 '성명性命의 본질' 즉 인간의 사회적 본질을 추구하고 있었던 것에 지나지 않았다.

그렇다 하더라도 '무'나 '진공'의 불교적 논리에 따라 여기까지 깊이 있게 사색을 발전시킨 것은 매우 훌륭하다.

여기서 다시 한번 장문달의 탄핵문을 살펴보자. "이지라는 자는 30세에 관직에 임명되었는데 만년에 삭발을 했습니다"로 시작하는 탄핵문 중에서 인용하지 않은 부분이다.

> …… 미친 것 같았다. 또 그는 『관음문』이라는 책을 지었다. 소위 '관음문'은 모두 지식인들의 부인이나 딸이다. 젊은 후배들은 그의 오만방자함을 즐거워하고 서로 따라서 선동하며 미혹시키고 (…) 금수와 같다. (…) 이래, 향신과 사대부들은 또 주문을 외우고, 염불을 하며, 승려를 받들고, 두 손을 들어 땅에 엎드려 인사를 하고, (…) 공자 가법家法에 따를 것을 알지 못하고, 불교에 뜻을 두고 거기에 빠진 자들이 자주 나왔다.

이탁오가 불교에 귀의한 것에 대한 비난이 『장서』에 대한 비난이나 풍속 문란에 대한 비난과 함께 전체의 3분의 1을 차지한 점이 눈에 띈다.

중국에서 불교에 대한 종교의 자유는 인정되고 있었기에 여기서는 불교 그 자체를 비난한 것이 아니다. 유관儒冠(유생이 쓰는 관)을 쓴 사대부의 몸으로 불교에 귀의한 점이 비난의 대상이 된

것이다. 이탁오가 사망한 뒤, 10일도 지나기 전에 예부 상서 풍기馮
琦가 올린 이탁오 탄핵 상소문도 역시 사인들이 불교에 경도된 위
기감을 나열한 것이었다. 이에 대한 황제의 칙서에도 '선도仙道나
불교는 원래 이단의 가르침이다. 마땅히 산림에 있으면서 홀로 닦
아야 한다. (…) 유교와 함께 권장하여 인심을 미혹시켜서는 안 된
다'고 했다.

위정자 측도 위험성의 구체적인 내용에 대해서는 눈치채지
못했다. 하지만 경세의 학술인 유교의 질서 원리에 불교의 철리가
침투되는 일에 대해서는 거의 본능적으로 기피했다는 점을 잘 알
수 있다.

또 어떤 사람이 "왜 요즘 이탁오를 따르는 이가 많은가?"라
는 질문을 받고 이렇게 대답했다. "사람은 누구나 성현聖賢처럼 되
기를 바라지만, 그처럼 높은 경지는 어떻게 해도 미치지 못한다.
이탁오는 술과 여자, 재물과 재능 모든 것이 성현다움을 방해하지
않는다고 한다. 보살이 되는 도가 이렇게 간단하다면 누구나 따
를 것이다"라고 답했다. 이러한 표면적인 이해를 근거로 이탁오를
기피한 것이 당시의 실상이었다.

'지기'가 얼마나 얻기 어려웠는지 그는 '지기'만이라도 있다면
그곳이 죽을 장소라고까지 말했다. 그의 고통스러웠던 심정을 알
수 있을 듯하다.

그의 사상적인 모색을 살펴보면 주우산, 초횡, 유진천, 마경
륜, 원삼 형제 중 어느 누구라도 그러한 모색이 의미하는 바를 이

해할 수 있는 사람은 없었다. 그런 점에서 그가 말한 소위 '승기勝己(자신을 이기는 친구)'는 없었다고 할 수 있다.

내가 보기에 그의 사상적인 모색은 동시대인들과 비교해보면 특출한 것이었다. 그것은 분명히 시대를 앞서나갔다. 하지만 그의 선구적인 업적은, 보통의 상식으로 보면 다음 시대에 인정되고 계승되어야 했다. 그런데 그는 계속해서 다음 시대에도 이단시되었다. 『장서』사관은 별도로 한다면 이단시된 이유의 또 다른 하나는 불교 사상의 대담한 섭취였다.

다음 글은 장문달 등과 같은 동림파東林派 여곤呂坤의 『신음어呻吟語』에 보이는 것이다.

사람들은 모두 이단이 도를 해치는 것은 알면서도, 유학자들의 말 또한 도를 해친다는 것은 알지 못한다. 그들은 이理를 분명히 알지 못하고, 또 그들의 말이 옳은 것같이 보이지만 틀리다. 혹은 허튼소리를 지껄여 진실을 어지럽히기도 한다. 아니면 편견에 집착하여 올바른 것을 빼앗는다. (…) 이 때문에 이단의 이단이 있으며, 우리 유학의 이단이 있다. 이단의 이단은 진실이 아니기 때문에 그 피해는 작다. 하지만 우리 유학의 이단은 옳은 것처럼 보여서 그 피해가 몹시 크다. 도를 지킬 마음을 가진 자가 어떻게 이를 분간하지 못하겠는가?

여담이지만, 『신음어』는 에도시대 말엽에 활약한 양명학자

오시오 주사이大塩中齋도 읽었다. 주사이는 이 책을 읽고 비로소 양명학이 있다는 것을 알고 감동했다고 한다. 우리 눈으로 본다면 내용이 꽤 혁신적이다. 위에 소개한 글은 이탁오의 이름을 들지 않았다. 아마도 일반론으로 언급한 것이리라. 바로 그 때문에 오히려 '이단의 이단'보다는 '우리 유학의 이단'이 가져올 위험성을 더 크게 경계한 이 발언은 이탁오를 알고 있는 이들에게 묵직하게 들려온다.

이탁오는 불교에 출입했지만, 최후까지 사회에 대한 관심을 버리지 않았다. 그리고 인간의 사회적 본질에 대한 추구를 그만두지 않았다. 그가 '이단의 이단'으로서 차라리 개인의 깨달음 차원에 몰입해 있었다면 문제는 생기지 않았을 것이다. 그것을 '무無'나 '진실한 공'의 논리를 도입함으로써 '우리 유학'이 가진 정통의 도에 중대한 변혁을 초래했다. 그것을 통해서 감히 '우리 유학의 이단'의 길을 걷게 된 것이다. 거기에 그의 개인적인 비극이 있었다고 할 수 있다.

하지만 다음 절에서 다시 언급하듯이 그의 사상적 모색의 중심 내용은 다름 아닌 그의 비판자들이 계승했다. 『장서』 사관과 불교 수용에 대한 몰이해를 배제한다면, 그가 걸어간 '도'의 큰 줄기는 계승되거나 오히려 발전을 이뤘다고 해도 좋을 것이다.

이단의 이단이라면 계승도 발전도 없었을 것이다. 정통을 걸어간 이단이었기 때문에 그는 역사 속에서 계속 살아 있을 수 있었다.

4.
두 개의
양명학

일본의 에도시대 말엽에 활약한 정치가 신사쿠高杉晉作는 나가사키에서 처음으로 기독교의 성서를 접하고 나서 "이것은 양명학과 닮았다. 우리 일본의 해체는 이제 이것으로 시작한다"고 외쳤다. 이 이야기를 기독교 사상가 우치무라 간조內村鑑三(1861~1930)는 저서 『대표적인 일본인』의 사이고 다카모리西鄕隆盛 항목에서 소개했다.

신사쿠가 양명학의 어떠한 점을 기독교와 닮았다고 했는지는 분명하지 않다. 하지만 극히 상식적으로 생각해보면 마음속에 신神이라는 절대자를 모시는 기독교와 '마음이 즉 이다心卽理'라는 양명학의 테제를 비교해볼 수 있다. 마음 자체가 가지고 있는 숭고한 가치를 인정하는 점에서 유사하다. 이런 점을 신사쿠가 주목했으리라 추측해볼 수 있다.

한편 막부 말엽에 활약한 지사 겐즈이久坂玄瑞는 1859년(안세이 6) 9월 이와쿠라 감옥에 있는 동료 스기조에게 보낸 편지에 이렇게 말했다.

오시오 주사이가 지은 『세심동차기洗心洞箚記』의 뒷부분을 읽어보게. 그러한 양명학을 주로 배워 국난을 당해 죽은 자가 수백

명이네. (…) 마음을 단련하고 생사를 초월하는 것은 양명학이
실로 지름길이니, 우리 학문으로 매우 적당하네.

이 문장을 보면 겐즈이가 가지고 있던 양명학의 이미지를 알
수 있다. 그것은 마음속에 움직일 수 없는, 굳건한 각오를 배양하
기 위한 학문이었다.

그가 말한 "생사를 초월하는 것"이란 쇼인이 "죽어서 불후의
가능성이 보이면 언제든 죽을 수 있다. 살아서 큰 업적을 세울 희
망만 있다면 언제든지 살 수 있다"며 '생사를 무시'한 각오와 거의
같은 의미로 볼 수 있다.

겐즈이에게 양명학은 생사를 초월하여 살고 또 죽는 것이다.
바꿔 말하면 세속의 가치를 넘어서 어떤 숭고한 가치에 살거나 죽
는, 그러기 위한 마음을 단련하는 학문이었다고 단정해도 좋다.

한편 우치무라 간조가 양명학 추종자라고 평가한 다카모리
도 『남주유훈南州遺訓』에서 다음과 같이 의미 있는 발언을 했다.
"목숨도 필요 없고, 이름도 필요 없고, 관직도, 금전도 필요 없는
사람은 일의 매듭을 중시하는 이다. 이러한 사람이라면 곤란을
함께하여 국가의 대업을 이룰 수 있다." 다카모리는 이러한 말로
간조의 공감을 얻었다.

막부 말엽의 지사들에게 선생님으로 불렸던 쇼인은 이미 『강
맹여화』에서 이렇게 말했다. "'갓난아기의 마음'은 '순일純一하며 거
짓이 없다'고 풀이한다. 순일하다면 이해득실을 계산하는 마음이

전혀 없다. 거짓이 없다면 상황에 따라 변하거나 남을 교묘하게 속이는 일이 조금도 없다. 그러므로 부자가 되고 귀해지는 일, 혹은 가난하고 천해지는 일, 죽음과 삶, 고통과 즐거움, 이 중 어느 하나도 외물 때문에 유혹되지 않고, 철석같은 마음으로 만사를 처리한다. 그러면 천하의 어떤 일을 못 하겠는가?" 이러한 쇼인의 말을 떠올려볼 수 있다.

다카모리나 쇼인이 공통으로 보여주는 것은 목숨이나 명예 혹은 부귀나 빈천이라는 세속의 가치에 얽매이지 않는 정신이다. 우리 마음이 믿고 있는 어떤 절대적인 가치에 목숨을 바치려는 것이다. 아마도 이것이 그대로 겐즈이의 생사 초월 혹은 마음 단련의 구체적인 내용일 것이다. 또 뒤집어서 신사쿠가 말한 양명학에서의 기독교적인 요소이리라 생각된다.

즉 신사쿠가 말한 양명학이란, 기존 세상에서 통용되던 가치를 초월해 어떤 절대적인 가치를 마음에 담고, 그것에 귀의하는 것이다. 구체적으로 설명한다면 막번 체제에 매몰되지 않고, 그것을 넘어선 곳에 이념을 두며 그것을 추구하는 것이다. 그러므로 그는 기독교에 의해서도 '일본의 해체' 즉 구체제의 해체가 이뤄져, 마치 양명학에 의해서 그것이 달성되는 것과 같다고 보았다. 그에게 양명학은 개개인의 마음에 절대적인 이념을 둠으로써 현체제를 해체로 이끄는 변혁의 학문이었던 것이다. 그것은 겐즈이, 다카모리, 쇼인의 사상과 공통되는 경향이기도 했다.

하지만 이렇게 본다면 우리는 이들 일본 사상가의 사상과 앞서 본 이탁오의 사상 사이에서 뭔가 차이를 느끼지 않을 수 없다. 분명치는 않으나 양명학적 취향의 서로 다른 차이라고 할 수 있을 것이다.

어딘가 다르지만 그것이 어디인지는 설명하기 쉽지 않다. 그런 답답함을 풀기 위해 이탁오의 「동심설」에서 동심의 개념에 대해 우선 살펴보기로 한다.

동심童心이라는 이 단어를 보면 일본인은 누구든 순수함, 때묻지 않음, 천진난만함이라는 이미지를 떠올린다. 반면 중국에서는 꼭 그렇지는 않다. 이탁오와 같은 시대 사람들이 사용했던 용례를 나열해보면 그것을 알 수 있다.

"동심은 사람다운 사람의 일대 병폐다. 동심을 벗어던져야 대인大人이며 군자다. 어떤 사람이 그 의미에 대해 질문했기 때문에 이렇게 답했다. 무릇 부귀와 권세를 좇는 마음, 교만하고 거만한 마음이나 불성실하고 경박한 마음, 사치스러운 멋이나 명예를 구하는 마음 등이 동심이다."

"동심과 속된 모습, 이 두 가지는 지식인의 커다란 수치다. 이 두 가지 수치를 벗어나지 않으면 도저히 군자의 도에는 들어갈 수 없다."

"즐겁게 노는 마음을 동심이라고 한다. 주사위 놀이, 도박, 매사냥, 공차기 놀이 혹은 연회를 즐기며 섹스를 좋아하고, 유행가를 탐닉하며, 기쁘고 노여워하는 것이 일정치 않고 변덕이

심한 것 등이 그것이다. 이러한 것을 좋아하는 사람은 나이가 들어도 올바른 본성으로 되돌아갈 수 없다."

"배고픔에는 포식을, 추위에는 따뜻함을, 피로에는 휴식을 찾는다. 이것이 인간의 성정性情이다. 한편 배가 고파도 윗사람을 보면 결코 먼저 숟가락을 들지 않는 것은 사양하는 마음이 있기 때문이다. 피곤해도 먼저 쉬지 않는 것은 상대를 대신하려는 마음이 있기 때문이다.(『순자』「성악」편) 이렇게 사양하는 것이나 대신하려는 것이 선한 마음이다. 그렇지 않은 것은 악한 마음이다. (…) 어린아이의 경우, 무언가 물건을 자신의 팔로 감싸 안으면 서로 끌어당기고 빼앗으려고 할 뿐, 다른 사람에게 나누어주려는 마음이 없다. 이것을 동심이라고 한다."

이외에도 많은 용례를 들 수 있다. 어떤 용례를 들더라도 우선 위와 같이 대동소이하다. 욕망을 드러내고, 거칠고 촌스러우며, 자제심이 없고, 교양이 없는 마음 등등이 당시 중국에서 동심의 이미지였다.

명말 시대뿐만 아니라, 예컨대 아주 오래된 기원전의 『춘추좌씨전春秋左氏傳』 양공襄公 31년의 항목에서도 그러한 이미지를 발견할 수 있다. 양공 사후 그 뒤를 이은 소공이 19세가 되었는데도 아직 '동심'에서 벗어나지 못했다고 한다. 그는 상복을 입고 있으면서도 애도할 줄 모르고 놀고 즐겼다. 이 때문에 상복을 세 번이나 다시 바꿔 입지 않으면 안 되었다. 후한의 복건服虔은 이 이야기를 전하는 『사기』「노주공세가魯周公世家」에 보이는 '동심'이라는 단어에 "성인成人의 의지가 없고, 어린아이의 마음을 가지고 있는 것"이라고 주석을 달았다.

성인成人 즉 사회적인 규범을 몸에 익힌, 지금으로 말하자면 '의젓한 사회인'과 달리 어린아이는 미완성 성인이라는 인식이 중국에서는 고대부터 있었다. 동심은 그러한 의미에서의 어린아이 같은 마음인 셈이다.

하지만 흥미로운 첨은 일본에서는 같은 의미라고 할 수 있는 '갓난아이赤子의 마음'을 항상 좋은 의미로 사용했다는 것이다. 그것은 인간이 태어나면서 가지고 있는 도덕적인 순수한 마음이라는 의미였다.

'갓난아이의 마음'이라는 개념은 『맹자』에도 나온다. '대인은 갓난아이의 마음을 버리지 않는다'가 그것이다. 특히 양명학 이후에는 이러한 마음을 '양지良知'와 거의 같은 의미로 사용하고 있다. '갓난아이의 마음'이 그렇기 때문에 '동심'이라는 단어도 같은 의미로 이해할 수 있다.

이탁오는 중국에서 당시까지 나쁜 이미지로 사용해오던 '동심'이라는 단어를 자루 뒤집듯 완전히 뒤집었다. 적나라한 그곳에서 인간의 진실을 본 것이다. 결국 욕망에 시민권을 부여하고자 한 것이다. 거기에 '동심설'의 의미가 있다.

한편 쇼인이 이해한 '동심'을 살펴보면 다음과 같다.

최근에 이탁오의 문장을 읽었네. 재미있는 것이 아주 많은데, 그중 동심설이 매우 오묘했네. 이탁오는 '동심이란 참다운 마음이다'라고 했는데, 우리는 그러한 마음을 아직 잃지 않았네. 예를 들면 자네가 다하라 소시로田原莊四郎田原를 못살게 구는 마음이 바로 그러한 마음이네. 또 그는 '가짜 인간들을 가지고 거짓말을 말하고, 거짓 일을 일로 삼고, 거짓된 문장을 문장으로 삼는다'고 말했네. 지금 정부의 여러 관리, 세상에서 충성과 의리를 부르짖는 사람들은 모두 이런 것 같네. '거짓말을 가지고 가짜 인물과 말하면 그 가짜는 기뻐한다. (…) 가짜가 아닌 것이 없다면 기뻐할 일이 없다'고 이탁오는 말했는데, 요즘 세상사도 모두 이렇다네. 세상에서 한 사람이 동심을 가지고 있다면 많은 사람은 그것을 몹시 싫어한다네.

이것은 앞에서도 언급한 것처럼 스기조에게 보낸 편지의 한 부분이다. 스기조는 소시로의 배신을 끝까지 추격했는데, 그러한 마음이 동심이라고 했다. 또 당시 지방 정부의 타협적인 시책에 대해서 스기조는 끝까지 급진적인 자세를 관철했는데, 바로 이런 심정을 동심이라고 했다.

말하자면 세상 사람들의 속된 생각에 얽매이지 않고, 우직할 정도로 자기 신념을 관철시켜나가는 외골수 같은 순수한 마음이 쇼인이 이해한 동심이었다. 이는 앞서 소개한 '이해득실을 계산하는 마음'이 전혀 없는 '순일하고 거짓 없는' 갓난아이의 마음과 완전히 같다.

일본에서 근대 직전인 막부 말엽에 양명학으로 인정된 것과 명나라 말엽 중국에서 보인 양명학의 취향이 서로 다른 것은 이러한 '동심'의 개념에서 단적으로 드러난다.

마찬가지로 '절가순진絶假純眞(거짓을 끊어버린 순진함)'이라는 개념도 서로 차이가 있다. 한쪽에서는 생존욕이나 물질욕 등 적나라한 실존의 마음으로 이해한다. 다른 한쪽에서는 부귀나 빈천함에 구애받지 않는 외곬적인 '성실한 마음'으로 이해한다. 이러한 차이가 중국과 일본의 양명학이 가진 차이를 아주 잘 드러내준다.

이런 차이를 좀더 구조적으로 파악하기 위해 중국의 양명학이 나온 시대 배경이나 그것이 수행한 역할을 살펴보고자 한다. 잠시 복잡한 설명을 곁들여보겠다.

왕양명은 절강성浙江省 여요餘姚라는 곳에서 1472년에 태어났다. 1528년에 사망했으니 15세기 후반에서 16세기 전반까지 살았던 셈이다. 명나라 초기에 이갑제里甲制라는 제도를 실시했는데 왕양명이 살았던 시기에 이갑제에 문제가 발생하기 시작했다.

'이갑里甲'은 10호를 1갑甲으로 하고 10갑을 1리里로 하여 편성된 행정 단위다. 이는 주로 징세 조직으로 기능한다. 갑甲에는 갑수호甲首戶(갑의 우두머리 집), 이里에는 이장里長이 있었다. 이들은 갑이나 이 전체의 징세 책임을 지었다. 그런데 이들은 매년 교대하는 윤번제로 운영되었다. 예를 들면 갑수호는 10년에 한 차례 돌아오는 식이었다. 이렇게 돌아가면서 책임자가 된다는 것은 원칙적으로 각 호戶가 서로 대등하다는 의미다. 이것을 권력자 쪽에서 말한다면 모든 호를 같은 계층의 민호民戶로서 장악한다는 의미이기도 하다.

즉 이갑제는 황제를 정점으로 하는 관료제적인 국가 기구 아래에서 모든 민호를 일률적으로 황제의 백성民으로 통치하기 위한 것이었다. 황제는 이갑제를 통해 이들 민호를 조직적으로 장악했다. 하지만 민호 사이에 계층 분화가 이뤄지기 시작했다. 대지주, 중소 지주, 자영농 혹은 소작농이나 고용농雇傭農 등으로 분화된 것이다. 가령 민호가 신분 상승을 이루어 지주가 된 사례가 있었다. 그 지주는 몰락한 소작농이나 고용농을 받아들여 지배함으로써 지주로 행세했다. 결국 모든 민호를 백성으로 보고 일률적으로 징세 대상으로 삼는 이갑제의 원칙은 무너지지 않을 수 없었다.

왕양명이 활약한 때는 이갑제의 내부 모순이 드러나기 시작한 시기였다. 이갑제는 그 뒤 명나라 말엽부터 청나라 초기에 걸쳐 또다시 유명무실화되었다. 청대에는 이갑제를 대신하여, 지주를 중심으로 한 향촌 체제가 확립되었다. 이러한 문제는 단순히 향촌의 문제뿐만 아니라 왕조 권력의 질적인 전환과도 관련된다.

송대부터 명대까지의 정치체제를 한마디로 정리한다면 관료제에 의한 일군만민一君萬民의 체제였다고 할 수 있다. 이갑제는 만민을 장악하기 위한 법망을 더욱 치밀하게 조직한 것이었다. 하지만 청나라 때 들어와서는 향촌에서 지주의 경제적인 지배를 인정하게 되었다. 지주들과 결합하는 형태로 왕조 권력이 그들의 향촌 지배 체제 위에 올라타는 형식이었다. 한 마디로 같은 왕조 권력이라 하더라도 명대부터 청대에 걸쳐 그 권력 구조에 커다란 변화가 생겼던 것이다.

알기 쉽게 예를 들면 다음과 같다. 송나라에서 명나라까지 조세 제도에서 중요한 비중을 차지했던 것은 요역세搖役稅, 즉 인두세人頭稅였다. 이 제도가 청대 중엽에는 폐지되어 토지세로 통합되었다. 인두세가 폐지되어 토지세로 통합되었다는 것은 권력자들이 모든 사람을 일률적으로 하나의 백성, 즉 피통치자로 장악하는 것을 포기했음을 의미한다. 즉 하층민인 소작인이나 고용농들이 지주의 지배하에 들어가는 것을 인정하고, 그 뒤에 지주가 점유하는 토지의 면적에 따라서 세금을 부과하는 것이다. 이것은 지주가 지역에서 토지를 소유함으로써 갖는 경제적 권력을 국가가 인정한다는 의미이기도 했다. 국가 체제의 일부로 인정된 이러한 권력은 결국 정치적인 것과 연계되어, 왕조 권력의 말단을 침식했다. 이들의 힘은 청말에 이르러서는 청조를 타도하는 선까지 성장했다.

이갑제의 해체는 단순히 향촌의 행정 조직 문제에 그치지 않는다. 이처럼 권력의 질과 관련하여 그 조짐이 보이기 시작한 것은 역시 왕양명이 살았던 시기였다. 당시를 과장해서 평한다면 역사 변혁의 태동기였다고 할 수 있다.

그렇다면 왕양명은 그러한 역사적인 시기에 어떻게 대응했던 것일까?

앞서 간단히 언급했듯이, 왕양명은 관료로서 향촌에 향약 鄕約(자치 조직)이나 보갑保甲(자위 조직)을 확산시킨 사람으로 유명하다. 향약이나 보갑은 청대에 들어와 지주의 재지적在地的인 지배 기구로서의 측면이 강화되었다. 이로부터 판단해보면 그가 성취한 객관적인 역할은 명에서 청에 걸쳐 일어날 변동을 미리부터 준비하는 것이었다.

사상적인 측면에서 말한다면 주자학에서 제시한 성즉리性卽理의 대명제에 대해서 심즉리心卽理라는 새로운 대명제를 내세운 것이었다.

번거로운 설명은 생략하고 요점만 소개한다면, 주자학은 남송 시대에 일어났는데, 원대에서 명대에 걸쳐 과거시험 과목으로 채택되어 정착했다. 즉 체제 공인의 이데올로기가 된 것이다. 이러한 주자학이 가지고 있는 중요한 사상은 첫째, 정치가 도덕적인 원리에 근거하여 행해져야 한다는 것이다. 둘째, 도덕적인 원리란 인간의 본질이 도덕적으로 착한 것性善이며 그것을 만인 보편의 것으로 인정한다. 이 두 가지가 핵심이다. 지금도 중국은 이러한 사상을 계승하고 있다고 할 수 있다.

다만 문제는 주자학에서는 인간의 본질을 '본성性'이라 보며, 그러한 '본성'에 포함되어 있다고 간주되는 도덕적으로 착한 본성의 범위가 매우 좁다는 것이다. 이러한 본성은 마음 안에 만인이 보편적으로 갖추고 있다고 하며, '본연의 성本然之性'이라 부른다.

이것에 의해서 사람은 인의예지를 실천하는데, 이 '본연의 성'은 사람의 기질이나 욕망 등에 의해 가끔 가려진다고 한다. 따라서 주경정좌主敬靜坐(경을 주로 하여 조용히 앉아 있음)라는, 실로 좌선과 같은 정좌를 하여 자기 마음의 내면에서 일어나는 욕망이나 감정의 움직임을 조용히 관찰한다. 혹은 격물궁리格物窮理(사물을 살펴서 이치를 따짐)라고 하여, 독서나 토론에 의해서 성인의 학문을 체득하거나 하는 수양을 하지 않으면 안 된다고 한다. 즉 '본연의 성'은 간단히는 드러나지 않기 때문에 이러한 수양 공부를 해야 한다는 것이다.

이러한 것은 주자학을 담당하는 이들을 지식인에 한정짓게 만들었다. 그리고 정치적인 측면에서도 사실상 관료층에 한정하는 결과가 되어버렸다. 사실, 주자는 '신민新民' 즉 '백성을 새롭게 한다'를 주장하여 관료라는 위정자들이 위에서 도덕적인 착한 본성을 드러내, 그것을 정치적인 측면에서 발휘함으로써 백성이 지닌 착한 본성을 분발시키고자 하는 의도를 가지고 있었다.

그리고 도덕적으로 착한 본성인 '본연의 성'은 사람마다 가지고 있는 개별적인 기질과 달리 보편적인 본질로 간주되었다. 그렇기 때문에 기질에 따라 발생하는 개별적인 차이는 원칙적으로 인정되지 않았다. 즉 도덕적으로 착한 본성으로서의 '인의예지'는 어떤 일률적인 도덕률로서 모든 사람에게 요청될 수밖에 없었다. 이 때문에 일률적인 도덕률이 위에서 밑으로 강제되는 경향을 피할 수 없었다.

다만, '한 사람의 군주 아래 수많은 백성—君萬民'을 전제로 한 정치 원리가 유효했던 명대 중엽까지는 위정자 측인 황제와 관료가 '본연의 성'을 스스로 실현하여 이를 근거로 일률적인 도덕률을 강제함으로써 만민을 지배하면 되었다. 이러한 범위 안에서는 주자학이 잘 적용되었다. 하지만 일군만민의 정치 원리가 문제를 드러내기 시작했던 명대 중엽에는 그것이 이미 실효성을 잃기 시작했다.

그러한 국면에 대응하려고 출현한 것이 양명학의 '심즉리' 사상이었다. 성리학의 '본성'에 대응하여 '마음心'을 사람의 본질로 삼는 이 명제는 마음이 가지고 있는 개별성이나 다양성 때문에 도덕적인 착한 본성에 대해서도 개별성이나 다양성을 인정했다. 왕양명이 제시한 다음의 유명한 발언이 이를 잘 설명한다.

무릇 배움은 마음으로 납득하는 것을 귀중하게 여긴다. 마음으로 구하여 아니라고 한다면 그런 말이 공자에게서 나왔다고 하더라도 감히 그것을 옳다고 하지 않는다. 하물며 그것이 아직 공자에게 미치지 못한 사람의 말이라면 어떻겠는가? 마음으로 구해서 옳다고 한다면, 그런 말이 보통 사람에게서 나왔다고 하더라도 감히 아니라고 하지 않는다. 하물며 그 말이 공자에게서 나왔다면 어떻겠는가?

자신의 마음으로 옳다고 생각한 것은 누구의 말이든 상관없이 따른다. 반대로 옳지 않다고 생각되면 공자가 그런 말을 했다 하더라도 따르지 않는다. 왕양명의 이 주장은 시비 판단을 각 사람의 개별적인 마음에 맡기는 것이다. 그 결과 판단이 일률적으로 되지 않더라도 어쩔 수 없다고 본다.

그는 이러한 주장과는 별도로 양지良知를 자나 컴퍼스로 비유하고 그것이 정확하기만 하다면 어떤 형태의 사각형이든 혹은 원형이든 상관없다고 했다. 그것이 길든 크든 혹은 선이든 도형이든 하는 형상에 구애받을 필요가 없다고 하기도 했다. 즉 마음이 도덕적으로 분명하기만 하다면, 그 결과로서의 판단에 대해서는 형태에 구애받을 필요가 없다는 것이다.

심즉리라는 대명제가 또 하나 초래한 새로운 국면은 '마음'을 본질로 삼음으로써 도덕적으로 착한 본성이 정情의 움직임으로 이해되었다는 것이다. 말하자면 본성의 폭이 커다랗게 넓어졌다는 것이다. 마음은 '본연의 성'과 달리 부단하게 움직이는데, 그 움직임이 올바르다면 좋다고 간주된다. 이 때문에 주자학과 같은 '주경정좌'나 '격물궁리'는 필요 없어진다. 사상마련事上磨鍊 즉 사물과 상황에 입각해서 각각의 사정에 알맞게 대처하는 것을 배우는 게 중요하다고 강조된다. 현실의 제반 사정에 대해 적응성이 매우 중시됨으로써 이를 담당하는 주체도 널리 서민층으로 확대되었다.

서민층이라고 하더라도, 구체적으로는 '부로父老'라 불리는 향촌의 유력자들이었다. 즉 그들은 지주층이라고 할 수 있는데,

이로써 정치를 담당하는 층은 황제와 관료들로부터 다시 하층으로 확대되었던 셈이다.

이렇게 본다면 결국 양명학은 지주층에 의한 향촌 질서의 재편이라는 역사적 추세를 한발 앞서 보여준 사상이었음을 알 수 있다.

왕양명이 심즉리라는 대명제를 결국 치양지致良志, 나아가 무선무악無善無惡으로 심화시킨 것은 앞서 설명했듯이, '일군만민'적인 기성 질서관을 벗어나 향촌의 현실에 대응한 새로운 질서관을 확립해나가는 과정에 필요한 것이었다. 이는 그가 날카로운 예지 능력을 지녔다는 것을 보여준다.

이러한 무선무악의 흐름보다 먼저 이탁오가 출현하여 '동심설'을 제시했다. 인간의 본질 자체가 근본적인 차원에서 재음미되었던 셈이다.

그 뒤에 전개된 중국 사상사의 흐름을 보면 생존욕이나 소유욕이 인간의 본질로 인정된다. 따라서 도덕적으로 착한 본성은 그러한 욕구를 올바로 발휘하고, 또 서로 조화시키기 위한 일종의 조화능력, 달리 말해 유럽인들이 말하는 이성으로 간주하려는 움직임이 주류가 된다. 그러한 측면에서 이해한다면 왕양명이나 이탁오는 각각의 역사적인 전환점에서 올바르게 그 역할을 다한 인물이라고 평가할 수 있다.

이상, 설명이 지나치게 전문적으로 되어버렸는데, 양명학이 일어난 당시의 시대 배경이나 그것이 수행한 역할을 살펴보았다.

이렇게 본다면 같은 양명학이라도 일본과 중국에서 그것이 처한 상황도 다르고 또 그것이 수행한 역할도 달랐음을 알 수 있다. 서로 공통되는 점은 거의 없었다고 할 수 있다.

그럼에도 일본에 양명학을 이해하는 사람들과 나아가 신봉하는 사람들이 있다는 사실은 부정할 수 없다. 그들은 왜 양명학을 찾았을까?

그 답은 간단하다. 앞서 '동심'에 대해서 설명한 것처럼, 그것을 표현하는 단어는 같지만 의미하는 내용은 완전히 다르다. 그런 차이를 의식 못 한 채로 일본인들은 자신들의 기준으로 양명학을 이해하고 신봉해온 것이다.

양명학에 대해서 말한다면 다음과 같다. 가령 '마음心'이라는 단어가 포함하는 의미는 중국과 일본에서 서로 다르다. 일본 쪽에서는 중국어의 '심心'을 일본어의 마음心('고코로')으로 이해했다. 양명학에 대해서도, 나쁘게 말한다면 일본인들이 오해하여 멋대로 일본식 양명학을 만들어낸 것이다. 이것을 좋게 말한다면 일본적인 주체의식을 가지고 독자적인 양명학을 창조했다고 할 수 있다.

여기서 이 절의 서두에 설명한 것과도 관련되므로, '마음'이라는 말이 중국과 일본에서 어떻게 다른지 약간 언급해두고자 한다.

결론부터 말하자면 중일 양국의 '마음'의 차이는 일본 양명학자들이 좋아하는 '마음은 즉 하늘心卽天'이라는 말에 잘 드러나 있다.

예를 들면 오시오 주사이는 "사람에게 욕심이 없다면 즉 하늘은 마음에 있고, 마음은 즉 하늘이다"라고 말했다. '마음은 즉 하늘이다'라고 할 때의 '마음'은 욕심이 없는 청정한 마음을 뜻한다. 이미 에도시대 초기의 양명학자인 나카에 도주中江藤樹나 구마자와 반잔熊沢蕃山도 '마음'을 그렇게 이해했다.

도주는 "정성誠이란 순일하고 진실함을 뜻한다. 의意(뜻)란 마음이 의지하는 곳으로 (…) 생각이 의지하는 곳, 잡스러운 곳을 성찰하고 극복하여 본래의 순일하고 진실한 마음으로 돌아가는 것을 일러 '뜻意을 정성스럽게 한다'고 한다." "뜻意이 없을 때에는 공명이나 이익과 손해 혹은 칭찬이나 비난, 잃거나 얻음, 죽거나 사는 일, 재앙이나 복 등 일체의 세속적인 것에 오염될 수 없다"고 했다.

반잔도 이렇게 말했다. "정성誠은 하늘을 뿌리로 삼는다. (…) 하늘은 마음도 없고 욕심도 없다." "욕심도 없고 행위도 없는 것이 사람의 근본이다." "(…) 모든 일은 나로부터 판단해서는 안 된다. 하늘에 의지하여 움직여야 한다. 좋아하는 것도 없고, 미워하는 것도 없고, 머물 곳을 얻어 거기에 응하는 것을 하늘에 의지하여 움직인다는 것이다."

이들은 모두 하늘의 순수한 마음을 전제로 한 발언이다. 말하자면 생각이나 사욕이 잡다하게 들어가 있지 않은 맑은 마음을 하늘의 마음으로 간주하는 것이다. 하늘은 바꿔 말하자면 진실하고 망령됨이 없는 정성誠 그 자체다.

즉 여기서 '마음'에 가치가 있다고 할 때의 '마음'이란 무한하게 맑고, 정성스러운 상태의 마음이다. 이런 마음은 하늘과 서로 통한다. 즉 '하늘에 의지하여 혹은 하늘에 의거하여 움직인다'는 것이다.

겐즈이가 '생사를 초월한다'고 한 것도 요시다 쇼인이 '생사를 무시하자'고 말한 것도, 가만히 생각해보면 이 '정성'으로서의 하늘에 의지하여 살고 죽자는 것이다. 이것은 메이지유신 초기에 활약한 정치가 사이고 다카모리가 "타인을 상대로 삼지 말고 하늘을 상대로 삼자. 하늘을 상대로 삼아 (…) 나의 정성이 부족함을 찾아야 한다"고 한 말에 가장 단적으로 드러난다.

이러한 '마음'으로 본다면 '심즉리'는 마음의 가장 높은 단계라고 할 수 있는 정성誠을 이理로 삼는다는 것이다. 다시 말해 나쁜 생각, 사욕, 나쁜 계략 등을 일체 뿌리치고, 한없이 맑아진 마음의 상태를 '이' 즉 지고의 목적으로 삼는다.

그런데 중국에서 '마음'이라고 하면, '천지, 사물을 낳는 마음'이라는 단어에서도 드러나듯이 인간 세상에서 생명 현상의 원천이라는 의미도 포함한다. 한편, 하늘은 만물 생성의 근원임과 동시에 만물이 모두 생성을 이루기 위한 올바른 혈통이기도 하다. 즉 하늘과 만물은 생성을 통해서 하나의 커다란 가문을 이루고 있다. 그래서 '사람에게 욕망이 있는 것은 원래 하늘에서 나온 것이다. 필연적으로 생성의 작용은 멈출 수 없다. 또 당연히 바꿀 수 없다'고 설명된다.

하늘은 욕망의 근원이며 이는 필연적이고도 당연하다. 하지만 바로 뒤의 문장에는 "멈춤이 용납되지 않는 곳에서는, 모두 당연한 원칙에 합당하다면 어떻게 앞으로 나아가는 것이 선善이 아니겠는가?"라고 했다. 자연의 올바른 상태에서는 멈춤이 용납되지 않는다. 그러한 자연의 추세에서는 스스로 하늘의 당연한 원칙에 합치할 것이 요구된다.

하늘이 생성을 지속하는 것은 자연스러운 일이며 자연 그 자체다. 그것은 사람에게는 욕망이 된다. 그러한 욕망은 자연이기 때문에 사실은 하늘이 보여주는 자연의 도리에 합치된다. 이러한 생각이 전제되어 있는 것이다.

그렇다면 왕양명이 말한 '마음은 즉 하늘이다'라는 것도 마음은 매우 활발하게 작용하며, 그렇기 때문에 본래 그것은 올바르다는 것이다. 그와 관련지어 말한다면 '심즉리'라고 할 때의 '이'란 생생生生한, 즉 생기발랄한 올바른 도리를 의미한다는 것을 알 수 있다.

즉 왕양명이 말하는 '심즉리'는 현실사회에서 살아가는 사람들의 생명 활동을 염두에 둔 것이었다. 생명 활동이 지향하는 목적지는 바로 생존욕 등 욕망이다. 여기에 입각하여 올바른 조리理를 찾아내서 획득하자고 한 것이다. 일본의 양명학도들이 생각하듯이 무욕無慾을 지향하는 것과는 원래부터 큰 차이가 있다.

이렇게 살펴보면, 중국의 이탁오와 일본의 요시다 쇼인이 서로 '동심'을 말하면서도 그 의미를 다르게 사용한 것은 어쩔 수 없는 일이었다고 할 수 있다. 중국과 일본의 역사나 전통의 차이에 따른 것이기 때문이다.

하지만 내가 여기서 감히 두 양명학의 차이를 주목하여 강조한 것은 이러한 양국 사상의 구조적인 차이를 살펴봄으로써 거꾸로 일본인 요시다 쇼인의 이탁오에 대한 공감의 깊이를 알고 싶었기 때문이다.

쇼인의 사상이 이탁오의 사상과 부끄러울 정도로 닮아 있으면서도 "다만 그 삶과 행동은 다소 다르다"라거나 "그의 논의는 반드시 좋다고 할 수 없다"라거나 "이탁오의 논리에는 불만이 많다"라거나 하고 그 차이를 언급한 점에 대해서는 앞서 서술한 바와 같다. 하지만 여기서 다시 한번 쇼인이 이탁오에게 깊이 공감을 표시한 점에 대해서 살펴본다.

쇼인은 이탁오의 문장을 읽고 "나의 마음과 매우 같다" "나의 심사와 부합된다" "그렇지만 나는 그를 알아보는 지기라고도 할 수 있다" 등 깊은 공감을 표했다. 이에 대해서도 반드시 생각해볼 필요가 있다.

쇼인은 지금까지 서술해온 두 양명학의 차이를 어느 정도 인식하고 있었다. 그래서 그는 이탁오에게 그 나름 위화감이 들었다. 하지만 그는 그들 사이에 존재하는 간격 혹은 연못이라면 그 것의 깊이를 문제시하지 않을 정도의 인간적인 유대를 실감하고 있었다.

그들은 나라도 다르고, 역사도, 전통도 서로 달랐다. 하물며 시대도, 따라서 당면한 역사적 과제도 완전히 달랐다. 그런데도 그것을 넘어서 변혁을 지향하는 이들이 느낄 수 있는 동지적인 유대감을 쇼인은 갖고 있었다.

모든 것이 전혀 다른 타국에 그렇게 공감해줄 동지를 가질 수 있을 정도로 이탁오의 삶은 인간의 역사에 깊이 각인될 수 있는 것이었다. 또 타국의 그러한 인물에 대해 깊게 공감할 수 있을 정도로 쇼인이 걸어간 삶 또한 깊이 각인될 만한 것이었다고 할 수 있다.

5.
이타오
그 후

———————

마지막으로, 이탁오의 사상이 어떻게 다음 시대로 계승되었는지 살펴보도록 한다.

이탁오가 살았던 명말 청초라는 시대는 앞서 언급했듯이 역사적 전환기였다. 여기서는 논의를 좁혀, 정치적인 측면에서 군주관의 변화, 사회적 측면에서의 사적 소유권의 주장, 문화적 측면에서의 리얼리즘 문학의 대두라는 세 가지 점을 살펴본다.

우선 군주관의 변화를 살펴본다. 명대까지의 군주관은 군주를 덕이 있는 인자仁者로 간주하고, 그러한 덕 있는 군주가 관료들을 통해서 덕의 정치를 편다는 군주 유덕주의有德主義 입장에 선 것이 특징이었다. 특히 주자학은 군주와 관료들, 즉 위정자 집단이 높은 도덕성을 가지고 그 도덕성에 의거해서 덕의 정치를 추구했다. 백성을 그러한 도덕으로 감화시켜 통치하는 것이다. 명대에는 이를 과거시험의 필수과목으로 지정했으므로, 위정자들 사이에서는 덕치德治가 공통적인 인식이기도 했다.

덕 있는 군주가 덕정을 베푼다는 것은 달리 말한다면, 정치의 근간에 도덕을 두는 것으로 그 자체로는 상당히 좋은 사상이었다. 이러한 주자학은 에도시대의 일본에도 도입되었다. 그 결과 수많은 명군이 등장했다. 하지만 무엇을 도덕적으로 중요시할 것인가가 문제다. 이를 군주 입장에서 일방적으로 정해버린다는 점에서 덕치의 문제점이 발생한다. 또 이러한 군주관에서 백성은 오직 덕치의 대상이 될 뿐으로, 베풀어진 은혜를 받아들여 알아서 기는 존재, 즉 수동적인 존재에 지나지 않는다. 그들의 주체성은 완전히 무시되는 것이다.

이러한 군주의 '덕정德政'을 이탁오는 앞서 소개했듯이 '내가 가진 이理(치)'에 근거하여 그것을 부정하고 멀리했다. 달리 말해 덕치를 윗사람 한 명만이 만족하고 우쭐해하는 도덕률의 강요로 보고 이를 부정한 것이다.

예를 들면 군주가 지니는 덕목의 하나로 '나를 버리고 타인을 따른다'는 것이 있다. 『서경』에 나오는 문구로 순임금의 말로 기록되어 있다. 후세 사람들은 자신의 나쁜 점을 버리고 다른 사람의 좋은 점을 따른다는 뜻으로 해석했다.

이에 대해 이탁오는 "쓸데없이 '자신을 버리고 타인을 따른다'는 구실을 내세운 것은 '자신을 버린다'는 의도를 갖는 것이다. 의도적으로 '자신을 버린다'는 것은 거기에 의도된 '자신'이 있다는 것이다"라고 이해하고, 다음과 같이 말했다.

정말로 자신을 버리는 자는 자신이 있다는 것을 보지 않는다. 자기가 있음을 보지 않으면 자신이 버려야 할 것도 없다. 자신이 버려야 할 것이 없기 때문에 '자신을 버린다'는 것이다. (…)

진실로 타인을 따르는 사람은 타인이 있다는 것을 보지 않는다. 타인이 있음을 보지 않는다면 타인을 따를 것도 없다. 타인을 따를 것이 없기 때문에 '타인을 따른다'고 한다.

진실로 자신을 버린다는 것은 '자신'이라는 자아의식을 갖지 않는다는 뜻이다. 자신이라는 자의식이 없기 때문에 버려야 할 '자신'이 없다. 그러므로 그러한 자는 진실한 의미에서 자신을 버린 사람이다.

진실로 타인을 따른다 함은 '타인'이라는 타자의식을 갖지 않는 것이다. 타인이라는 타자의식을 갖지 않기 때문에 따라야 할 특정 대상도 없다. 따라야 할 대상도 없기 때문에 따른다는 자의식도 없다. 그러므로 그러한 사람은 진실한 의미에서 타인을 따르는 사람인 것이다. 이러한 논리다.

이탁오가 불교의 논리를 사용하여 이런 발언을 한 것은 일종의 비틀기라고 할 수 있다. 자신이 의도하는 의미를 약간 비틀어 설명한 것이다. 여기서 이탁오가 말하려 한 진의는 다음과 같다. 자신에게 있어서 무엇을 버릴 것인지, 즉 어떤 것을 악으로 볼 것인지 혹은 다른 사람을 따른다면 무엇을 따를 대상으로 삼을 것인지, 즉 선한 것으로 볼 것인지 하는 문제는 결국 자신이 결정한다는 얘기다. 말하자면 자신이 예단하는 것이다. 그러한 예단에 근거하여 악이라고 판단되는 '자신'을 버리고, 선이라고 판단되는 '타인'을 따르는 것이다. 결국 선악의 기준 자체가 자신의 기준에 의한 것인 이상, 이는 자신을 버린 것도 타인을 따른 것도 될 수 없다. 왜냐하면 그 사람은 선악에 대해서 결국 자기 주관을 고집하고 있기 때문이다. 그래서 주관이라는 자신을 버렸다고 할 수 없다. 또 그 사람은 자신의 주관에 따르고 있을 뿐이니, 타인을 따르는 것도 아니라는 얘기다.

이러한 '사기종인舍己從人(자기를 버리고 남을 따른다)'이라는 덕목은 원래 군주 등 위정자에 대해서 언급된 것이다. 그러므로 이 것을 지금 군주에 대해서 살펴본다면 다음과 같다. 어떤 군주가 자신을 악으로 간주하여 자신을 버리고 타인의 선을 따른다고 할 때, 이는 어디까지나 군주의 주관적인 판단에 근거하고 있다. 그렇다면 이는 군주 한 사람의 독선 외에는 아무것도 아니다. 군주에게 있어서 타인은 구체적으로는 백성이다. 군주가 자신의 이러저러한 나쁜 점을 버렸다고 생각하는 것은 사실 스스로 독선적인 주관을 내세우는 것이다. 달리 말해 무엇을 악으로 삼을 것인가에 대해서 자신의 주관을 백성에게 강요하는 것이다. 마찬가지로 타인의 이러저러한 선을 따른다고 하더라도, 군주가 자신의 주관을 따르고 있는 이상, 이는 어디까지나 군주 자신이 선이라고 판단하는 바를 따르는 것일 뿐이다. 결국 백성이 선이라고 판단한 것을 따르는 게 아니다.

군주가 진실로 '자신을 버리고 남을 따른다'는 것은 무엇을 말할까? 이는 군주가 자신의 선악 판단을 포기하고, 백성이 악이라고 생각하는 것은 버리며, 백성이 선이라고 생각하는 바를 따르는 것이다. 백성이 판단하는 선악은 달리 말한다면 백성이 좋아하고 싫어하는 것을 의미한다. 정확히는 백성의 욕구를 말한다. 그러한 욕구에 따라야 하는 것이다.

사실 이탁오는 이러한 논의를 통해서 군주나 위정자 집단이 스스로의 질서 이데올로기에 의해 백성을 통제하는 것을 비판했다. 또 정치의 근본이 백성의 실질적인 욕구에 따르는 데 있다고 주장했다.

즉 이탁오는 여기서 군주가 덕으로 정치를 한다는 종래의 군주 주도主導의 정치를 부정하고, 백성의 요구를 주체로 삼는 정치를 주장했다. 군주는 스스로를 존재하지 않는 주체로 간주하고, 오직 백성의 욕구를 받아들일 뿐인 수동적인 위정자에 지나지 않는 백성 주도의 정치를 주장한 것이다. 여기서 백성의 욕구는 바로 백성의 생존욕이며 사적私的인 소유욕이다.

천하의 백성과 사물은 많다. 만약 반드시 그러한 것을 모두 '내가 가진 이理'에 따라서 거기에 합당하게 만들려고 한다면 천지라도 그렇게 할 수 없을 것이다. (…) 부귀와 영달은 하늘이 낳은 나의 오관五官을 후하게 만족시켜주기 때문에 그것들의 기세는 그럴 수밖에 없다. 이 때문에 성인은 이에 따르고, 따르면 곧 편안해지는 것이다.

이러한 내용은 앞서 살펴본 것이다. 군주는 자신의 도덕적인 판단, 즉 '내가 가진 이'를 주장할 것이 아니라, 마음을 비우고 백성이 원하는 부귀와 영달의 요구에 따라야 한다. 이러한 논의는 드디어 훨씬 고조된 형태로 명말 청초의 황종희黃宗羲에 의해서 다음과 같이 계승되었다.

생명이 탄생한 최초에, 사람들은 각자 자신을 생각하고 자신의 이익을 구했다. (…) 나중에 군주라는 사람들이 나타나 (…) 천하 사람들로 하여금 감히 자신을 생각하지 못하게 하고, 자신의 이익을 구하지 못하게 했다. 군주는 자신의 큰 이익을 천하의 대공大公이라 주장하고 (…) 천하를 막대한 재산으로 간주하고, 그것을 자손에게 전했으며 끝없이 많은 것을 향유했다. (…) 그렇다면 천하에서 가장 크게 해를 끼치는 자는 군주뿐이다. 만약 군주만 없어진다면 사람들은 각각 자기 자신의 사사로움을 얻고, 자신에게 이익 되는 것을 얻을 수 있을 것이다.

여기서는 더 이상 군주의 덕성 따위에 관심이 없다. 백성의 자기 중시와 이기적인 욕구, 즉 그들의 사적인 소유욕을 어디까지 충족시켜줄 것인가가 중심이다. 정치의 지향은 바로 이 한 점에 압축되어 있다.

황종희는 다른 곳에서 이렇게 말했다. "『시경』에 말하기를 넓은 하늘 아래, 왕의 땅이 아닌 곳이 없다. (…) 토지는 왕으로부터 나와서 백성에게 준 것이다. 그러므로 그것을 왕의 땅이라 한다.

후세에 토지를 백성이 구입했다. 그러므로 이제 백성의 땅이지 왕의 땅은 아니다."

'넓은 하늘 아래, 왕의 땅이 아닌 곳이 없다. 온 나라 땅 안에 왕의 신하가 아닌 사람이 없다'는 『시경』 구절은 천하의 토지를 왕의 땅으로 간주하고, 모든 백성을 황제의 백성으로 간주한다는 내용이다. 이러한 사유 방식이야말로 황제의 덕성을 통치의 핵심으로 삼는다. 만민이 그의 은덕을 감사히 여기고 스스로 바닥에서 기는 것이다. 이러한 인식이 일군만민의 정치 구조를 바탕에서 떠받치고 있는 것이다. 이러한 왕토王土 관념에 대해서 황종희는 반대한다. 토지는 더 이상 왕의 것이 아니다. 이는 백성 스스로가 돈을 내고 구입한 백성의 토지다. 이렇게 백성의 토지 소유권을 주장했다.

왕토관王土觀, 왕신관王臣觀을 이러한 형태로 부정하는 것은 달리 말해 백성은 더 이상 왕의 은덕을 받고 바닥에서 기는 존재가 아니라는 뜻이다. 수동적인 정치 집단이 아니라 자신들의 토지를 소유하고 이를 기반으로 자기 말을 하는 주체적인 존재라는 것이다. 정치란 그들 백성의 주체적인 요구를 토대로 구축되지 않으면 안 된다는 주장이다.

이러한 주장은 영국에서 볼 수 있듯이 의회의 성립 단계까지는 발전하지 못했지만, 중국 사회 나름의 변화는 있었다. 청나라 정권은 일관되게 백성, 구체적으로는 토지 소유자들 즉 지주층의 요구에 부응하여 그들을 안도시킬 만한 시책을 추진했다. 그 때문에 본질적으로는 지주 정권이라 불릴 정도로 처음부터 끝까지 지주계급에 다가가는 정책을 펼쳤다. 이렇게 말하는 이유는 황종희 등의 주장이 기본적으로 받아들여졌다고 보기 때문이다.

그리고 이탁오는 이러한 정치관의 전환보다 앞섰던 선구자 중 한 명이었다. 그가 제시한 다소 추상적인 주장은 나중에 이렇게 구체적으로 발전했다. 즉 황제를 중추로 삼는 정치에서 백성을 기본 집단으로 삼는 정치로 진화한 것이다. 또 덕성에 의한 위로부터의 교화 정치에서 아래로부터 백성의 요구를 끌어오는 정치로 발전, 계승되었다.

다음으로 사적인 소유권의 주장에 대해서 살펴보자. 이탁오의 "옷을 입고 밥을 먹는 것이야말로 인륜과 사물의 이理다"라고 한 발언이 황종희의 '백성의 자기중심적이고 이기적인 욕구'라는 주장으로 계승, 발전되었음은 더 말할 필요가 없다.

다만 여기서 주의할 점은 이것이 유럽의 부르주아지가 주장한 사유재산권과 같은 사적 소유로서 주장이 관철되지 않았다는 것이다. 즉 중국에서는 사적 소유에 대한 무제한적인 요구가 결국 등장하지 않았다.

이것은 왕양명이 주창한 이래, 중국에서 전개된 '만물일체의 인仁'이라는 사상과 깊이 관련된다. '만물일체의 인'은 만물이 하나로 연결되어서 우주에 존재하는 것이라는 주장이다. 이러한 사상 자체는 이미 고대에 있었다. 『장자』에 보이는데 왕양명이 그것을 향촌 공동체적인 윤리로서 제창했다. 구체적으로는 향촌 구성원 모두가 각자의 삶을 잘 향유할 수 있도록 전체가 하나로 통합되어 조화롭게 존재하는 것을 이상으로 삼았다.

이는 그 뒤에 유가의 공통적인 대명제처럼 된다.

"천지만물은 원래 나와 일체다. 금수禽獸나 초목이 하나라도 그 것이 있을 장소를 잃고, 사람들 중에 요순의 은혜를 입지 못한 자가 있다면 그것은 모두 나의 책임이다."

"무릇 자신을 세우려고 한다면 타인을 세워라. 자신을 이루려 고 한다면 타인을 이루게 하라. 이러한 마음이야말로 분명히 원만한 천지만물 일체의 마음이다."

이렇게 일종의 상호 부조, 즉 서로 돕는 사상이 되었다. 다시 명나라 말엽에 이르러서는 여기서 다음과 같이 발전했다.

"부유한 마을이란 수많은 집안이 모두 입고 먹는 데 부족함이 없는 것이다. 몇몇 집안만 부유한 것은 마을이 가난한 것이다. 국가 역시 마찬가지다."

"세상 만물은 모두 욕심을 가지고 원하는 바가 있다. 그러한 욕심도 역시 천리天理이고 인정人情이며, 천하 만물이 만대萬代 를 거쳐서 공통으로 함께한 마음이다. 항상 불쌍히 여겨라. 천 하 만물이 다소라도 그것이 바라는 바를 얻지 못한 게 있음 을. (…) 항상 생각한다. 천지는 허다하게 많은 사람이나 사물이 태어나더라도, 스스로 그것을 부양하기에 넉넉하다. 그렇지만 그러한 것들이 바라는 바를 얻지 못하는 것은 정말로 균등하지 못하기 때문이다."

이처럼 일종의 평균주의적인 발상이 등장한다.

향촌 안의 모든 집안이 충분히 입고, 충분히 먹음으로써 비로소 부유한 향촌이라고 할 수 있다. 한편 부가 몇몇 집안에만 치우쳐 있다면 그곳은 가난한 마을이 될 수밖에 없다. 혹은 만물이나 인간은 하늘의 이理(이치)나 사람의 정情(인정)으로 모두 생존을 바란다. 또 천지가 무수한 사람이나 사물을 낳은 것은 원래 천지에 그것들을 부양할 조건이 갖추어져 있기 때문이다. 하지만 유감스럽게도 그중에는 적잖이 생존을 다할 수 없는 존재가 있다. 그 원인은 결국 천지가 주는 혜택이 배분되는 과정에서 불균등이 발생했기 때문이라고 한다.

이러한 평균주의적인 발상이 등장하는 것은 첫째, 중국이 농업국이었기 때문이다. 그들의 재산은 주로 토지로, 토지뿐만 아니라 농작물 생산량도 한계가 있었다. 따라서 소유의 어딘가에 제한을 가하지 않으면 생존 불가능한 사람들이 나온다. 공업국이라면, 기계만 늘리면 생산량이 적어도 이론상으로는 무한히 증가할 수 있다. 그러니 분배에 제한을 가할 필요가 없다. 즉 유럽의 부르주아지가 무제한의 사적 소유를 주장할 수 있었던 것은 그들 사회가 상공업 사회였다는 조건에 기인한다. 이 같은 사회적 조건의 차이는 결코 작은 문제가 아니다.

한편, 이러한 추이로부터 드디어 '인仁'이 청나라 때 들어서서
는 자기 생존과 타자 생존을 서로 완수하게 하는 사회적 조화의
기반으로 정착하게 된다.

이것은 무엇을 뜻할까? 즉 사적 소유욕이 인정됨으로써 유
교 도덕에 변질이 초래되었음을 뜻한다. 가령 '인'으로 말하자면
타자에 대한 배려라는 개인의 마음가짐을 뜻하는 개인 도덕으로
서의 '인'이나, 혹은 백성에게 혜택을 준다는 위정자의 정치적인
덕성을 나타내는 인자함의 '인'이 변질된 것이다. 그 결과 '인'은 사
람들 사이의 사적 소유욕을 조화시키는 자연법적인 혹은 사회계
약법적인 규범으로서 기능하게 되었다. 이처럼 새롭게 변질된 '인'
은 나아가 청나라 말엽에 평등 관념이 도입됨으로써 만인 평등의
생존권을 주장하는 '공리公理'로 발전했다.

즉 그것은 쑨원孫文의 삼민주의三民主義로 나타났다. 특히 자본
을 억제하고, 소수자가 부를 독점하는 것을 방지하며, 4억의 중국
인 전체가 입을 옷과 먹을 음식이 풍족하도록 추구하는 민생주의
가 그것이다. 민권 및 민족의 평등과 함께 민생, 즉 경제적인 평등
을 말하는 삼민주의는 마찬가지로 공화 사상을 표방한 유럽의 것
과는 크게 달랐다. 유럽의 공화 사상은 사유재산을 허용함에 있
어 무제한적인 자유를 전제로 했다.

이는 논외로 하더라도 이탁오의 '사私' 개념이나 '옷을 입고
밥을 먹는 일'을 인류와 사물이 내포한 이理의 근거로 삼자는 주

장은 유교 윤리의 기능에 커다란 변질을 초래한 사건이었다. 이는 결국 청나라 말기 중국 독자의 공화 사상으로까지 발전한다는 점에서 사상사적으로 적잖은 의미를 지닌 것이었다.

설명이 너무 추상적으로 되어버렸다. 다음에는 문학에서 리얼리즘이 대두된 것에 대해 살펴보기로 한다. 이탁오가 '동심설'에서 『수호전』이나 『서상기西廂記』를 천하의 명문으로 아주 높게 평가한 점은 이미 언급했다.

『수호전』은 『금병매金瓶梅』나 『홍루몽紅樓夢』 『서상기』 등과 함께 중국의 4대 소설로 꼽힌다. '소설小說'이란 단어는 한나라 시대에 처음 사용되기 시작했다. 어디어디에서 누가 여우에 홀렸다는 형태의, 아무래도 좋은 시장 거리의 잡기록, 즉 보잘것없는 '작은 이야기小說'라는 뜻이었다. 특히 『사기』나 『한서漢書』와 같은 제대로 된 역사 기록 즉 '정사正史'와 대응하여 사용되었다. 그 후에도 '소설'의 사회적 위상은 소위 '시문詩文'과 비교할 때 너무나 미약한 것이었다. 『수호전』은 명대의 소설인데, 명나라 때 사대부들은 그것을 읽더라도 몰래 읽었다. 내놓고 읽는 일은 누구나 꺼렸다. 이는 일본 무사들도 마찬가지였다.

하지만 이탁오는 공공연하게 『수호전』을 높이 평가했다. 이를 이어받아 청나라 초기 김성탄金聖嘆은 『수호전』을 다시 편찬, 간행하여 세상 사람들이 널리 읽도록 했다. 또 그것은 『사기』보다 훌륭한 책이라고 다음과 같이 평하기도 했다.

『사기』는 문장으로 사실을 전해준다. 『수호전』은 문장으로 사실을 만들어낸다. 문장으로 사실을 전한다는 것은 우선 사실이 먼저이며, 그 사실을 배치하는 형태로 문장이 만들어진다는 뜻이다. (…) 문장으로 사실을 만든다는 것은 '붓이 가지고 있는 분위기筆性'를 따라 붓이 움직이며, 그에 따라 이야기가 생겨난다는 뜻이다.

'붓이 가지고 있는 분위기筆性'는 김성탄이 만들어낸 조어造語다. 요즘 식으로 말한다면, 등장인물이 각기 개성에 따라 움직이면서 스토리를 구성해간다는 것이다. 글을 쓴 저자조차 자유롭지 못하며, 오히려 붓 자체가 스스로 자유롭게 나아가는 힘을 가지고 있음을 말한다.

저자가 디테일을 정하는 것이 아니라, 등장인물이 디테일을 만들어간다는 것으로, 뒤집어 말한다면 인물이 작품 속에서 사실적으로 움직인다는 뜻이다. 소설 작품에 대해 이러한 비평이 나온 것은 창작에 대한 가치가 새롭게 주목되었음을 의미한다. 달리 말해, 창작활동에서 리얼리즘 문제가 문학의 세계에서 시민권을 획득해가고 있었다.

그런데 리얼리즘에서 빠질 수 없는 것이 비판 정신이다. 기성 관념에서 어떤 사물이나 사건을 표면적으로 이해하지 않고, 그것의 내면에 담긴 진상을 찾아내는 힘을 갖지 않으면 안 된다. 이러한 통찰력은 또 사건이나 사물의 표피를 한 꺼풀 한 꺼풀 벗겨내는 비판 정신으로부터 생겨난다.

그리고 이탁오는 그러한 비판 정신을 매우 훌륭하게 지닌 인물이었다.

『분서』 제4권에 수록된 다음의 문장을 소개해둔다. 용호에서 이탁오에게 사사한 적이 있는 회림이라는 승려와 이탁오 사이의 대화를 기록한 것이다.

이날 밤, 회림이 기다리고 있자니 고양이가 참선용 의자 아래에서 엎드려 자고 있었다.

회림: 이 고양이는 낮에는 살이 붙은 뼈다귀를 주워 먹고 있을 뿐, 그것을 준 사람이 누구인지를 깨닫지도 못하고 이렇게 선생님을 흠모하여 의자 아래에서 떠나지를 않는군요.

이탁오: 사람은 고양이가 가장 의리 없는 동물이라고 하지만, 이렇게 흠모해주는 것을 보고 있자면 고양이는 의리가 있는 동물이라네.

회림: 요즘은 다른 사람을 욕할 때 금수 같은 놈이나 종놈 혹은 개 같은 놈이라고도 하고, 또 강도라는 이름을 빌리기도 합니다. 원래 세상에서는 의리 있는 동물로 인간에게 미치는 것은 없다고 합니다. 분명히 인간은 위엄 있고, 예절 바르며, 입에서 나오는 말이 아름답고, 다른 사람을 불쌍히 여기고 사랑하는 모습이 절실합니다. 하지만 의리를 느끼는 점에서는 금수나

종, 개, 강도에 미치지 못할 것입니다.

예를 들면 세상에서 강도가 되는 자로는 두 종류가 있습니다. 하나는 관리들의 무도한 압박을 받아, 도망가서 숨어 강도의 무리에 투항한 자들입니다. 이들은 경우에 따라 재능이 뛰어나 다른 사람에게 무릎 꿇는 일을 달갑게 여기지 않습니다. 그러므로 만약 조금이라도 자신을 중히 여겨주는 사람이 있다면 반드시 자기 몸을 죽여서라도 은혜와 의리를 갚으려 합니다. 그렇다면 강도라고 불리며 욕을 얻어먹는 자들은 욕을 듣는 것이 아니라, 오히려 칭찬을 받는 셈이 됩니다.

개는 짐승이지만 의리가 가장 후한 짐승입니다. 주인을 지키려고 하면 누가 내쫓으려 해도 물러나지 않습니다. 음식이 없다면 자기 똥을 먹더라도 잘 참아냅니다. 그렇다면 개 같은 놈이라고 다른 사람을 욕하는 사람은 사실은 잘못한 것입니다. 제 생각으로는 그가 개를 가지고 다른 사람을 욕하는 것이 아니라, 오히려 다른 사람을 가지고 개를 욕하는 것이기 때문입니다.

종놈이라는 글자에 대해서 말하자면 다음과 같습니다. 단지 타인에게 고용되어 있다는 사실만으로 타인을 사용할 힘이 없는 자는 모두 종놈이라고 부릅니다. 세상에서 도대체 다른 사람을 사용할 수 있었던 인물이 어느 정도나 존재했을까요? 군주로서는 한나라에서 고조高祖, 문제文帝, 무제武帝, 선제宣帝 정도였을 뿐입니다. 그 외 다른 사람들은 모두 종놈입니다. 그렇다면 종놈이라는 이름으로 다른 사람을 욕하는 것은 사실은 뭔가 판단 착오입니다. 종놈이란 대다수 인간에게 어울리는 본래의 칭호이기 때문입니다.

이탁오는 회림의 이야기를 듣고, "그렇다면 다른 사람을 욕하는 데 좋은 말로 뭐가 있는가?"라고 반문했다. 회림은 뱀이나 호랑이 등 수십 종의 이름을 들었으나, 사실 어느 하나 사람을 욕하는 데 적절하지 않았다. 그래서 이탁오는 탄식하면서 이렇게 말했다.

"아아, 겉모습 좋은 것도 사람이라면 응대를 잘하는 것도 사람이다. 그런데도 그 속만은 아무래도 볼 수가 없다. 그것이 사람이다."
"그렇다면 사람이란 정말로 표현하기 힘든 존재이군요. 세상에 사람의 가죽을 덮어쓴 개자식이라고 욕하는데, 저라면 개의 가죽을 둘러쓴 사람 자식이라고 하겠습니다. 이 정도면 욕이 되지 않겠습니까?"

그러자 이탁오는 "아직도 사람을 욕하기에는 부족하네"라고 말하고 그대로 잠들어버렸다.

이러한 대화를 통해서 우리는 인간의 위선이나 가식의 가면을 벗겨서 그 본질을 드러내려고 한 냉소적인 비판 정신을 느낄 수 있다.

한편 만년의 이탁오와 교류가 깊었던 공안 삼형제 중 막내, 원중도의 다음과 같은 글을 소개해둔다.

옛사람들은 이렇게 말했다. '부모의 은혜는 끝이 없다' 무엇으로 이것을 알 수 있는가? 요즘 사람들은 공명과 부귀를 거짓된 것이라 여기고, 학문을 닦는 사람은 이것을 입에 담기를 부끄럽게 여긴다. 혹시 그것에 유혹되거나 빠진 사람을 보면 반드시 비웃는다. 하지만 자기 아들의 일이 되면 그렇게 하지 않는다. 자기 아들이 그것을 얻으면 기뻐하고, 잃으면 슬퍼하는 것이다.

또 학문을 닦는 사람은 절의를 지켜 뜻을 굽히지 않거나 외골수로 극단적인 행동을 하는 사람들을 참다운 인물로 간주한다. 그리고 그들을 도덕이나 사회 관습 등에 구속받지 않는 고명한 사람이라고 칭찬하며 세속을 초월한 인사라고 여겨 아주 좋아한다. 하지만 자기 아들이 그렇게 되면 이야기가 달라진다. 구속받지 않고 자유분방하게 행동하는 아들은 오히려 꾸중받는다.

이로부터 부모와 자식 간의 애정이 깊으며, 부모의 은혜가 끝이 없음을 알 수 있다. 왜 그런가? 부모 되는 사람이 자기 아들의 공명이나 부귀를 사랑하는 것은 그 사람에게 있어서 진실된 것이기 때문이다. 사람은 진실하지 못한 것으로 다른 사람을 대하는 일은 가능하지만, 자식한테는 그렇게 대할 수 없다. 절의를 굳게 지키거나 외골수로 극단적인 행동을 하며 초월적인 삶을 사는 지식인이 좋다는 것은 거짓이다. 사람은 허위와 거짓으로 타인을 대하는 게 가능하나 자식한테는 그럴 수 없다. 이처럼 부자간의 애정은 두텁고 부모의 은혜는 깊은 것이다. 한 꺼풀 세상의, 부모 되는 자는 만약 자기 아들에게 이익이 되지 않으면, 채중랑蔡中郞 정도의 재능이나, 도연명陶淵明 혹은 원적阮籍 정도의 고매함이 있더라도 자기 자식에게는 그것이 갖추어지길 바라지 않는다. 거꾸로 자기 자식에게 이익이 된다고 생각되면, 초목이나 기왓장 같은 아주 값싼 것이라도 만족한다. 말하자면 이런 것이야말로 진실한 애정이기 때문이리라. 그래서 부모의 은혜는 끝이 없다는 것이다. 이것을 듣고 이생李生은 이렇게 말했다. '아니오, 자기 아들에게 이익이 있기를 원해서 그러는 것이 아니라, 부모인 자기 자신에게 이익이 되길 원한 것이오. 자식을 사랑하는 것이 아니라, 부모 자기를 사랑해서 그러는 것이오.'

사람들은 공명이나 부귀를 '가짜'라 여기고 무시하거나, 또 절의를 지키고 자신의 뜻을 굽히지 않는 것을 '진짜'라 여기고 공경하기도 하지만, 자기 자식이 그렇게 되는 것은 바라지 않는다. 사람은 자기 자식에게는 진실로 대하기 때문이다. 즉 사실은 부귀와 공명이 사람들에게는 진실하고 좋은 것이다. 그것을 갖도록 원하는 것이 '진실한 사랑'이기 때문이다.

'이 얼마나 부자간의 애정이 깊은 것인가?'라는 발언을 통해서, 그는 인간의 마음속에 담긴 '진실한 사랑'의 이기적인 모습을 드러내고, 겉으로 내세우는 '진실'의 허위성을 폭로하고자 했다. 원래의 마음속에 들어 있는 '진실'의 천박함을 통렬하게 비꼰 것이다.

마지막 부분에 보이는 이생이라는 사람은 이탁오가 아니다. 하지만 이 앞의 문장에서 말한 모든 것을 한마디로 뒤집어 날카롭게 정리하는 모습은 이탁오를 방불케 한다.

학문을 강구하는 사람들, 즉 인간이 갖추어야 할 올바른 모습을 찾아 연마하는 사람들이 겉으로 보여준 모습과 마음속에 가지고 있는 본심이 그렇게 다르다고 폭로하는 방식은 어디까지나 시니컬하다. 거기서 더 나아가 자식의 부귀영달을 원하는 것은 결국 '부모 자신의 자기애自己愛가 그렇게 만든 것이다'라는 이생의 발언은 나도 모르게 가슴을 철렁하게 한다.

인간의 본질을 끊임없이 추구하는 이 같은 사실적인 비판정신이 드디어 청대의 『홍루몽』이나 『유림외사儒林外史』 등 뛰어난 사실주의, 즉 리얼리즘 문학을 탄생케 했다. 이탁오는 이 분야에서도 새로운 조류의 선두를 개척한 사람 중 하나였던 셈이다.

하지만 이렇게 다음 세대에 계승되는 좋은 것을 남겼음에도 그는 자기가 살았던 시대뿐만 아니라, 그를 계승한 다음 세대로부터도 맹렬한 비난을 받았다. 이탁오의 비극은 여기에 있었다.

예를 들면 앞서 소개한 황종희가 그를 비난했다. 또 이 세상의 토지가 백성의 토지임을 주장하고, 그러한 입장에서 왕토관을 부정했으며, 욕망을 긍정하면서도 그것의 조화태調和態로서의 천리를 주장한 왕부지도 그를 비난했다. 그리고 '사私'를 주장하고 그에 근거한 새로운 사회질서를 제창한 고염무도 그를 비난했다. 이렇듯 이탁오를 비난하는 점에서는 누구도 예외가 없었다.

'중국의 루소'라고 불린 황종희는 근대에 들어서, 앞서 소개한 '천하의 커다란 해악은 군주일 뿐'이라는 과격한 군주 비판을 했다. 이 말이 수록된 『명이대방록明夷待訪錄』은 명말 시기 혁명가들 사이에서 혁명의 바이블로 칭송되어 비밀리에 출판, 애독되었다.

왕부지는 청조에 굴복하는 것을 부끄럽게 여기고 고향인 호남성 형양衡陽의 석선산石船山에 은거하다 이 세상을 하직했다. '선산船山'이라는 호는 그가 은거했던 석선산에서 따온 것이다. 나중에 청말 시기 동향의 증국번曾國藩에 의해서 그의 전집이 간행되었다. 사실 그전까지 왕부지의 문장은 일부를 제외하고는 거의 알려지지 않았다.

왕부지가 세상에 알려지고 나서, 그가 청나라 통치하에서 사는 것보다는 '하늘을 따라 산 채로 묻히고 싶다七尺从天乞活埋'는 격렬한 반청反淸 문구가 청말 혁명가들의 심금을 울렸다. 결국 1911년의 신해혁명 뒤에 후난성 창사長沙에 그의 이름을 딴 선산학사가 만들어졌는데, 같은 창사 출신인 마오쩌둥이 그곳에서 혁명 사상을 선포한 것은 매우 유명한 일이다.

고염무도 『일지록日知錄』이라는 저서에서 '천하를 보존하는 일은 천한 필부匹夫라 할지라도 책임이 있다'고 했는데 이 구절 역시 청말 혁명가들 사이에서 사랑을 받았다. 그는 또 중앙 집권적인 전제 정치에 반대하여 지방분권의 자치自治 사상을 이른 시기에 주장했는데, 청말 민권 사상가들 가운데서 중시되고 있었다.

이들은 근대 이후, 중국 혁명의 선구자들로 후대 사람들의 존경을 받았다. 그런데 이탁오 사상의 정통적인 계승자이기도 한 이들이 이탁오를 매우 이단시한 것은 유감이다.

하지만 그것이 바로 명나라 말엽이라는 변동기가 변동기라고 불리는 이유이기도 하다.

황종희나 왕부지 혹은 고염무는 앞서 이탁오를 탄핵한 장문달과 같이 사상적으로 보면 동림파를 표방하는 계보에 속하고 있었다. 이들 동림파는 '안티 무선무악無善無惡'을 표방하고 있었는데, 이 점에서 보면 그들은 원래 이탁오와 대립하는 입장에 서 있었다.

어떠한 점에서 대립했을까? 여기서는 상세한 설명을 생략하지만, 동림파 그룹은 앞에서도 언급한 것처럼 황제나 환관의 전권專權에 대항하여 투쟁했다. 그 결과 많은 정치적 희생자를 낳았는데, 그중에서는 얼굴을 몰라볼 정도로 잔인한 학대를 받고 살해당한 사람들도 있었다. 황종희의 부친 황존소黃尊素도 사실은 그렇게 학살되었다.

그들은 앞에서 소개했듯이 왕양명 이래의 새로운 정치적 움직임을 한발 앞서 추진한 그룹이었다. 커다란 흐름에서 본다면 이탁오와 그들은 동지적인 관계였다고 할 수 있다. 하지만 관계가 가까웠던 만큼 반발도 컸다. 그들은 새로운 질서의 확립을 추구한 집단이었던지라 질서 그 자체까지를 부정해버리는 이탁오와 같은 무선무악파의 위험한 부분을 간과하지 않았던 것이다.

> 세상을 미혹시켜 백성을 업신여기는 짓을 했다. 이지(이탁오)는 그 사악한 함정을 더욱……
> 천하를 사악하고 음란한 곳으로 이끌어, 중화문명에 재앙을 키웠다. 어찌 홍수보다 심하고 맹수보다 무서운 자가 아니겠는가?

이와 같은 말들은 왕부지가 이탁오를 향해서 쏟아낸 비난이었다.

> 내 생각에 옛날부터 지금까지 소인小人이 아무 거리낌 없이 감히 성인聖人을 배반하고 욕보인 자는 이지보다 심한 경우가 없다.

이는 고염무가 한 말이다. 그는 자기가 지은 『일지록』에 장문달이 이탁오를 탄핵하면서 쓴 문장을 수록한 뒤에 이렇게 설명을 붙였다.

과격한 안티 무선무악론자로 이름이 알려진 풍소허馮少墟는 '소인이 거리낌 없음'이라는 『중용』의 말에 다음과 같이 주석을 달았다.

이 소인이란 보통으로 말하는 소인이 아니다. 이단으로 도를 해치는 자를 말한다. 그 폐해를 말하자면, 그들은 사람들을 미친 듯이 날뛰게 하며, 제멋대로 행동하게 만든다. 예의를 거짓으로 여기며, 방자하게 거리낌 없이 말하는 것을 참된 것으로 여긴다. 천하 세계와 후세에 적지 않은 재앙을 남기는 사람이다.

이렇게 냉엄하게 '소인'을 정의했는데, 이러한 정의는 바로 고염무가 이탁오에 대해서 행한 비판에 그대로 적용될 수 있다.

황종희는 『명유학안明儒學案』을 지었다. 이 책은 명나라 때의 사상가라고 할 수 있는 거의 모든 사상가의 전기를 소개하고, 또 그들이 남긴 저작의 주요 부분을 간략하게 망라하여 소개한 것이다. 여기서 그는 이탁오의 선례先例라고 할 수 있는 왕용계王龍溪 등에 대해서 "그 사람들은 대부분 맨손으로 용이나 뱀을 잘 잡는다"라고 하여 마치 무법자처럼 비평했다.

이탁오가 존경했던 하심은何心隱 등에 대해서는 '그들 일파는 결국 명교名教(유교)를 잘 붙잡아 매지 못했다'라고 비평하여 이탁오가 속한 그룹을 폄하했다. 또 이탁오에 대해서는 그 이름조차 기록하지 않음으로써 말살 의도를 드러냈다.

소위 진보파 내에서 이러한 균열은 비교적 평화로운 것이었다고 할 수 있다. 프랑스 등에서 보면 진보파끼리의 싸움은 훨씬 처참하게 진행되어 서로 피를 뿌렸다. 하지만 명나라 말엽의 이탁오에 대한 비판은 단지 문장 안에서의 언론言論에 한정되는 온유한 것이었다.

　실제로 그 정도의 비난을 받고 저서도 금서禁書 처분을 받았음에도 이탁오의 책은 은밀하게 세상에 유행되고 있었다. 앞서 『일지록』에서 이탁오를 '거리낌 없는 소인'으로 낙인찍은 고염무 자신이 그 말 바로 뒤에 이렇게 적었다.

　그 책을 모두 찾아내 불태우라는 엄한 지시를 받들고 그렇게 추진했지만, 책은 사람들 사이에서 이전처럼 읽히고 유행했다.

　고염무는 또 꼼꼼하게 이렇게 적었다. "천계天啓 5년 9월, 사천四川의 도어사道御史 왕아량王雅量의 상소문에 의해서 다음과 같이 천자의 지시가 내려졌다. '이지의 여러 서적은 기괴하고 종잡을 수가 없으며 보통의 상식에 어긋난다. 순시위문巡視衛門에 명해서 엄금하여 폐기하고, 시중에서 발매하는 일을 허락하지 말라. 그리고 유통을 금지하라.' 하지만 많은 사대부가 그의 책을 좋아하고 가끔 소장하기도 했다. 지금에 이르러서도 아직 없어지지 않았다." 천계 5년이란 1625년이다. 당시 또다시 내려진 금지령도 헛되이 끝났다는 사실을 고염무가 부기한 것이다.

　이탁오의 저서는 '은밀하게'가 아니라 오히려 '공공연하게' 세상에 유포되고 있었다. 이것은 또 중국이라는 나라가 내부적으로 그렇게 간단하지 않다는 사실을 나타낸다. 권력자는 단지 원칙만을 표시하는 선에서 끝낸다. 그다음은 민간에서 재량껏, 알아서 처리한다. 그 정도로 민간의 힘이 만만치 않다는 것이다.

오히려 희곡이나 소설 등 통속서는 이탁오가 『수호전』에 평을 붙여 간행한 것을 흉내 내서 이탁오의 이름을 앞에 붙이면 더 잘 팔렸다. 그래서 멋대로 '이탁오 선생이 평評한 무엇무엇'이라고 이름을 붙여서 간행하는 경우도 있었다.

일본 사상가 모토오리 노리나가本居宣長가 『배노소선排蘆小船』 안에서 주註를 붙이면서 『세설신어世說新語』에 대한 이탁오 평을 인용한 적이 있었다. 그 이탁오 평이라는 것도 아마 이탁오 이름을 빌린 위서들 중 한 권에 들어 있었을 것이다.

『분서』든지, 『장서』든지 이탁오의 통쾌한 논단은 사람들의 심금을 울리지 않을 수 없었을 것이다. 아마도 무명의 애독자들이 청나라 때에도 중국의 각지에 널리 존재했으리라는 점을 보여준다. 그것이 그대로 일본에도 전해졌고 현재에도 전해지고 있다. 예를 들면 도쿄에는 쇼군가將軍家 가문의 장서를 인수한 내각문고內閣文庫나 가가加賀 마에다가前田家의 서적을 인수한 존경각문고尊經閣文庫, 그리고 지방에는 나고야名古屋의 오와리尾張 도쿠가와가德川家의 호사蓬左문고 등등 들자면 한이 없을 정도로 많은 이탁오 책이 소장되어 있다.

요시다 쇼인이 읽었던 것은 그중에서도 조슈번에 유입된 책

왕부지

고염무

황종희

이었다. 이탁오 책을 애독하지는 않았다고 하더라도, 그 책을 접한 에도시대 일본인들은 결코 적은 수가 아니었을 것이다.

이지, 즉 이탁오는 중국에서 신해혁명 후 중화민국 시대에 들어가 유교 비판이 지식인 청년층 사이에 널리 퍼져감에 따라 순식간에 명예를 회복했다. 특히 혁명 후의 중국에서는 황종희, 고염무, 왕부지 등과 함께 그들에 필적하는 높은 평가를 받고 현재에 이르고 있다.

이전에 나는 베이징 역사박물관의 명대 전시관에서 이 네 사람의 초상화가 나란히 진열되어 있는 것을 보았다. 순서는 이탁오, 황종희, 고염무, 왕부지로 연대순이었다. 같은 벽면에 사이좋게 서로 이웃하면서 걸려 있는 것을 보고 가슴 속 깊이 감격했다.

지금도 베이징에 가면 누구나 그것을 볼 수 있을 것이다.

중국의 역사도 그렇지만, 일반적으로 역사라는 것은 유구한 흐름을 가지고 있다. 그러한 흐름을 만들어내는 커다란 우주적인 의지를 거기서 느낄 수 있지 않을까?

맺음말

이 책의 전반부는 마치 일본 사상가 요시다 쇼인이 주인공인 것처럼 되어버렸다.

이전에 하기萩 지방을 방문했을 때, 쇼인 신사吉田神社의 활기찬 모습에 위화감을 느낀 적이 있었다. 안쪽에 있는 묘지로 발걸음을 옮겼더니 인기척이 전혀 없는 숲이 나왔다. 그 사이에 작은 묘지가 한적하게 자리를 잡고 있었다. 직전에 보았던 활기찬 모습과는 전혀 다른 청초함에 놀랐다. 그것이 쇼인의 묘지라는 것을 알고 문득 쇼인에 대한 생각이 깊어졌다.

쇼인에 대해서는 좀더 냉정하게 거리를 두고 집필할 생각이었다. 하지만 그가 이탁오에 대해서 가졌던 깊은 신뢰 덕분에, 문득 나 자신도 이탁오에 대해서 그러한 신뢰를 갖게 되는 상황이 되어버렸다.

그 때문에 당초에 목적을 두었던 쇼인과 이탁오의 배경에 있는 일본과 중국의 사상적 풍토 차이를 어디까지 분명히 할 수 있었는지 의심스러워졌다. 또 그것을 되돌려보려고 노력하는 가운데 후반의 서술이 다소 딱딱해져버렸다. 혹시 내용이 어려워진 점이 있었을지도 모르겠다.

그러한 부분을 바꿀 수 있는 것도 아니지만, 알기 어려운 부분은 그대로 두기로 한다. 중국에는 그렇게 알기 어려운 부분이 있다는 점을 독자 여러분이 이해할 수 있다면 좋을 것 같다.

일본인은 역사적으로 중국에 친근감을 갖고 살아왔다. 유럽과 비교해보면 서로를 훨씬 더 잘 알 수 있다고 생각된다. 하지만 실제로는 사상을 비롯하여 그것을 낳은 역사나 혹은 사회적인 구조 등에서 중국은 일본과 완전히 이질적인 나라라고 할 수밖에 없다. 예를 들면 본문에서 '동심' 개념의 차이에 대해서 소개했듯이, 같은 말이면서도 서로가 너무 다르다. '하늘'도 그렇고 '마음'도 그렇고, '자연'이나 '이理' 등의 개념도 서로가 의미하는 바를 따져보면 중국과 일본은 매우 다르다.

그러한 이질적인 부분은 달리 말한다면 알기 어려운 부분이기도 하다. 하지만 그런 어려움을 사실로 인정하고 서로 교류를 해나가면 진실로 친근한 감정이 생겨날 것이다.

생각해보면 중국이라는 나라는 우리에게 친근함과 알기 어려움을 동시에 가지고 있다. 이 책의 독자도 이탁오의 사상에서 느꼈던 공감과 이질감을, 중국이라는 나라에 대해서 느껴보길 바란다. 그러한 경험을 바탕으로 중국에 대한 관심을 새롭게 가질 수 있기를 바라면서 이 글을 마친다.

1984년 12월 27일
미조구치 유조

일본에서 출판된 이 책의 원서(『李卓吾: 正道を步む異端』, 集英社, 1985)는 일반인 대상의 교양서로 기획되었다. 그래서 일본어의 장점을 살려 대화체 혹은 구어체의 긴 만연체 문장을 쓰고, '합니다' '입니다' 스타일의 경어체를 사용하여 친근감을 높였다.

그런데 이러한 문장을 한국어로 그대로 옮겨 번역하기는 쉽지 않다. 일본어 구어체와 한국어 구어체는 문장 형태, 구성 등이 상당히 다르기 때문이다. 또 일본어에 빈번히 등장하는 군더더기 말을 전부 번역할 경우 그 뜻이 모호해져버린다는 폐단도 있다. 그런 까닭에 한국 독자들이 쉽게 이해할 수 있도록 문장을 짧게 잘라 번역하고자 했다. 문체도 '한다' '이다' 등 평어체로 바꾸었다. 덕분에 원서의 분위기가 다소 달라졌으나, 저자가 말하고자 하는 의도는 정확히 전달하도록 노력했다.

일본 슈에이샤에서 출간된 이 책은 '중국의 사람과 사상中国の人と思想'이라는 시리즈물 중 한 권이다. 슈에이샤는 1984년부터 이듬해까지 공자, 맹자, 손자, 노자, 장자, 사마천, 왕안석, 주자, 왕양명, 이탁오, 캉유웨이, 루쉰 등 중국 역사 전체에 걸쳐 대표적인 사상가 12명을 선정하여 12권의 단행본으로 묶어 발간했다.

명나라 시대는 왕양명과 이탁오 두 사람을 선정했는데, 이탁오는 당시 도쿄대 문학부 중국철학과 교수였던 미조구치 유조 교수에게 집필을 의뢰했다.

미조구치는 도쿄대 문학부 중국문학과를 졸업하고 1967년에 나고야대 대학원에 입학하여 중국문학을 전공했는데『일본의 근대와 중국의 근대日本の近代と中國の近代』를 석사논문으로 제출하고 학위를 받았다. 그는 연구 소재로 명나라 말엽에 활동했던 이탁오를 주목했다. 도쿄대 학부 시절에는 루쉰이나 인민문학 등에 관심을 가졌다. 그것이 계기가 되어 중국 사상사 연구를 시작했는데, 문학작품 연구에서 사상 연구로 전환한 것이 흥미롭다.

이 책에서 이탁오의 시문이나 편지문 등의 인용이 많고 철학적인 분석보다는 문학적인 감성과 예술적인 통찰력이 눈에 띄는 것은 그러한 학문적 배경 덕분이라고 할 수 있다.

미조구치는 1981년에 도쿄대 중국철학과 교수로 임명되었는데, 그해 「중국 전근대 사상의 굴절과 전개中國前近代思想の屈折と展開」라는 논문으로 규슈대에서 문학박사 학위를 받았다. 그의 석사논문도 그렇지만, 박사논문도 중요 키워드는 '근대'였다. 그의 저서는 한국어로도 많이 번역되어 있는데, 예를 들면『중국 전근대 사상의 굴절과 전개』(1980),『중국의 공과 사』(1995),『중국의 충격』(2004),『개념과 시대로 읽는 중국사상 명강의』(2004),『방법으로서의 중국』(2016) 등이 있다. 이들 저서도 대개 '근대'의 문제를 매우 중시한다.

한국어판의 부제를 '정통을 걸어간 이단'이라고 했는데 원서는 '정도를 걷는 이단正道を歩む異端'이라고 되어 있다. '정도正道'라는 단어는 우리나라에서는 요즘 잘 사용하지 않기 때문에 '정통'이라는 단어로 대체했다. 해석해보자면, 이탁오는 정통 주류에 속하지만 이단으로 불린 사상가라는 것이다. 사실 이러한 부제도 '근대'와 관련된다.

그렇다면 미조구치는 왜 이렇게 '근대' 문제에 지대한 관심을 갖게 되었을까?

그가 도쿄대 문학부 학생이었을 때, 건너편 법학부에서는 마루야마 마사오丸山眞男(1914~1996) 교수가 최고의 전성기를 구가하고 있었다. 마루야마는 1952년에 『일본 정치사상사 연구日本政治思想史研究』라는 단행본을 발간했다. 당시 일본은 1945년 태평양전쟁에서 패하여 패전국으로 전락했다. 그런데 한반도에서 전쟁이 일어나자 재기의 기회를 잡기 시작했다.

정치학자이자 독일 사상, 특히 헤겔 연구에 관심이 컸던 마루야마는 『일본 정치사상사 연구』를 통해 에도시대의 유학사상, 그중에서도 오규 소라이荻生徂徠(1666~1728)의 사상에 근대적인 싹이 배양되어 있었다고 주장했다. 당시 '근대'란 오로지 유럽에서 탄생하여 전 세계에 퍼진 것으로 인식되었는데, 일본만큼은 내부적으로 근대를 준비하고 있었다는 마루야마의 주장은 일본 학계에 커다란 반향을 일으키면서 국민적으로 지대한 관심을 받았다. 마루야마는 이후 '학술계의 천황'이라는 이름이 붙을 정도로 일본 학계와 지식층에 압도적인 영향을 미쳤다.

그런데 마루야마 마사오의 그런 주장은 헤겔의 중국론에 바탕을 둔 것이었고, 헤겔의 중국론이란 중국 역사는 정체된 역사이며 스스로 발전하지 못한 역사라는 것이었다. 헤겔은 중국에 대해서 이렇게 단언했다.

> 그것은 지속持續의 제국이며, 바꿔 말하면 그것은 자신을 스스로 변화시킬 수가 없다. 이것이 바로 극동 지역, 특히 중국 제국의 형태다.

그리고 헤겔은 중국의 역사를 '역사의 유년 시대' '비역사적인 역사' '계속에서 반복하는 역사' '어떠한 진보도 보이지 않는 역사'로 폄하하고, 중국은 가족관계 위에 구축되어 있으며 대립이나 이념성이 아직 나타나지 않았으므로 자기의 원리로는 결코 변화하지 않는 나라라고 보았다.

따라서 중국에서는 역사의 발전뿐만 아니라 '근대'도 존재할수 없으며, 있다고 하더라도 그것은 그들 스스로의 역사적 발전에 의해 만들어진 것이 아니라 외부에서 들어온 혹은 외부의 충격에 의해 만들어진 근대에 불과하다는 것이었다.

이러한 헤겔의 인식을 바탕으로 마루야마는 일본이 중국의 주자학을 받아들여 고의학古義學, 고문사학古文辭學 등으로 변화시킨 것을 보면 역사 그리고 국가로서 일본은 중국과는 다르다고 주장했다. 물론 중국뿐만 아니라 식민지 상태이거나 민족 내전 중인 조선도 포함하여 그렇게 본 것이다.

이러한 마루야마의 학설에 대해서 미조구치는 도쿄대 문학부에 적을 둔 중국학 전문가로서 중국 역사가 반드시 그렇게 수동적이며 비역사적이지 않다는 것을 증명해 보이고자 했다. 중국 사상사도 내부적인 변화, 즉 내재적인 근대화에 의해서 스스로 발전 가능한 역사였다는 것을 증명해 보이고 싶었던 것이다. 이에 중국 사상사에서 혁명적 변화가 일어난 경우를 조사하고 그것을 근대 직전인 명나라 말엽 이탁오의 사상에서 발견했다.

'정통을 걸어간 이단'이라는 것은 바로 이탁오의 사상이 중국 사상사에서 정통에 속하지만 앞선 사상을 극복하여 변모시킨 이단의 모습을 띰으로써 스스로 사상사적 발전을 초래했다는 것을 의미한다.

미조구치의 이 책은 이탁오라는 인물과 그 사상을 소개한 것이지만 전체의 절반 정도는 사실 일본의 양명학자 요시다 쇼인에 대한 이야기로 가득하다. 쇼인은 에도시대 막부 말엽에 활동한 사상가이자 교육자로 메이지유신을 성공으로 이끈 수많은 지사의 스승이다. 어찌 보면 이 책은 중국의 이탁오와 일본의 요시다 쇼인을 비교한 것이기도 하다. 달리 말한다면 쇼인을 통해 이탁오를 살펴보고 있다.

미조구치는 다른 사람의 논문이나 저술보다는 직접 한문 원전이나 사료를 읽어 그것을 바탕으로 논리를 전개해나가고 있다.

이는 다소 지루하다는 단점도 있으나 이 책의 가치와 권위를 높여 주는 장점이라고 할 수 있다.

그가 비교적 많이 사용한 자료는 이탁오의 『분서焚書』다. 『분서』는 총 6권으로 되어 있는데, 이탁오가 마성현 용호에 거주하던 때 약 10여 년간 쓴 서신, 수필, 시 등을 모은 것이다. 『분서』에는 이 책에 자주 등장하는 「동심설童心說」도 포함되어 있다. 그런데 미조구치는 이 『분서』 자료를 이용할 때 이탁오의 『분서』보다는 쇼인이 베껴 쓴 이탁오의 『분서』, 즉 『이씨분서초李氏焚書抄』를 주목한 경우가 많다. 쇼인이 이탁오 『분서』의 어떤 내용을 베껴 썼는지 유심히 살펴보고 쇼인의 의도와 쇼인이 가지고 있던 이탁오에 대한 인상을 심층적으로 분석한 것이다. 그러한 점에서도 이 책은 일본인의 입장에서 본 이탁오론의 분위기가 매우 강하다.

일본에서 양명학은 메이지유신에 결정적인 영향을 끼친 사상으로 유명하다. 특히 행동파 막부 말기 지사들에게 양명학은 종교 신앙적인 이데올로기와도 같았다. 양명학은 주자학의 '성즉리性卽理' 사상에 대응하여 '심즉리心卽理'를 주장한 사상이다. 양명학파에는 우파, 좌파, 중도파 등 다양한 분파가 있었는데, 좌파에는 왕용계王龍谿(1498~1583), 왕심재王心齋(1493~1541), 하심은何心隱(1517~1579), 이탁오 등이 있다. 이탁오는 이중에서도 극단적 좌파로 분류된다.

이 책에서 자주 등장하는 이탁오의 인욕人慾 긍정 사상, 무선무악無善無惡의 사상은 왕용계의 영향이 크다. 이탁오에게서 보이는 선학적인 경향, 반체제적이며 신비적인 경향도 마찬가지다. 하지만 이 책은 이러한 사상적, 철학적인 배경에 대해서는 자세히 설명하지 않았다. 깊이 있는 철학적 사색보다는 행동과 실천을 중시하는 일본 양명학의 사상적 경향이 이 책의 내용 구성에도 반영되어 있는 것 같다.

사상 내용보다는 사상이 구현된 현상이 매우 잘 묘사되어 있다는 점, 양명학자 이탁오의 현실생활과 감정이 잘 부각되어 있다는 점 그리고 양명학을 통해서 본 중국과 일본의 서로 다른 점이 잘 드러나 있다는 점이 이 책의 장점이라고 할 수 있다.

양명학에서 말하는 '심즉리'란 무슨 사상일까? 지루한 철학적 설명이나 분석이 아니라 다양한 사건 설명과 인물들의 심리 묘사 속에서 하나하나 그 답을 체득해보는 게 이 책을 읽는 또 하나의 즐거움이 될 것이다.

2022년 4월
대치동 서재에서

이타오 평전

초판 인쇄	2022년 5월 13일
초판 발행	2022년 5월 23일
지은이	미조구치 유조
옮긴이	임태홍
펴낸이	강성민
편집장	이은혜
기획	노승현
마케팅	정민호 이숙재 김도윤 한민아 정진아 이가을 우상욱 정유선
브랜드	함유지 함근아 김희숙 정승민
제작	강신은 김동욱 임현식
펴낸곳	(주)글항아리 | 출판등록 2009년 1월 19일 제406-2009-000002호
주소	10881 경기도 파주시 회동길 210
전자우편	bookpot@hanmail.net
전화번호	031-955-2696(마케팅) 031-955-2670(편집부)
팩스	031-955-2557
ISBN	979-11-6909-008-7 03100